通用财经系列

网络金融

(第三版)

刘沁清　主编

复旦大学出版社

第三版说明

《网络金融》一书首次出版于2006年,距今已有18年;第二版出版于2015年,也已经过去9年了。在过去的这些年里,"网络金融"这个说法逐渐变成了"互联网金融",而网络金融创新、金融科技之类的新概念、新技术、新业务形态,不仅成为过全社会关注的热点,甚至带来一些问题;与此同时,在十多年前,甚至几年前,曾经比较"前沿"的东西,譬如移动支付、网络理财等,也成为人们日常生活中随处可见的东西;因此,本书也到了需要更新的时候。

本版改变了原书的架构和叙述思路,运用金融学的基本分析方式,结合当代网络技术、计算机技术的发展和互联网金融的实践,对网络金融的内涵、实现方式、发展张力和社会影响等做了大量与时俱进的介绍,尤其是对很多已经能够明显看到成败得失的东西,做了一些较为客观的评论和分析。本版的主要内容聚焦在网络和技术性较强的网络金融技术基础、支付技术、虚拟货币等方面,对传统金融业务主要介绍其在实务中和网络密切结合的独特业务,减少对单纯的业务上网的讨论,而对前几年流行的新兴网络金融业务,主要回顾其业务模式,分析成败得失;对之前书中那些过于陈旧的、没有展开必要或者已经成为常识的内容,本书做了删减,全书字数相对于上一版减少了很多。

作为大学教材,为了让读者掌握真正可用的知识,和一般的网络自媒体课程拉开差距,本书某些部分的内容深度略有提高,读者可结合金融、计算机相关知识学习,但与此同时,本书也注意叙述的生动性,尽量使用口语风格写作,并加入了较多的有趣、知名案例。

目 录

第一章　金融和网络的概述　　001
　　第一节　金融是什么　　002
　　第二节　网络和金融的关系　　004
　　第三节　中国的互联网金融　　006

第二章　网络金融的技术基础　　009
　　第一节　网络金融的软硬件常识　　010
　　第二节　网络金融安全常识　　014
　　第三节　网络安全技术简介　　019

第三章　电子支付　　031
　　第一节　支付的一些基本概念　　032
　　第二节　银行卡支付　　035
　　第三节　电子现金和电子支票　　042
　　第四节　第三方支付　　047
　　第五节　移动支付　　071
　　第六节　其他支付业务　　080
　　第七节　银行支付的后台处理　　084

第四章　区块链技术和虚拟货币　　089
　　第一节　区块链技术概述　　090
　　第二节　比特币机制概述　　094
　　第三节　比特币的货币职能分析　　109
　　第四节　其他典型虚拟货币介绍　　117
　　第五节　虚拟货币和区块链的其他话题　　127
　　第六节　数字人民币浅析　　137

第五章　网络上的传统金融业务　　145
　　第一节　银行业务和网络　　146
　　第二节　证券业务和网络　　151
　　第三节　保险业务和网络　　158

第六章　新兴网络金融活动的得失教训　　165
　　第一节　P2P 网络贷款业务　　166
　　第二节　网络众筹业务　　195

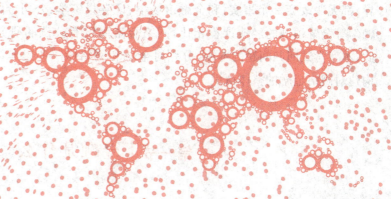

第一章

金融和网络的概述

"网络金融""互联网金融""金融互联网""Web3"等说法,近年来逐个流行,又渐渐退潮。我们能从身边感受到"网络"的存在,金融专业的学习者也大致知道金融是什么,但网络和金融作为一个整体结合起来,无论你怎么称呼它,甚至煞有介事地辨析种种说法的微妙差异,都无法改变一个事实:和金融市场学、证券投资学、公司金融学、金融衍生工具、国际金融学等金融领域的经典课程相比,网络金融尚没有公认的研究对象和通用的方法论。因此,本章尝试回归问题的本原,分别对金融和网络做一些思考,描绘一些现象,让读者自己构建对网络金融的整体认识。

第一节 | 金融是什么

一、金融的缘起

2015年,我国互联网金融方兴未艾的时候,流行过一类产品,叫作校园分期:假如一位同学看中了一台手机,想买但是拿不出一笔整钱,又不想向同学借,就可以选择在校园分期平台上获得手机,然后每月省下一些生活费来分期偿还。当时常见的价格,是一台售价5 000元的手机,24期分期付款,每月付300元左右。如果你学习过财务管理知识,就可以自行估算一下,这笔分期付款的内涵报酬率是多少——显然挺高的。为什么大学生愿意为了提前消费而支付较高的代价呢①?人的心态使然,古典微观经济学中有一个概念叫"人性不耐",形容的就是这种人难以克制、难以延迟的消费欲望。

上面这个例子听起来可能有点过于消费主义,那么再换一个:有一个人种田,今年他收成不好,粮食不够吃,要饿肚子,甚至会饿死;这时候,他发现他的邻居获得了丰收,粮食很多,却没足够的仓库存储;于是,他跟邻居商量,今年向邻居借一些粮食,明年等自己收成正常的时候,多还邻居一些。通过"借—还"的操作,这位农民度过了灾年,成功地提升了自己这两年的总效用(第一年在饿的时候,吃上了一些粮食,增加的边际效用较高;第二年不饿的时候还粮食,减少的边际效用较少,而且,站在起点看,第一年的效用更重要)。

金融或者说"借钱"的起点,就是这样简单:在自己"没有"的时候,需要设法从别人那里获得一些东西,让自己的状态变得更好;而付出的代价,则是在未来要将现在获得的东西还给别人(往往还要再多还一点)。从横向上看,金融是资源(资金)稀缺者有偿地从资源(资金)充裕者那里获得资源暂时使用;从纵向上看,金融是一个人把自己现在和未来的资源进行跨期的配置,将现在的资源放到未来(借出),或者将未来的资源放到现在(借入)。微观

---

① 校园分期平台在我国当时相当成功,个别头部平台后来还在美国上市,一度市值达到百亿美元。本书后面还会对这些平台作简单分析。

经济学的第一课告诉我们,经济学研究的是有限资源配置的问题,我们也可以说,作为经济学的一部分,金融研究的是有限资源在时间这个维度上跨期配置的问题。

在本书的学习中需要有一个基本观念,即金融活动是基于人性的。所以,人趋利避害的种种努力,会塑造金融活动的面貌,在不同的外部条件和约束下,看似正规的"金融"活动,会表现为种种"魔改";另一方面,在教科书中,固然可以用"科学规律"的形式去概括金融,但金融活动的主体本身并不完全理性,你在现实中看到的金融活动,也可能存在一些不理性的现象,"后之视今,亦犹今之视昔",大致就是这个感觉。

二、金融的功能和表现

金融的资源配置功能不只是满足人在消费这个层面的愿望。回顾微观经济学的基本结论,当资本的边际产出处处相等时,资本配置最优,所以,如果资本边际产出高的市场主体,支付低于自己边际产出却高于他人边际产出的代价,向他人融资,就能将资源吸引到自己这里。资源从边际产出较低的地方,流动到边际产出较高的地方,提高全社会的产出,这就是金融改进资源配置效率的功能,在社会中表现为申请信贷、发行证券等融资活动。

社会是参差多态的,有的人喜欢充裕的现在,有的人喜欢更丰富的未来,喜欢现在的人可以从喜欢未来的人那里借来资源,以后归还更多;有的人喜欢安逸,有的人偏好风险,喜欢安逸的人可以用债权的形式,把资源借给喜欢风险的人,喜欢风险的人用借入的资源,给自己的股权经营加上杠杆。金融让每个人都能找到适合自己时间偏好和风险偏好的位置,在社会中,表现为各种直接、间接的融资和投资活动。

金融活动的发展产生了银行业,人们不但通过银行进行融资和投资活动,而且将每个人的物质财产转变成人和银行的关系(存款)记录,银行成为全社会记账、支付、结算的枢纽,进而人们也习惯于将各类支付活动都变成金融机构(或准金融机构)的记账活动。

金融供求会决定资金的价格,也就是利率。让利率这个实体经济活动的"名义锚"呈现出来,就是金融活动的价格发现功能,这通常通过金融市场的交易来实现。在宏观经济学入门时,大家就已经知道了利率变化对消费、投资等实体经济活动的影响和意义,政府的宏观经济政策,尤其是货币政策,需要以金融市场和银行为抓手,通过影响利率来发挥作用,这就是金融活动的政策意义。正因为金融活动对社会经济有牵一发而动全身的影响效果,所以,对金融活动的监管也格外严格,有着独特的方法和目标。

三、金融的风险

将金融视作资源跨期配置,是一个简洁精巧的视角,但人并没有真正穿梭时间的能力,而只是通过在现在、未来和他人的两次交换,"模拟"出和时间的交易。然而,现在和未来是不平等的,现在的事情已经发生了,未来的事情却还不确定,这就是金融的风险所在。现代金融学做的大量工作,都是试图弄明白风险来自哪里、风险怎么运动、如何给风险定价等问题;在网络金融中,我们的美好愿望或者口号,是希望技术能够让风险变得更透明,尤其是改进金融活动中的信息不对称问题,但这还远远没有实现。

四、金融的环境和条件

一个金融活动,有了供求双方,有了考虑风险的价格,是否就能成立呢?不一定,在这些显性的要素背后,还隐藏着整体的不确定性:外部的环境,尤其是文化和法律环境。在人类历史上,宗教、文化、法律都影响金融的规模和面貌。在当代,我们讨论金融的价格、风险的时候,需要考虑:当一个人有能力履约却不愿履约的时候,有没有足够的强制力保证他履约并付出代价;在金融监管的环境下,人们会怎样设计具体的产品,使得它形式上"合法"而又能贴着法律的边界走,赚取最大的利润。在网络金融中,这些问题都会逐渐浮现出来。

第二节 网络和金融的关系

一、非技术视角的网络

从20世纪90年代起,就有大量的著作讨论网络(互联网)对人类社会的影响。到21世纪20年代的时候,网络已经肉眼可见地改变了我们的生活,相信本书的读者都能感受到,再做铺陈实属多余。这里只是以非技术视角归纳一下网络的意义,作为本书后续讨论的背景。

首先,网络是信息快速传递的手段。大量纸面的、物理的信息,先是电子化,然后通过网络,在可接受的时间内完成传输乃至实时传输,带来了很多新兴的产业形态。

其次,网络是地理分散节点汇集的途径。通过网络,很多地理距离遥远的主体能够聚合、匹配在一起,资源的配置、交易的发生更容易克服距离的约束。

最后,网络的安全性和真实性永远是值得关注和警惕的。网络安全性包括技术的稳定可靠以及防范恶意的能力;网络的真实性不一定是必要的,但多数严肃的金融业务都对真实性有额外的强化要求。

二、网络和金融的关系

网络很好,金融很重要,所以,网络可以而且应当帮助金融更好地实现功能。大致来看,网络对金融业务的帮助和提升表现在三个方面。

首先,网络为金融活动提供信息传递的渠道。网络可以快速传递大量信息,原本需要纸媒、电视、电话等查询的价格、交易背景信息,可以通过网络定向、定点传送,更及时准确,节约了大量成本。而且,高速信息传递配合计算机的实时处理,还能演变出一些新的金融活动业态,如证券、期货、外汇等产品的程序化交易,在这些业务中,高质量、高频、实时的信息本身就可能成为盈利的来源。

其次,网络为金融活动提供交易渠道。交易渠道是基于信息传递渠道的,因为金融不涉及实物交易,本来就是靠交易记录者来记账的,所以,网络提供的交易渠道很自然:金融活动参与者利用网络传递信息的功能,将交易指令传递给交易记录者,交易记录者验证提交指令者的身份后,完成记录,交易就达成了(相比之下,原来那种走很远的路,排很长的队,走进某个交易场所,只为了在纸上填一个交易申请的流程,反而显得多余了)。网络金融交易使得异地发起的金融交易更加可能,交易的参与者不再局限于"物理可到达",价格的形成也就更加分散、去中心化。网络的低交易成本使得大量的零散交易变得可能,从而使得转账式的交易从大额向日常小额延伸,从单纯的电子商务领域交易,向所有线下商业活动延伸,塑造了当代的网络(移动)支付业态。网络金融交易渠道既减少了交易拥堵,又改变了大量金融机构的基层交易形态和业务模式,人力需求逐渐高端化。

最后,网络为金融活动提供营销宣传渠道。网络宣传的边际成本较低,适合宣传材料的大量传播复制;网络技术进步使得网络宣传的感染力越来越强,网络宣传不再局限于以往的"年轻人",而是面向全年龄人群。

尽管网络有这么多作用,却没有给金融带来颠覆性的影响。在20世纪末的时候,人们会将传统线下行业进入互联网的模式称作"鼠标+水泥"。在21世纪20年代,大多数曾经尝试"鼠标+水泥"的行业,要么业务已深度互联网化(如日常零售业),要么继续保持线下业务为主,仅在网络上提供信息展示(如多数制造业),金融业还是一个继续保持"鼠标+水泥"的行业,因为金融本身的业务风险、监管要求,使得它没法彻底网络化。

金融的核心业务是投融资活动,互联网曾经给出过P2P网贷和"众筹"这样的产品方案,但效果不佳,相反倒是传统金融行业将一部分搬到网上的业务做得风生水起,早年的网络金融教学,会逐一解说网络对这些业务有何帮助和提升,但到了现在,多数的提升已经成为常识和惯例,本书主要介绍网络给投融资业务带来的形态创新。涉及数字化的媒介、记账支付等内容,是网络和金融结合的最成功产物,也是本课程将要讲授的重点;而为此额外补充的技术背景知识,也是本课程较为偏重的地方。在讨论网络和金融关系的时候,本课程会格外关注各种风险、违规操作和监管博弈的内容,往往改用批判的视角去审视金融创新,毕竟,成绩不说跑不了,缺点不说不得了。

第三节 中国的互联网金融

一、中国的金融氛围

要理解中国的互联网金融，首先需要感受一下中国的金融氛围。中国当代的金融体系是在改革开放的进程中建立起来的：出生在 21 世纪，又恰好有一点金融常识的人很难想象，在 1984 年之前，居民可以直接去中国人民银行这家中央银行存款；工、建、中、农四大行的分支机构，是按照行政区划逐级部署渗透的；银保监会、证监会、央行和几大银行乃至证券公司之间的领导人经常会换岗调动。这些都让人对金融机构（尤其较大的金融机构）有着一点"官方"和"体制内"的感觉。

另一方面，我国对金融机构的管理确实也有较强的"官方"色彩。在我国，金融机构和非金融机构界限分明。金融机构持有特定的业务许可，由银保监会或证监会监管，彼此属于同业，能够在同业市场获得较为廉价的资金，开展广泛的业务，同时，获得许可也有较高的门槛，民营资本控制的金融机构较少。如果没有获得特定许可，即便从事放贷、保理、融资租赁金融业务，也不属于金融机构，在资金成本、政策支持和税收等方面较为不利。

正因为金融业有"官方"色彩，而且许可限量，所以，我国居民往往对金融业，尤其是证券（股票）以外的金融业，有着较高的信任；我国过去在管理思维上，也确实有让金融机构发行的产品刚兑、保底的取向，这又循环加深了人们对金融机构的信任。

最后，多数持牌金融机构由于常年间依靠人们的信任和特许经营来开展业务，管理者在产品创新、用户体验、营销等方面的意识比较淡薄，在同是特许经营、竞争烈度较低的环境下，这些不足尚未充分暴露出来，但和民营的、非金融机构相比，是明显的弱项，"酒香也怕巷子深"。

二、中国互联网金融的发展张力

党的十九大报告提出，"中国特色社会主义进入新时代，我国社会主要矛盾已经转化为人民日益增长的美好生活需要和不平衡不充分的发展之间的矛盾"。在当代中国，居民的生活水平已全面实现了小康，但是人们对美好生活的追求并未止步，观察到发达国家居民、身边他人更加优裕的生活，每个人都希望自己也能过得更好一点，如获得一些财产性收入、节约一些生活成本等。互联网金融产品和服务在这个时刻出现了：互联网金融销售的产品，往往收益较高；互联网金融提供的服务，往往廉价甚至免费，还有良好的用户体验。因此，人们当然可以用脚投票，纷纷拥抱各类互联网金融业务。

互联网金融的高收益、低费用，并不是凭空产生的。相对于监管严格的持牌金融机构，互联网"金融机构"的运营负担较小：持牌金融机构有高昂的实缴货币资本要求，银行类机构随着经营规模的扩大，还面临资本充足率的考核，而互联网"金融机构"注册为信息中介，对资本金要求付之阙如；为了扩大市场，获得外部风险投资，互联网"金融机构"甚至会赔本赚吆喝，通过补贴来运营，正常企业的盈利要求也可以放弃。

互联网金融还一度占据过创新的观念高地，以传统金融颠覆者的形象出现在公众面前，它们的很多暂时性的做法被诸多参与者、模仿者视作理所当然，甚至还会基于现状衍生出进一步的套利策略。譬如，在余额宝横空出世后，互联网金融对产品的宣传就倾向于强调产品的商标名和预期收益，淡化背后的金融产品实质，以至于高风险的P2P网贷也会将自己的资金池产品包装成"**宝"，而人们浑然无视它和现金产品的区别。

此刻，如果人们对金融的风险有着更充分的认识，本来是会问一下，互联网金融"靠谱不靠谱"的问题，但如上一段所述，长久以来，中国的金融氛围比较"官方"和安全，人们既厌倦传统金融业务在强监管下的低收益、高费用、低服务状态，又习惯了在强监管下的可靠性，当互联网金融横空出世的时候，人们看到了"金融"二字，习惯性低估了它的风险，哪怕它们根本都不算我国正式的金融机构，也并没有按照金融机构的逻辑运营。

三、中国互联网发展的参照和感想

金融监管还没有覆盖到互联网领域，而互联网却侵入了金融业务，这个时间窗口，出现在21世纪的第二个10年，也就是中国互联网金融勃勃生机、万物竞发的发展期。在这个时间段里，互联网金融有过移动支付普及，余额宝横空出世这样的高光时刻，也捅过ICO骗局，P2P网贷爆雷这样的大篓子。我们在后续学习、观察、思考中国互联网金融业务的时候，应该持一个怎样的态度呢？从20世纪80年代开始到现在，中国的计算机、互联网产业的发展历程，在局外人看来，可能会有一点启示。

从计划经济时代开始，中国的计算机产业首先有过一段自行发展和外来组装并举，搞中国自己的软硬件的尝试。譬如早期的四通中文打字机、中文汉卡、WPS、国产会计软件、国产多媒体工具类软件等，但在20世纪90年代外国软硬件进入中国市场后逐步溃败。历史更短一些的互联网产业，也曾经有过诸如"三大门户"、榕树下、天涯等网站，以及foxmail、网络蚂蚁、网际快车等知名软件，但也在21世纪慢慢落伍乃至消失。

然而，中国的计算机、互联网产业的从业者和业态并没有消失，在移动互联网时代，获得了不小的成功，在社交、电商等领域能和美国的头部企业互有胜负，在智能手机领域占据了苹果、三星之外的大部分市场，甚至还对外输出了TikTok这样的现象级玩法。现在"进大厂"和考公、考研一样，都成为大学生毕业后期待的"上岸"方向。

> **案例和拓展 1-1**
>
> **有的退隐，有的高升，有的前进**
>
> 譬如，20世纪90年代初就在金山软件担任技术主管的雷军，在金山软件上市后，曾经一度淡出一线，做过天使投资人，后来却在中年重新出发，创办了小米公司；又譬如，在20世纪90年代营销小霸王游戏机和步步高学习机的段永平，后来将自己的企业一拆为三，由职业经理人经营，其中的两家分别变成了中国排名靠前的手机品牌OPPO和vivo；再譬如，21世纪初中国最流行的邮件客户端Foxmail的作者张小龙，在公司被腾讯收购后，先是开发出功能丰富扎实的QQ邮箱，又创造了腾讯的移动互联网门票——微信。更值得一提的是，从20世纪90年代一路奋斗过来，在大通讯行业达到行内领先（如果不是第一）的华为公司，坚持自主研发，一家公司2021一年的研发费用（1 427亿元）就超过了苏州全社会研发投放之和（888.7亿元）。当然，也有很多公司逐渐消沉、退步、转行，成为时代的眼泪，这些在本书中就不一一列举了。

在中国这样一个庞大、多层次、需求多元的市场上，各种企业都能有它适应的空间，走出自己的道路。计算机和互联网产业是这样，互联网金融产业也可能做到这样。未来对互联网金融监管加强所形成的筛选压力，反而可能培育出一些新的业务形态，建议对它们的前景谨慎乐观，而对它们的动机、立场有所警惕。另外，在互联网金融领域，也许你会遇到一些花了很久时间也没看明白的东西：自信点，即便它们是"大厂"的产品，也不一定就是那么深刻正确①。

网络金融、互联网金融或者其他任何时髦的说法，总之都是金融。采取平视的姿态，把网络金融作为一个运用金融学基本原理和基础知识来分析的对象，观察它的业务模式、操作路径，在分析的过程中，再让读者摄入一些必要的其他知识，就是本书后续展开讲授各种知识的立场。

---

① 网络论坛上有一段话，很能概括某些产品："我工作以后才发现，大家都是草台班子。企业草台，我也草台，大家都草台，凑合赚钱过日子。一个企业看像一台奔驰在高速公路上的豪华轿车，里面其实是几个人蹬着自行车顶个壳。路上的车都是这样，大家谁都不戳破。"甚至，在诸如虚拟货币等领域，用"草台班子"来解释那些看不懂的产品，可能已经是非常善良的出发点了。

第二章

网络金融的技术基础

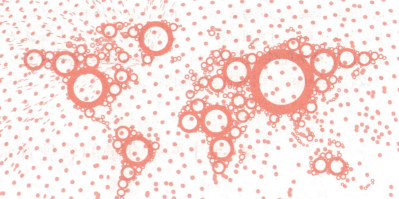

本章从网络常识、网络金融安全技术两方面，按需介绍一些理解网络金融所需的知识。本书所介绍的网络和计算机知识都只是皮毛，很多描述都经过了适当简化，一些不直接用到的经典内容，本书都直接略过了，但平心而论，有些内容仍然有点难"啃"。介绍这些知识的目的，一则是在网络金融后续展开，尤其是说到加密货币时，需要知道一些概念、名词"是什么"；另一方面，计算机、网络的一些机制设计，尤其是保证安全的设计思路，对于金融产品的设计、金融规则的制定和理解，很有启发性，读者在这里多花一点工夫思考"为什么"，在以后的学习和工作中可能会逐渐回味过来。

第一节 | 网络金融的软硬件常识

网络金融活动需要包括网络、计算机软硬件在内的支持才能开展起来。下面简单介绍一些理解网络金融活动所需的概念、术语和常识。

一、网络金融的服务架构

客户端/服务器架构（client/server，C/S，又称主从式架构）是一种常用的网络拓扑架构。服务端扮演被动的角色，等待来自客户端的请求，处理请求并传回结果；客户端扮演主动的角色，发送请求，等待直到收到响应。服务器一般是性能较强的商用计算机，运行专门的、强调性能和效率的软件；客户端一般是普通个人电脑（PC）甚至是智能手机，运行客户友好的软件[1]。

网络金融的大多数服务，都是客户和金融服务提供者之间发生的关系，客户发出指令，金融服务提供者接受指令、处理，并发送反馈给客户。在这种关系下，客户和金融服务提供者的关系是不平等的，信息处理和传递的要求也不对等，正好是客户端/服务器架构的适用场景。譬如，网络银行服务，银行方面搭建服务器来提供服务，而客户端，在 PC 上就是浏览器，在手机上是各家银行的掌银 App[2]。

---

[1] 根据客户端和服务器负载比例的高低，客户端/服务器架构可以分为肥客户端和瘦客户端两种模式。在肥客户端模式下，大部分工作都在客户端电脑上完成，服务器仅处理同步、存储、审核等关键工作，对客户端的要求较高；在瘦客户端模式下，大部分工作都在服务器端完成，客户端仅处理输入、输出等简单工作，对服务器要求较高。譬如，Office 365 就是肥客户端应用，微软的服务器主要是对文档做在线存储和分享，而腾讯文档就是瘦客户端应用，需要在线完成文档编辑，文档呈现的效果由服务器实时记录和处理。
[2] 在互联网业务中，如果以浏览器作为客户端，客户端/服务器架构又称作浏览器/服务器架构（Browser/Server，B/S）。这种架构能够避免在 PC 上安装多个客户端软件，只需要一个浏览器就能获得各种服务，在多年前曾经是流行的概念。随着智能手机占据互联网主导地位，人们越发习惯使用每个服务特有的 App，B/S 架构逐渐式微，不过，也有很多 App 本质上就是"网页套壳"。

与客户端/服务器架构相对的,另一种广泛使用的网络拓扑架构是点对点架构(Peer-to-Peer,P2P),不同于客户端/服务器架构,在点对点架构下,网上的每个使用端都拥有相同的等级,同时扮演客户端与服务器的角色。典型的点对点架构案例,是网络 BT 下载,比特币网络也是一个点对点的网络。当我们说"去中心化"的时候,往往就意味着点对点。

二、网络金融服务的软硬件解决方案

根据业务特点,网络金融软硬件解决方案要做到高可靠性、高吞吐量,在一些场合还要求高实时性。

高可靠性顾名思义就能理解,这是金融交易必需的;高吞吐量有时又表示为高 I/O(输入/输出)性能,就是在一定的时间内,能记录处理较多数量的交易,譬如,在"双 11"的零点,全国有大量交易付款,这些交易需要在一两分钟之内都支付成功,这就是高吞吐量。高实时性就是一旦达到要求,就应该马上处理,不能拖延,这是时间、顺序依赖的业务所需要的,譬如,证券交易按照时间优先的原则匹配订单,一旦能匹配完成,就要马上将达成的交易从等待成交的队列中移除,防止重复成交,又譬如银行支付,商户账户收到款项的同时,就应马上减记客户账户的存款,防止这笔存款被多次使用。

为了达到这样的要求,银行等传统金融机构的核心业务主要使用的是大型机(mainframe)[1]。与注重高强度浮点计算的超级计算机不同,大型机注重计算机的可靠性和高 I/O,用单台服务器就能完成海量的数据处理工作,满足金融机构、政府部门、特大型企业的要求。大型机典型的软件编写语言是 Cobol 语言,它的科学计算能力很弱,支持的运算主要是四则运算和乘方,循环处理批量数据的能力很强,这也正是商业数据处理领域用得最多的操作,它甚至为了金融等领域的精确计数,专门设计了用十进制存储数字的变量类型[2]。Cobol 语言是一种古老的计算机语言,某些发达国家的金融机构的服务器上运行的程序,其"年龄"可能比服务器管理人员的年龄还要大。大型机的操作系统和硬件是一体设计的,由厂商提供,大型机的主要制造者是 IBM 公司,在大型机上运行的商业数据库组件,主要由甲骨文(Oracle)公司提供,而存储方案主要由 EMC 提供,这就是所谓的"IOE"。

以"IOE"为代表的大型机解决方案有极高的可靠性,受到全世界多数大企业、金融机构的验证,但其缺点是非常昂贵,而且如果需要增加数据处理量,依靠的是在原有设备上增加、更换组件(纵向扩展,Scale up),扩展性较差,缺少弹性,边际成本高。我国的大银行对数据安全性、服务稳定性的要求极高,规模增长相对平稳,利润又很高,可以咬咬牙,坚持使用大型机。但像阿里巴巴这样的公司,业务增长快、盈利压力大,对安全和稳定的要求比银

---

[1] 银行的 IT 系统可以分为核心业务和非核心系统,非核心系统的部署相对灵活。核心业务和非核心系统的内涵将在本书后面的章节介绍。
[2] 如果用常规的二进制存储数字,多次乘除运算后,1 可能会变成 1.000 000 000 000 1 之类的数字,误差逐渐积累后,导致财务数字最终无法平衡。

行略低，就会购置大量普通的 PC 服务器，在软件上，使用各种开源解决方案，如操作系统使用 GNU/Linux，数据库使用 MySQL 等，并自行在软件、网络层面，设计分布式处理数据的解决方案（分布式数据处理最典型的难题在于数据一致性），这种分布式计算的优势在于廉价，而且很容易通过增加服务器来扩展规模（横向拓展，Scale out）。

案例和拓展 2-1

所谓云计算

说到这里，还要简单提一下在金融科技话题上经常被人提起的云计算。云计算的本质其实就是更有弹性的服务器使用方式。在过去，要搭建服务器提供某些服务，企业需要自行购买计算机硬件，自行将硬件接入网络，管理软件和数据，负责日常维护；后来出现了集中式的机房，企业可以将服务器托管在机房；再后来，如果企业觉得自购服务器过于"重资产"，还可以租赁机房提供的服务器，但仍然需要自己在服务器上部署软件。随着分布式计算技术的发展，如果机房运用该技术，将包含一定总量 CPU、内存、存储空间的若干台计算机连接起来，然后按照客户的要求，虚拟出客户需要的 CPU、内存和存储数量，提供给客户一个虚拟的服务器（infrastructure as a service，IaaS）①，实现动态按需付费，以至于提供操作系统和数据库管理（platform as a service，PaaS）、应用管理（software as a service，SaaS）等附加服务，就成了云计算，而所谓的"云端"，其实就是服务器端。从云计算的内涵可以看出，它的技术含量集中在如何高效稳定地提供服务上，并没有任何为金融专门设计的地方。金融业务并不能依靠把服务部署在"云"上，就让服务质量获得提升，面向客户的云计算，更多的是一个营销概念。

表 2-1　云计算和其他服务器使用模式对比

传统模式	托管	租用	IaaS	PaaS	SaaS
数据	数据	数据	数据	数据	数据
应用	应用	应用	应用	应用	应用
数据库	数据库	数据库	数据库	数据库	数据库
操作系统	操作系统	操作系统	操作系统	操作系统	操作系统
虚拟化	虚拟化	虚拟化	虚拟化	虚拟化	虚拟化
物理服务器	物理服务器	物理服务器	物理服务器	物理服务器	物理服务器
网络、存储	网络、存储	网络、存储	网络、存储	网络、存储	网络、存储

说明：有底纹的部分表示由企业自己维护，无底纹表示由机房或云计算提供商维护。

---

① 从逻辑上说，机房也可以将一台大型机虚拟成若干台小服务器，但大型机提供单位处理能力的成本，要远远高于普通服务器，不具备经济效益。所以，虚拟的基础必然是小服务器，小汇成大，再分成小。

在客户端/服务器架构下,软件开发者还常使用前端和后端这组概念:前端大致指客户端开发,尤其指用户交互界面、输入输出等方面的实现(技术实现,不是美工设计);后端大致指服务器上的数据管理、存储等内容。通常来说,前端注重视觉呈现、人机交互等看得见的内容,使用最新的技术,快速迭代;后端注重性能和可靠性,一次开发,后期改动较少。前端和后端各有自己的评价尺度,有些网站的后端质量过硬,但前端设计不尽如人意,一眼看去就让人觉得陈旧,如我国各大银行的网络银行页面;也有很多网站的前端设计入时,但性能和安全性不佳,难以接受大服务量的考验,如一些新锐网站及其移动版页面。

三、网络的区域划分

从可访问性上分,网络可以分为互联网和内联网。互联网是指所有用户都可以访问的网络,就是一般所说的网络、因特网。内联网(Intranet)又称企业内部网或内部网,它主要用于企业内部的信息传输、业务组织等工作。内联网同样采用互联网的技术架构,企业用户可以在企业内通过局域网访问内联网的内容,也可以透过防火墙以及路由器,在有授权的情况下,以特定的连接方式(如 VPN)远程访问内联网,但互联网上的非指定用户不能访问该网络内的内容。因为内联网不能直接从外部访问,所以,内联网和互联网的分割是最基本的网络安全手段。在日常生活中,人们有时会简单地称呼内部网为内网,称互联网为外网。

> **案例和拓展 2-2**
>
> **局域网、广域网和物联网**
>
> 观察一个家用的网络路由器,读者一般会发现它有一个接口标明 WAN,还有几个接口标明 LAN。LAN 是局域网(local area network),WAN 是广域网(wide area network)。就非专业角度来说,LAN 和内部网有差不多的含义,WAN 和互联网有差不多的含义,一个组织的内部网络,就是一个局域网,它需要通过连接到外部,才能访问互联网(显然,需要给家用路由器接上来自外部的网线,才能让家里的其他设备通过路由器访问互联网,即便使用无线连接,也是无线局域网)。在 LAN 中,查看到的 ip 地址往往以 10 或者 192.168 开头。
>
> 物联网是近年来比较热门的概念,甚至有人将它列入了金融科技的范畴。物联网指的是除了电脑、手机之外的大量其他设备都具有连入网络、和网络中的其他设备通信的能力。你可以理解为,随着网络、电子技术的发展,原本昂贵的计算、联网能力廉价化了,可以下放到各种产品上,从而提高生产、生活的效率。例如,一些智能家电、智能开关,就通过连入家庭局域网,获得了通信能力,可以远程控制;又如,工业物联网(industrial internet of things,IIoT)专注于机器对机器的通信,包括机器人、医疗设备和软件定义生产流程等。在金融领域,物联网并不是主要的发展方向。

第二节 网络金融安全常识

一、网络金融安全的要求

网络金融安全业务的安全要求主要体现在保密性、身份真实性、数据完整性、不可否认性、可用性五个方面。

(一) 保密性

保密性 (Confidentiality) 指的是,不能让未经授权的用户有意或无意的获得资料内容。网络金融交易活动中,交易双方的信息传递是通过网络进行的,有关交易支付的信息也包含在此,因此,对信息保密的要求非常之高。例如,在网上使用信用卡时的账号和用户名被人知悉,就可能被盗用;而支付信息、密码被他人获悉的话,用户可能面临着巨大的财产安全威胁。

(二) 身份真实性

身份真实性 (Authenticity) 指的是,有办法证明某个主体就是他所声明的人本身,即"证明你是你"。网上交易、支付、转账的双方很可能素昧平生,相隔千里,因此,确认对方的身份可靠是必要前提。商家要考虑客户端的可靠性,客户也会担心网上商店的信誉。如果交易双方有一方的身份不能得到确认,则交易过程很可能是不安全的,未知的一方存在违约的可能性;如果对方是恶意交易的话,另一方面临的危险可能远远超过交易活动的范围。

(三) 数据完整性

数据完整性 (Integrity) 指的是数据生成后,在传输或存储的过程中始终保持不变,并有办法验证是否发生过修改。如果交易达成后,交易一方能够对交易条件进行有利于自己的更改并可大幅受益,对方可能就会因此而蒙受损失,网络金融服务需要提供特定的机制,证明交易数据从未被修改过,是"完整"的。

(四) 不可否认性

不可否认性 (Non-repudiation) 又称不可抵赖性,指的是对已发生的动作或事件的证明,使发起该动作或事件的实体往后无法否认其行为。譬如,在网络金融活动中,支付是交易流程中一个重要环节,也是交易活动成功的标志。当一方支付成功时,则表示已经开始履行交易合约,对方也应随之履行应该完成的责任。因此,当支付方完成支付时,有关的信息就被系统记录,任何一方都无法否认。在多数情景下,不可否认性不需要单独证明,只要同时证明了身份真实和数据完整,自然就不可否认了。

(五) 可用性

可用性(Availability)指的是资料与服务须保持可用状况(能用),并能满足使用需求(够用)。具体来说,网络金融服务应当持续运行,不应有计划外的延迟或拒绝服务。在实务中,保密性、身份真实性、数据完整性和不可否认性,主要依靠软件上的多种计算机安全技术实现,可用性则依靠硬件和日常维护实现。

二、网络金融安全的原则

(一) 需求、风险、代价平衡原则

对网络金融体系设计来说,首先应该考虑业务的需求,有多少日常吞吐量和多少峰值吞吐量,为此要分配多少资源。在实现业务需求时,应额外投入一些资源,保障业务的安全运行。虽然安全是金融业务的根本要求,但绝对安全难以达到,而且在到达一定安全程度后,进一步提高安全的边际成本较高,应该权衡保护成本和被保护业务的价值,选择最具性价比的安全方案[①]。

(二) 多重保护原则

任何安全保护措施都不是绝对安全的,都可能被攻破,在做网络金融安全方案设计时,不能把整个系统的安全寄托在单一的安全措施或安全产品上,应该建立一个多重保护系统,各层保护相互补充,当一层保护被攻破时,其他措施仍可保护信息的安全[②]。

(三) 可管理、易操作原则

安全的网络平台需要人来管理,现实中多数的失败案例都是人为疏漏造成的。如果安全措施过于复杂,要求过高,本身就降低了安全性。网络金融的安全方案应该尽量采用最新的安全技术,实现安全管理的自动化,以减轻安全管理的负担和操作难度。

---

① 如果保护成本高过被保护对象的价值(或者说,高过保护失败时的损失),保护就是不值得的;如果适当的保护措施能够让破解成本高于被保护对象的价值,保护措施就是有效的。
② 多重保护的另一个好处,就是每重保护本身的可靠性不需要加到极高,成本效率更高。

三、网络金融的安全措施

(一) 实体安全措施

实体安全措施包括环境安全、设备安全、媒体安全,主要保障的是网络金融设备的持续运行。

(1) 环境安全。计算机网络通信系统的运行环境应按照国家有关标准设计实施,应具备消防报警、安全照明、不间断供电、温湿度控制系统和防盗报警,以保护系统免受水、火、有害气体、地震、静电的危害。

(2) 设备安全。包括防止电磁信息的泄漏、线路截获,以及抗电磁干扰。通信设备和通信线路的装置安装要稳固牢靠,具有一定的对抗自然因素和人为因素破坏的能力。

(3) 媒体安全。包括媒体(信息存储设备,如磁盘、磁带等)自身和数据的安全。媒体本身的安全主要是安全保管、防盗、防毁和防霉;数据安全是指防止数据被非法复制和非法销毁。

(二) 网络安全措施

网络安全措施保障的是业务的持续运行和内容保密可靠,主要依靠网络区隔和访问控制实现。

网络区隔是把网络分成若干子网,或采用不同的网段,子网之间的访问通过防火墙、网关控制,形成不同的安全区域。最基本的网络区隔思路,就是互联网/内联网的二分法,一般的互联网用户无法访问内联网的内容,从而提高了内联网的安全。在网络金融实践中,网络区隔会更加细化,设置出不同层次的安全区域,各个层次之间的区隔强度也更大。

网络区隔只能防止非法用户对内部网络的访问,但无法阻止合法用户自行传递、修改内部网络的内容。对此,需要引入访问控制,对每个合法用户都授予具体的权限,使之只能访问其有权访问的区域。

> **案例和拓展 2-3**
>
> **网上银行的安全区域设置**
>
> 以网上银行为例,从网上银行的内部业务系统到外部的用户访问区域,安全系统设置了两个层次的安全区域进行隔离。外部用户访问网上银行,将经过三道评估边界,才能与网上银行的处理系统进行数据交换,最大限度地提高了网上银行的安全性(见图 2-1)。

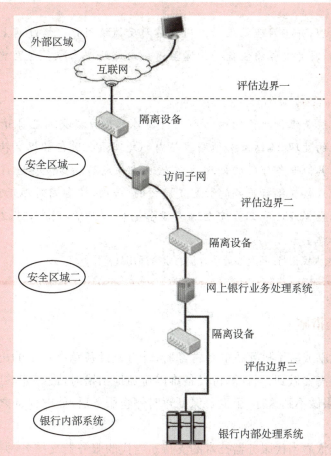

图 2-1　网上银行安全域的构成

1. 外部区域

外部区域是网上银行对外的服务界面,一般用户从自己的网络终端,安装网上银行的客户端,或者通过互联网直接登录网银的页面,接受网上银行的服务。网上银行的客户可以访问网上银行的业务系统,但是用户的访问并不是直接进入业务系统,而是经过了安全区域的隔离。这样,网上银行的安全区域形成了第一道评估边界。

2. 安全区域一

网上银行用户子网服务区提供了用户 Web 访问服务,其间必须经过第一层次的隔离设备。被定义为不安全的访问在这个隔离层被屏蔽而无法通过,网上银行的业务系统由此可以防备来自外部的直接攻击和入侵。

3. 安全区域二

经过子网的服务请求,将传递至网上银行的业务处理系统。在子网与网上银行业务处理系统之间,又有第二层次的隔离设备,形成第二道评估边界。只有通过安全评估的数据,才会进入业务处理系统进行处理。业务处理服务器负责对这个网上银行的业务数据进行处理,并将处理结果通过用户界面反馈给用户。经过网上银行业务处理系统处理的数据,再通过隔离设备将传递至银行内部处理系统。这里就形成了第三道评估边界。

4. 银行内部系统

银行内部系统是银行业务的核心所在。由外部用户提交的业务请求经过网上银行业务处理系统的处理,其结果必须同步与内部处理系统进行数据交换。银行内部处理系统与银行的其他业务部门的处理系统也通过一定的隔离设备进行互联,这样,通过不同的业务模式接受银行服务的数据是同步的,否则,就会因时序延误而造成事故。由于外部访问的数据经过了三重安全隔离设备的安全评估,因此,可以保证银行内部处理系统的安全性。

资料来源:中国人民银行.网上银行系统信息安全通用规范.

(三)运营安全措施

大家都有过电脑或者手机死机的日常经验,计算机设备总有一定的出错概率。网络金融服务的安全措施需要做到:当计算机设备难以避免地出错时,最好能够照常提供服务,让客户毫无感知;如果做不到这样,至少要保证暂时停止服务后,能够保证之前服务的数据不丢失、不出错。

运营安全首先依靠当代服务器技术的支持。当代的服务器支持各种部件的热插拔,能够在系统不停机的情况下,更换CPU、内存、存储设备等组件;服务器通过磁盘阵列,实现数据的冗余存储。

运营安全还依靠设备投入的增加,用较多的服务器持续地提供服务。譬如,设置两台一样的服务器,服务器间通过软件监控服务器的CPU或应用,并互相不断发出信号("心跳")。当某台服务器发生中断,另一台服务器接收不到其发出的信号时,软件的切换功能发生作用,将中断服务器的工作在指定的服务器上启动起来,使服务器的工作得以继续,仍然能够正常地向网络系统提供数据和服务,使得系统不至于停顿,保证数据不丢失和系统不停机,这个模式叫作双机热备份;又譬如,在不同地点,利用网络进行数据异地同步备份,当一地灾难(火灾、地震之类)发生后,可以使用异地的备份数据快速接管,保证数据的安全性和业务的连续性,这个模式就叫作异地容灾备份。将双机热备份和异地容灾备份结合起来,就是所谓的"两地三中心"(本地双中心,外地容灾)。

此外,运营安全还依赖于对操作者的监督。一方面,通过权限分配和设定,让不同的操作者只能开展其权限范围内的业务,将关键的工作分出多个环节,每个环节的操作者不同,从而可以避免权力过于集中、予取予求的现象;另一方面,应当保留完整、可追溯、不可删除或修改的操作日志,操作者即便成功地违规操作,也会留下痕迹,如果被追查出来,就会被追责,这能够震慑操作者不要滥用权力。

(四) 数据传输安全措施

网络金融业务传递的是各种数据以及指令,数据传输的安全,依靠的是计算机安全技术的支持。这在下一节会作较为详细的介绍。

第三节 网络安全技术简介

为了实现网络安全的保密性、身份真实性、数据完整性和不可否认性要求,需要使用各种网络安全技术。在此对这些技术和常识作一些简单介绍,其中,对加密技术的理解在后续数字货币的讲授中还需要继续用到。

一、加密技术

加密就是用基于数学算法的程序和保密的密钥对已知信息(明文)进行编码,生成难以理解的字符串(密文)。将明文转成密文的活动称作加密,将密文转为明文的活动称作解密,将加密的方法称作加密算法,将用于加密和解密的关键变量称作密钥[①]。加密算法本身都是公开的,只要有必要的密钥,就能实现解密。所谓加密的安全性,就是指没有密钥的情况下,从密文解密明文的难度,这取决于算法的强度和密钥的长度。使用当代主流的加密算法和主流的密钥长度,能够让当代主流的计算机无法在可用的时间内破解加密信息,而且,只要增加密钥的长度,破解难度还会非线性地增加。

按密钥和算法类型,可把加密分为对称加密、非对称加密和散列加密三类。

(一) 对称加密

对称加密就是只用一个密钥对信息进行加密和解密,加密和解密互为逆运算。记密钥为 K,明文为 D,密文为 E,加密算法函数为 ENC(),解密算法函数为 DEC()。发送信息的人用 K 对明文 D 加密,得到 E=ENC(D, K);收到信息的人用 K 对密文 E 解密,还原出 D=DEC(E, K)。由于加密和解密用的是同一密钥,所以,发送者和接收者都必须知道密钥。对称加密的常见算法有 DES、3DES、AES 等,强度从低到高排列,现在主流使用 AES。

对称加密算法简单,速度快,效率高,可以用低成本的硬件专用电路实现,对大量数据

[①] "钥"是多音字,按照现代汉语的规范读音,密钥、公钥、私钥中的"钥"都应念作 yuè,不过真正从事计算机工作的人多数都会念成 yào。

进行加密和解密(譬如我们都用过 Wi-Fi 上网,价格十几元的无线网卡,每秒就足以完成对几十兆字节的信息做加密和解密)。然而它有以下两点主要不足:

(1) 信息收发双方都要使用同一个密钥,如果收发双方此前并没有约定密钥,这个密钥自身就要在网络上明文传递,途中可能会被直接盗取,用来破解密文;

(2) 如果有 N 个人需要相互通信,就需要有 N×(N−1)/2 个密钥,密钥的保管存储压力相对较大。

(二) 非对称加密

非对称加密又称密钥交换算法,它需要两个密钥:一个密钥可以任意分发,多人持有,称作公钥;另一个密钥需要自行妥善保管,唯一持有,称作私钥①。用公钥加密的内容,仅有私钥能够解密;用私钥加密的内容,仅有公钥能够解密(而且,公钥仅能解密对应私钥加密的内容)。非对称加密的常见算法有 RSA。

记公钥为 PK,私钥为 SK,加密算法为 ENC( ),解密算法为 DEC( ),明文为 D,密文为 E。通过不同的密钥使用策略,非对称加密可以分别实现两个目的。

1. 实现通信内容的保密性

发信方用公钥加密明文 D,得到 E＝ENC(D,PK),收信方用私钥解密密文 E,还原出 D＝DEC(E,SK)。只有信息的目标收信人,也就是拥有私钥的人,才可能解开密文。

在非对称加密时,如果事先毫无约定的 A 和 B 双方,A 想给 B 发加密内容,A 只需要先用明文联系 B,告知想给 B 发加密内容,然后,B 以明文方式将 B 的公钥 PKB 发给 A,A 用 PKB 加密信息后,将密文发给 B,B 用私钥 SKB 解密,读出信息。在这个过程中,关键信息是加密传输的,明文传输的是本来就不限定存储的公钥 PKB。即使其他人拿到密文和公钥,因为没有私钥,也解不开。如果公钥 PKB 的散发范围过大,顶多就是有太多人能够给 B 发信,B 解密后,根据信的内容,无视那些无用的即可。至于具有解密功能的私钥 SKB,因为自始至终都没有在网络上传输过,也就不用担心泄露了。

2. 验证发信方的身份

发信方用私钥加密明文 D,得到 E＝ENC(D,SK),收信方用公钥解密密文 E,还原出 D＝DEC(E,PK)。因为通过 PK,E 能够还原出有意义的信息,所以,用来加密 E 的一定是和 PK 配对的 SK,从而发信方一定是 SK 的持有人,这就完成了发信方的身份验证。

相对于内容保密而言,身份验证的逻辑略显晦涩。我们假设一个场景,某个富翁在众目睽睽之下把自己的 PK 发给众人,并声称将来哪一天,持有对应 SK 的人出现时,他就有权继承富翁的财产。在此之后,很多人尝试证明自己持有 SK,但当要求他们用手头的"SK"加密"恭喜发财"四个字的时候,他们的加密结果被 PK 解密,总是得到各种各样的乱码。直

---

① 在非对称加密算法的原始设计中,私钥和公钥本身是对称出现的,区别只是分发存储的范围不同,哪个分发,哪个就是公钥;但在非对称加密算法实现时,从性能考虑,通常用较为简单的方式生成公钥,用复杂的方式生成私钥,两者在内容上就有差别,用私钥甚至可以反推出公钥。

到某一天,有一个人发出了一段密文,所有人用自己手头的 PK 对这段密文解密,都得到了"恭喜发财"四个字,这时候,人们就知道,这个人手头持有的真的是和 PK 配对的 SK,这个人就是富翁的继承人。

在这里,被加密的明文"恭喜发财"本身是无保密价值的,人们也并不是真的想加密这句话,只是希望能利用"公钥仅能解密对应私钥加密的内容"这个逻辑,把大家都知道的那个公钥与真正的私钥配起来,验证私钥。

如果将上述两个机制组合在一起,通过合理的密钥分配和加密层次,就可以让两个对话者的信息交换做到每一句都保密,而且每一句都能验证发信人的身份。读者可以自行考虑一下如何设计。

相对于对称加密,非对称加密有三个明显的好处:

(1) 在信息加密传输时,非对称加密只需要在网络上传递密文和公钥,无需传递私钥,不存在被破解信息的可能,非常安全。

(2) 非对称加密所需的密钥数较少,N 个人要相互通信,只需要 N 对公钥和私钥即可。

(3) 除了信息加密外,还能实现身份验证的功能。

非对称加密有一个明显的劣势,就是性能较差,和对称加密的速度有好几个数量级的差异,如果将大量数据用非对称加密传输,对计算机性能的开销是巨大的。因此,常见的折中思路是:用非对称加密方法加密传递对称加密所需的密钥,当对称加密密钥安全到达双方手中后,就开始用对称加密传递大量信息。

(三) 散列加密

所谓散列加密,就是用特定的算法,将任意长度、任意内容原文映射成固定长度的一串信息,这串信息称作原文的散列值(hash,有时也音译为哈希值)。从原文到散列值,是单向的、不可逆的运算,不可能从散列值还原出原文,因此,严格地说,散列加密并不是真正的加密,而只是一种摘要算法。常见的散列加密算法有 MD5、SHA-1、SHA256 等。

一个理想的散列加密算法,应当具有如下属性:

(1) 快速。计算速度要足够快。

(2) 确定性。对同样的输入,应该总是产生同样的输出。

(3) 无碰撞。找到具有相同散列值的两条不同原文应该非常困难(或几乎不可能)[①]。

(4) 难以分析:对输入的任何微小改动,都应该使输出完全发生变化,从而不可能通过

---

① 碰撞就是两条原文的散列值一样。碰撞分为两个层次:强碰撞是指任意两条原文的散列值一样,但这两条原文本身的内容不确定;弱碰撞是指给定某个原文(注意,是给定原文,而不是给定原文的散列值),找出另一个原文,使其散列值与给定原文的散列值一样。这里所说的"找出",是指能够以明显快过随机尝试的速度,在合理的时间内找到。如果一个算法已经出现了弱碰撞,这个算法就无法充分信任了,因为用这个算法算出的原文散列值,可以被人用其他内容碰撞出来,然后用其他篡改的内容冒充原文(这个冒充出来的原文可能本身没有任何意义,从内容上检验可以查出来,所以,弱碰撞算法暂时使用一下也还行);而如果这个算法只有强碰撞,那么还可以使用。我国的王小云院士在 MD5、SHA-1 算法的弱碰撞研究中作出很大的贡献。

"找出某条内容，其散列值和原文的散列值相似"来近似推测原文。

因此，在实践中一般认为，如果两条原文的散列值相同，这两条原文也相同，这是当代计算机安全技术的重要共识。利用散列加密技术，可以验证数据的完整性。譬如，A 要发送信息 X 给 B，但 X 在传递过程中可能会被人拦截、篡改，那么，A 可以在发送 X 的同时，选择另外一个传递方式，将信息 X 的散列值 H 也传递给 B。B 收到信息 X 和 H 后，对 X 做散列加密，得到 H′，如果 H′＝H，就说明 B 收到的 X 和 A 发出的 X 是一样的，没有被篡改过。在数字签名和数字证书中，"相同散列，相同原文"的逻辑将反复使用。

此外，反向利用"不可能创造出另外一条原文，使得该原文的散列值与给定的散列值相同"这一特性，就能提出计算量（试错量）庞大的计算任务，在加密货币的机制设计中经常用到。

案例和拓展 2-4

散列加密的思想和常见用途

简单介绍一个散列加密的趣味思想。在人口普查中，有一个简单评价普查质量的指标，就是检查所有人中年龄是整十、整五的人占所有人的比例是否偏高；如果偏高，就说明普查中接受调查的人无法记清自己的年龄（出生年份），只能根据大致的印象，报自己是几十岁或者几十五岁，而这样的普查连自己的年龄都没法搞清楚，整体可信度就会较差。很多发展中国家的人口普查在这个指标上表现都不佳，中国这个指标的历来表现都不错，因为中国人的民间传统是每个人记得自己的生肖，在普查时，将自己的生肖报出来，再结合记忆、观察，就能确认出生年份（不大可能把年龄高估或低估12 岁）。生肖就是人年龄的散列值，每个年龄都有一个对应的属相，算法就是取模，当然，这个算法无法保证相同的散列值一定有相同原文，但在年龄问题上也够用了。

再说说一些散列加密的常见用途。譬如，如果你将某个网上下载的电影视频文件重新上传到网盘，可能会发现，上传速度极快，几秒钟就完成了。其实，这时候你的文件并未真正上传到网盘服务器，服务器只是先让你的客户端计算了文件的散列值，然后对照服务器上现存的（其他人存储的）文件，发现你想要上传的文件的散列值和服务器上其他人存储的某个文件一致，于是网盘判断，你的文件和其他人的文件实质上是一样的，从而不需要真正上传，而是给你的网盘文件夹中添加了一个指向其他人文件的文件名。这样，所有的文件网盘服务器都只需要存储一份，节约了空间、网络流量，同时也便于服务器管理文件。

又譬如，你在各网站上注册用户使用的密码，通常来说，网站后台不会直接用明文保存，而是改为存储这个密码的散列值，等到下次你要登录该网站输入密码时，网站将你输入的密码再次计算散列值，和之前存储的散列值对比，如果一致，则认为你输入的密码正确。你可以想一想，为什么网站要这样做？这样做又会被什么方法破解？网站

第二章　网络金融的技术基础

进一步的防御措施可以是什么？请自行搜索"彩虹表""加盐"这两个关键词，或许你能对上述问题有了答案。

再譬如，有时候你需要在网络上下载一些可执行文件或重要内容，如 Windows 的安装镜像或某些共享软件，发布网站会提供分流点或分布式下载，你如何保证在分流点或分布式下载渠道获得的文件完整且未被篡改呢？发布网站会公布这些文件的散列值（如 MD5 值或 SHA256 值），等你通过各种渠道下载到文件后，只需验证一下这些文件的散列值是否和发布网站公布的一致（有专门计算文件散列值的小工具），就能知道文件是否完整且未被篡改了。

二、数字签名和数字证书

数字签名和数字证书是上述几种加密方法综合应用的例子。

（一）数字签名

在日常生活、商务经济往来中，签名（盖章）是经常遇到的，如信件、文件、钱款的发收，挂号邮件、合同的签订等都离不开签名。在电子化、网络化的交易中，用数字签名代替纸上签名。数字签名是一个仅能由发送方才能产生的、且仅与所签署电子文档有关的一种标记，它除了具有手工签名的全部功能外，还具有易更换、难伪造、可通过远程线路传输等优点。

数字签名必须保证接收者能够核实发送者对报文的签名（身份真实性）、接收者不能伪造对报文的签名（数据完整性）、发送者事后不能抵赖对报文的签名（不可否认性）①。显然，看到这几点要求，就应想到同时使用非对称加密方法和散列加密方法。

在此简单示意一下数字签名的制作和验证流程：发送者 A 需要将信息 X 发送给接受者 B，他可以在发送信息 X 的同时，计算 X 的散列值（记作 H），然后用自己的私钥 SKA 对 H 做非对称加密，得到 D=ENC(H, SKA)，D 就是 A 的数字签名。A 将信息 X 和签名 D 一并发送给接受者。

接受者收到 X 和 D 后，用 A 预留在他那里的公钥 PKA，解开 D，得到 H，再重新计算收到的信息 X 的散列值，得到 h，比较 H 和 h 是否一致，如果一致，则通过签名。

用 A 的公钥能从 D 中还原出 H，说明 H 真的是由 A 本人（私钥持有人）加密的（身份真实）；H 和 h 相等，说明 A 本人摘要的信息 X 和 B 收到的 X 内容一致（数据完整）。当这两

---

① 我们日常往往关注签名的真实性，有时候会忽略签名"签的是什么事"，即数据完整性。不过，在正规的场合，盖章需要盖骑缝章，签名需要签在文件指定位置，甚至每张纸都要签名，这些都是保证数据完整、不发生事后篡改的措施。

点同时做到后，"A本人发出了信息X"这件事情也就自然无法否认了。

(二) 数字证书

在运用非对称加密算法保证信息传输保密时，需要使用收信方的公钥，对发出的信息加密，从而保证只有持有对应私钥的收信方才能解开加密信息。然而，这样操作有一个问题，如何保证手头的那个公钥真的是想要联系的收信方的？

想象一个场景，我们想要将银行卡信息加密发给某银行网站，我们以为手头的公钥是银行网站发给我们的，其实是一个骗子发的；我们用这个骗子的公钥加密信息并发出，最后就是骗子收到信息，解密后获得了我们的银行卡信息（骗子甚至还可以顺便把这份信息再发一次给银行，再把银行的回馈转发给我们，让我们觉得体验流畅，全然不知信息已经泄露了，这叫中间人攻击）。

显然，"能不能解开——有没有密钥"是一个技术问题，而"密钥真不真"在技术上并无法验证，完全是一个信任问题。要解决信任问题，需要引入更高层次的信源，由高层次的信源对公钥进行认证，这就是数字证书的逻辑。

在互联网上有一类权威的、可信赖的、公正的第三方机构，它们负责数字证书的发放，被称作证书认证中心（certificate authority，CA）。数字证书是一份包含公钥拥有者信息、公钥以及CA数字签名的数据文件。互联网上对数字证书的内容格式有固定的X.509 V3标准，下面对数字证书的内容、制作作简单的介绍，在保证基本流程逻辑无误的情况下，部分技术细节作了简化。

数字证书的目的，在于"证明某个公钥真的是它声称的发行人发行的"，所以，数字证书中应当包含一份待认证的公钥PK，对PK进行认证需要依靠CA的数字签名。

如前所述，数字签名就是用私钥对需要发送的信息的hash值加密。在数字证书中，要发送的信息就是待认证机构的公钥PK。CA用自己的私钥SK^*（CA的密钥都用 * 表示）①，对待认证的PK的散列值作非对称加密，形成数字签名。

所有用户手中都事先部署了CA的公钥PK^*，用户收到数字证书时，就用PK^*对数字证书中的CA签名解密，得到某个hash值（能解出来，就说明这个散列值真的是CA用自己的私钥加密的，即验证了身份真实性）。自行计算数字证书中附的PK的散列值，如果两个散列值一样，说明CA当时签名的PK和客户收到的PK是一致的（验证了数据完整性）。所以，一个成功验证的数字证书中的PK得到了CA的见证，且未被篡改，用户可以放心使用（往往下面就要用这个PK和PK的发行机构通信了）。

需要说明的是，在数字证书的使用过程中，对PK^*的信任是无法用技术证明的，这是最初始的信任，只能依靠共识来部署，譬如，每个网络浏览器或操作系统部署时，都会默认安

---

① 提醒一下，SK^*和PK不是配对的。PK对应SK，PK在数字证书中，SK在待认证机构的手里。PK^*在用户的计算机上（事先部署），SK^*在CA的手中。

装一些CA发行的PK*，这些CA需要在线下用技术之外的方式，先获得浏览器或操作系统发行者的信任，才能得到部署资格。

数字证书是各类终端实体和最终用户在网上进行信息交流及商务活动的身份证明，在电子交易的各个环节，交易的各方都需验证对方数字证书的有效性，从而解决相互间的信任问题。在后续的互联网安全协议中，数字证书会一再出现。

数字证书本质上是一个文件，它可以存放在计算机的硬盘、移动介质（如U盘）等处，也可以存放在USB卡（USB Key、U盾等）、IC卡或其他特定设备里面。我国银行常用的U盾（网银的某种验证工具）其实就是一个存放着客户数字证书的存储设备，只是需要特殊的协议才能读取而已。

三、网络安全协议

协议（Protocol）指的是在任何物理介质中，允许两个或多个在传输系统中的终端之间传播信息的系统标准。你可以将其理解为网络中的两个节点通信的一套规范，如果大家都遵循某个协议，就能在这个协议框架下对话，实现这个协议支持的功能。网络安全协议是以密码学为基础的消息交换协议，它的目的是让网络中的两个节点能够安全地交换信息，实现通信的保密性、身份真实性、数据完整性和不可抵赖性。下面主要介绍安全电子交易协议（SET）和传输层安全性协议（TLS）两类协议的设计思想。这些协议的内容实现本身并不那么重要，但协议设计的思想及其得失教训，对金融产品机制设计等都有一定的启发。

（一）安全电子交易协议

安全电子交易（secure electronic transaction，SET）协议是指由美国维萨（Visa）和万事达（Mastercard）两大信用卡组织联合国际上多家科技机构，共同制定的应用于Internet上的以银行卡（信用卡）为基础进行在线交易的安全标准。

SET协议基于信息流，定义了哪些信息用来完成交易，以及这些信息如何传输。SET协议的信息流包括商品订单信息（商家是谁，客户是谁，买什么）以及银行结算信息（从什么卡走，付给谁），该协议期待的是，商品信息和银行信息可以分开，信息加密传输，且协议本身就能验证双方身份，具备不可抵赖性。

SET协议的简化流程如下：

（1）加密订单。消费者随机生成一个对称密钥（记作DES）对订单进行加密，形成密文X；消费者从商家提供的数字证书中提取商家的公钥（PK），对DES加密，得到DESX。

（2）形成签名。消费者用散列加密函数处理明文订单，得到订单的散列值，记作MAC，消费者用自己的私钥（SK*，消费者用*表示）对MAC进行加密，对散列用私钥加密，这就是消费者的数字签名。

（3）发送全部内容。消费者将数字签名、X和DESX都发给商家。

(4) 解密订单。商家用自己的私钥(SK)对 DESX 的密文进行解密,得到 DES,然后用 DES 对 X 解密,得到订单。

(5) 验证签名。商家从消费者的数字证书中,提取消费者的公钥(PK*),解密消费者的数字签名,得到 MAC,再用相同的散列加密算法,将之前获得的明文订单再进行一次散列加密运算,得到一个新的 MAC,即 MAC1;商家比较 MAC 和 MAC1,如果一致,说明收到的报文没有被修改过。

在实际操作中,这套流程可以强化成双重签名,从而实现商家和银行信息的分离,并同时可以验证身份、完整性以及商家和银行信息的匹配关系。在此不做详细介绍。

SET 协议虽然能够实现通信保密、身份真实、不可抵赖和数据完整等要求,但它有两点明显的不足:首先,SET 协议要求交易双方都提供数字证书,而申请、部署数字证书对一般消费者来说过于复杂,对商家来说,数字证书提供的消费者身份认证却并不那么重要[①];其次,SET 协议是应用层协议,仅限于电子商务活动中的订单信息传递,部署这么复杂,能做的事情却不多。

在实践中,SET 协议并未广泛使用。事实上,SET 协议诞生于 1996 年,那时候还是互联网的童年时期,包括网页浏览器在内的大多数当代互联网要素才出现不久,SET 协议在理论上虽然完备,却难免有点闭门造车,又没有被多数机构采纳,最后就边缘化了。

(二) 传输层安全协议

传输层安全协议(transport layer security,TLS)也是一种网络安全协议,目的是为互联网通信提供安全及数据完整性保障,该协议以前也称作安全套接层[协议](secure sockets layer,SSL)。

TLS 协议本身的具体实现相对复杂,其思路简化后可以概括为:服务器用数字证书证明自己身份,提供非对称加密的公钥,客户用服务器一方提供的公钥传输对称加密的密钥[②],然后用对称加密传输自己要发送的其他所有信息。因为对称加密的密钥用服务器一方的公钥加密了,所以,只有服务器一方才能解密,然后用这个密钥和客户传输后续信息。

TLS 协议顾名思义工作在传输层,也就是说,它建立的是一个通信的"渠道",对内容是什么并没有限制,客户既可以在某个程序里用 TLS 协议与商家建立连接,然后发送订单,也可以在另一个程序里用 TLS 协议建立的另一个通道和朋友聊天。客户确定的是,在网络中传输的每一个数据包里面装的都是加密了的内容,即便数据包被抓取,其他人也无法解密,既保证了安全,又保障了隐私。TLS 协议只要求服务器一方提供数字证书证明身份,客户方不需要提供证书,对客户身份的鉴定依赖于服务器自身的策略,可以要求客户提供补充

---

① 只要消费者在订单中加入自己在商家注册的个人账户信息,商家就可以通过订单内容验证消费者的身份;这种账户验证比数字证书的验证弱一些,但商家其实不在乎,因为只要钱到账、货能送到位,到底是谁下的订单没那么重要。
② 实际上传输的是用于生成对称加密密钥的随机数,本书在此做了一些简化。

的信息，由服务器自己使用手段验证（最典型的就是用户名-密码体系；而在网络银行交易时，还可能会要求客户使用装有客户自己数字证书的 U 盾）。

TLS 协议的使用非常广泛，譬如打开浏览器，访问苏州大学的网址，浏览器显示为"https://www.suda.edu.cn"，其中，"https"就表示这是一个超文本传输安全协议（hypertext transfer protocol secure，HTTPS，又称 HTTP over TLS，即建立在 TLS 上的超文本传输协议），随着网络硬件水平和安全、隐私要求的提升，主流互联网网站大多都已使用此类协议，如果某个网站继续使用非安全的 http 协议，主流浏览器就会对该网站发出安全警告，如在地址栏显示红色等。多数手机 App 也使用 TLS 来完全或部分对内容加密传输。

与 SET 协议相比，TLS 协议虽然较为简单（只要求服务器一方的数字证书），但仍然能够满足多数情况下的安全要求并按需提升，又能传输各种信息，用途广泛。最重要的是，在互联网起飞的早期，最主流的网络应用是网站浏览，而最主流的网页浏览器 Netscape Navigator 就使用了 TLS 协议（当时还叫 SSL），TLS 协议也就搭上了互联网发展的快车，雪球越滚越大，最终成为互联网上保密通信的工业标准。在本书后面的介绍中，读者还会看到一些类似 SET 和 TLS 故事这样，互联网早期的产品设计难以落地或推广欠佳，某些不那么完备的产品却成为工业标准的例子。

> 📄 **案例和拓展 2-5**
>
> ### 使用公共场合的 Wi-Fi 会影响网银安全么
>
> 前些年经常会有这样的社会新闻：某人在咖啡厅里用公用 Wi-Fi 上网，访问了自己的网银，几天后发现银行账户被盗用，资金被转移。我们不妨用学过的知识思考这样的事情是否可能？
>
> 首先，使用公用 Wi-Fi，意味着本机所有的通讯都会经过公用 Wi-Fi 提供者的网关传输，本机发出的每一个字节，公用 Wi-Fi 提供者都能看到，这一眼看去，好像是最大的不安全。然而，正常情况下，银行网站都会启用 TLS 连接，从访问银行网站的那一刻起，交互信息传递就都是加密的了，Wi-Fi 提供者的网关就算截下了所有发送的字节，也无法解读出信息的实际内容。所以，这个"最大的不安全"并不存在。
>
> 其次，当加入 Wi-Fi 网络时，默认会使用本网络的网关作为域名解析服务器（DNS），而 Wi-Fi 提供者有可能在域名解析上做手脚，将网银的域名解析到钓鱼网站的 ip 地址上去。用户如果相信了钓鱼网站，在上面输入了关键信息，就会泄露。然而，钓鱼网站可以引导域名、冒充外观，却得不到 CA 的认证，提供不了数字证书，这些网站也就无法使用 TLS 连接，只能使用明文 http 连接，要是用户仔细一点的话，是可以在浏览器里看出来的（当代的浏览器还会对非安全连接作出格外的提醒）。

最后，在网络金融诈骗层出不穷的背景下，银行网站早已提高了安全门槛，就算登录密码被盗取，但在涉及资金支付时，银行还会额外提出支付安全要求，如手机验证码、人脸识别等，这些都是公共Wi-Fi提供者无法盗取、模拟的。

四、基于大数据分析的安全认证

传统网络安全认证手段密码、数字证书、硬件盾在支付服务商接收到支付请求时，为了减低支付风险，服务端要先确认支付发起者的身份是合法的。而这些认证往往会因技术因素而耗时、增加成本，也可能因遗忘密码、更换物理设备等原因而影响使用。现在广泛使用的安全认证方式之一的手机检验码，也因钓鱼网站、电话骗取等负面因素而变得缺乏安全性。大数据时代的来临，基于大数据对用户行为分析来提供支付安全成为一种选择。

（一）设备行为分析

所谓设备行为分析，是指通过分析用户的行为习惯来辨别用户的真实身份，或者辨别用户身份的真实性。网络行为一般包含5个方面的因素：访问时间、使用设备、登录账号、访问网站和具体操作内容。一旦分析结果认为与用户真实习惯有明显差异，就可以通过报警、增加安全认证环节来确定，否则，就可以拒绝用户的登录、访问或者支付行为。通过设备行为分析的方式去控制风险，只是通过大数据的方法去进行风险控制的一种，以这种模式进行身份认证，可以很好地减少在支付过程中身份认证对用户的打扰，用户网络行为会映射到设备的操作行为，通过对设备可信度的分析，就可以知道行为的风险程度。这个过程不需要用户主动安装数字证书或者硬件盾，不需要接收校验码，对用户的体验有明显的提升。

在网络上，一个人能获取到的设备是有限的，一般是办公室电脑、家里电脑、手机等。如果在一个"可信"的设备上登录系统，当前行为的可信度就较高。设备又是行为分析中的关键点。给每个设备一个"可信度"，用户的行为与设备进行关联，每次用户的行为都可以动态地改变"可信度"。一次可信的、合法的行为会增加可信度，一次不可信的、非法的行为会减少可信度。而增加和减少的"度"，通过一套复杂的模型采用机器学习的方式获得。

（二）动态安全数据库

在电子商务领域，欺诈网站、钓鱼网站等防不胜防，已经形成黑色产业链。这些网站通过破解用户密码、盗取账号等方式威胁着用户的资金安全，也有的网站纯粹属于欺诈网站，以虚假信息骗取用户的支付。与病毒、木马等技术性安全问题不同，这些行为无法通过杀毒软件、防火墙来防护，风险程度极高。在大数据环境下，网络支付服务商可以利用大数据分析,对非法信息进行筛选,建立动态数据库。当用户访问电商网站时,支付服务商先对其进行安全性识别,并将结果告知用户。对于已经定义的不可信网站,支付运营商会拒绝支付,最大限度地保证用户的资金安全。

案例和拓展 2—6

一些常见术语的简单解释

在说到计算机安全、防范网络攻击时,可能会频繁听到病毒、木马、漏洞、后门、钓鱼这些词,在这里做一些通俗简单的解释。

病毒是一种要"搞事情"的恶意程序。它通过删除文件、瘫痪计算机系统等方式,主动彰显存在性,并尽可能地对外传播扩散。早期病毒的编写者的主要目的是炫技或报复社会,近年来,随着网络虚拟货币的发展,出现了一些牟利性的病毒,譬如有的病毒会加密用户计算机上的各种关键文档,使之无法访问,等到用户以比特币支付"赎金"后,才给予解密。

木马其实就是取特洛伊木马的"内奸"的含义。木马是一小段服务器程序,它悄悄地潜伏在计算机系统里,获取数据和操作权限,但尽可能不露出动静,也没有日常举动。如果该木马对应的客户端(被木马编写者、投放者所操纵)要求木马响应,则木马就会按客户端的要求,将盗取的信息传递出去,或对潜伏的计算机进行一些操作,譬如要求计算机向某些网站发起频繁访问或攻击等,计算机的合法用户难以察觉这些操作,此时的计算机被称作"肉鸡"。

漏洞其实就是计算机软硬件编写制作时无意产生的一些错误。这些错误日常运行时很难出现,但当遇到特定要求时,就会出现一些意料之外的、不应该有的行为。在软硬件发布前,发布者肯定会仔细检查,但漏洞仍是无法彻底避免的,用户使用中可能会慢慢发现漏洞。如果发现软件漏洞,最好的方法是及时通知软件编写者(如果是关键漏洞,首先应该及时报告我国负责信息安全的政府机构),让软件编写者注意在未来修补改进;不应该做的是以炫耀发现为目的,直接公布该漏洞(这会导致该漏洞迅速被恶意使用);如果是硬件漏洞,可能很难修补,只能以后设计新的硬件来代替旧设计。

后门是计算机软硬件编写制作时制作者故意留下的一些错误。和漏洞相比,这些错误日常运行时更难出现,而它们出现的条件只有软硬件设计人自己才知道,不对外公开。一旦后门被激活,就能命令软硬件执行一些日常规范之外的行为,譬如获取用户存储的信息并对外传递等。制作者留下后门的目的是为自己对软硬件可能的"超权限操控"提供便利,但显然这在道义上乃至法律上都是站不住脚的,所以,一般制作者也不会承认"后门"的存在,用户也往往难以全面验证。为了避免后门的影响,可以在关键的场合使用开源软件和自主知识产权软硬件。

钓鱼是一种通过让你在假装为合法的网站上透露个人信息(如信用卡号码、银行信息或密码),从而试图盗取你的钱财或身份的网络攻击。网络罪犯通常冒充可信的公司、朋友或熟人发送虚假电子邮件,邮件内包含一个指向网络钓鱼网站的链接,在我国,钓鱼还可以通过各种扫二维码的形式出现。和钓鱼相关的一个概念是中间人攻击。钓鱼网站本身是假的,在获得客户信息后,如果不能呈现出客户要看到的真实信息,就会很快被客户发现;所以,钓鱼网站在搜集到客户信息后,会将信息转发给真实的网站,从真实网站获得反馈后,再在钓鱼网站复现反馈,如是循环。钓鱼网站就好像是客户和真实网站之间的中间人,这就是中间人攻击。

第三章

电子支付

电子支付是单位、个人（以下简称客户）直接或授权他人通过电子终端发出支付指令，实现货币支付与资金转移的行为①。相对于网络支付、移动支付来说，电子支付是一个历史相对较长的概念，其包容性也较强。综合考虑电子支付的技术特征、交易模式和技术现状，本章根据支付体验的区别，介绍和讨论银行卡支付、电子现金和电子支票、网络第三方支付、移动支付、其他支付、支付系统后台等几类业务②。

第一节 支付的一些基本概念

一、支付的含义和环节

支付是付款人向收款人转移可以接受的货币债权。所谓可以接受的货币债权，通俗地说就是收付款人协商一致、共同认可的货币债权的具体类别。货币债权的形式既可以是对中央银行的货币债权，如现金、商业银行在中央银行的准备金；也可以是对银行机构的货币债权，如个人、企事业单位在银行机构的存款。当可接受的货币债权采用现金的形式时，称为现金支付；当可接受的货币债权采用中央银行或银行机构存款形式时，称为非现金支付。

支付的目的是多种多样的，譬如，为了获得商品或服务而支付，为了获得股份或债权而支付，为了偿还债务或支付报酬而支付，为了纳税而支付，为了无偿捐赠而支付等。

按照国际支付结算体系委员会（Committee on Payment and Settlement Systems, CPSS）的定义，支付可以分为交易、清算、结算三个环节。

（一）交易

交易过程包括支付指令的产生、确认和发送，特别是对交易各方身份的确认、对支付工具的确认以及对支付能力的确认。比如，客户用餐后使用银行借记卡结账，客户刷卡，按下确认键并签字的过程就是银行卡支付交易的过程。

交易环节是支付的起点，往往也是付款方和收款方能直接体验到的环节。

（二）清算

清算过程包含在收付款人开户机构之间交换支付指令以及计算待结算的债权债务。支付指令的交换包括交易撮合、交易清分、数据收集等；债权债务计算可以分为全额和净额

---

① 中国人民银行 2005 年第 23 号公告，《电子支付指引（第一号）》。

② 《电子支付指引（第一号）》中，按电子支付指令发起方式，把电子支付分为网上支付、电话支付、移动支付、销售点终端交易、自动柜员机交易和其他电子支付，这种分类方式当前已过于陈旧，展开叙述多有不便，故不沿用。另外，数字人民币目前也是一种相对常见的电子支付方式，但考虑到它和加密货币等话题的对比，本书将其安排在第四章。

两种计算方式。

可以看到,清算环节是和开户机构有关的,如果是现金交易,不需要这个环节。事实上,清算过去是有物理实体行为的,在金融发展的早期,没有电子通信渠道,甚至可能连央行都没有,支票是同城的支付工具,代表储户对银行提出的付款要求。各家银行每天收到大量的纸质支票,在一天营业结束后,将支票集中到该城市的支票清算所,汇总算出每家银行应收或应付的资金净额,然后,各家银行按照清算出来的金额,收付现金(如果有央行,且通讯方便的话,也可以集中通知央行增减准备金)。

在央行出现、银行业务电子化的时代,票据业务和银行卡业务仍然需要清算。清算是结算前的辅助环节,它将所有的支付要求汇总简化,告知每家银行应收或应付的金额,银行根据清算方发来的数字,通知央行办理结算。

(三) 结算

结算过程是完成货币债权最终转移的过程。如何结算一般取决于支付的形式。如果是用现金支付,结算就是直接把现金交给收款方,收款方清点现金完毕,支付就自然完成了。用银行存款结算的情况相对复杂。商业银行从清算机构处收到付款记账的通知,按此通知,商业银行先调整增减自己行内各客户的存款余额,处理完自己行内客户和客户之间彼此的支付请求,然后根据清算方通知的对外付款额,告知中央银行,减少本行在中央银行的准备金账户,增加收款银行在中央银行的准备金;中央银行要把各商业银行送来的付款请求集中起来,检查各银行存放在央行的结算资金(准备金)具有可用性,通过增减准备金①,结清金融机构间的应收应付资金,并记录和通知有关各方。

二、清算和结算的辨析

"清算"和"结算"两个词形式上相近,它们都是收款人、付款人双方不需要亲自参与的活动,而且一般都是持续进行,因此,在媒体和口语中对它们并不作严格区分,在银行业内部甚至还会用"清算"代表整套银行后台处理流程。在本书中,对这两个环节作出区别,主要是为了厘清支付过程中各个主体的能力、责任,便于教学讨论。

(一) 信息流和资金流

在清算环节,清算机构收到的是各种交易请求(如一张张的支票或者一份份银行卡单

---

① 在实务操作中,这种随时准备收付的资金,存在中央银行为商业银行开设的专门账户(称作清算账户),如果账户有资金多余或短缺,可随时拆入拆出,这和商业银行根据存款日常规模放在中央银行的存款准备金账户用途不同。但这种清算账户用到的资金仍然是商业银行在中央银行的存款,是从准备金中分出的一部分,为简单起见,仍不妨称之为准备金。另外,这里所说的结算,都在商业银行总行和中央银行总行层面上进行,也是经过一些简化的(基本上能反映我国现代化支付系统中大银行的现实情况)。

据),发出的是一条条告知银行等结算主体付款的通知,清算机构本身不触碰资金,只是处理信息流。

在结算环节,每一个主体都直接和资金有关系,发出了要求,就真的会产生资金流。这个资金流是通过商业银行和中央银行的记账来实现的(当然,信息流仍然存在)。

(二) 技术、信任和权力

在清算环节,清算机构要有足够的技术,能在有限的时间里将大量的交易请求汇总轧差,形成每个结算主体的收付款通知,这是对清算机构的技术要求。结算主体(如商业银行)要相信清算机构发来的付款通知,按通知付款,这是对清算机构的信任要求①。如果一个机构能获得一些结算主体的信任,也有能力处理交易请求,这个机构就具备了成为清算机构的潜质;如果这个机构实际收到交易请求,并真的向结算主体发送付款通知,结算主体也照此做了,这个机构就成为一家实质上的清算机构。"技术+信任=清算",或者说,技术和信任就是清算业务的"护城河",读者不妨在这里先记住这个推理的逻辑,本书后继内容将会用到。

在结算环节,结算主体(商业银行)需要向更高层次的结算主体(央行)发送支付准备金的请求,而在此之前,为什么商业银行会成为结算主体呢?因为所有人都会把自己的资金存在商业银行,便于支付。所有人对钱的信任都集中在商业银行,把在商业银行的存款视作财富本身;而商业银行把存款存在中央银行,中央银行的负债(准备金+现金,即基础货币)是整个支付过程中被认可的财富终极形态。因此,要成为结算主体,就需要比成为清算机构更高的信任,如果人们愿意把对该主体的债权(银行存款、央行准备金、现金等)视作财富,依靠该主体记账来进行支付,这个主体就有了成为结算主体的资格。

成为结算主体后,如果不加约束,这些机构就有了额外的权力,可以主动创造负债。"更高的信任=支付""支付+不完全约束=创造财富的权力",读者可以用金融学基础知识中商业银行的产生历程、商业银行的信用创造、中央银行的货币发行等概念来自行验证体会这两个逻辑,并思考这里所谓的"约束"是什么。

一般来说,当今世界人们认可的结算主体都是银行,不会将非银行机构提供的账户记录视作可结算的财产②;不过,随着第三方支付的广泛使用,人们慢慢地倾向于将一些较大的第三方支付机构提供的"账户余额"也视作可结算的财产。

三、支付的模式

根据结算媒介的区别,可以把支付分为账户式和非账户式两类。

---

① 实务中,可能还要接受清算主体发来的查询要求,并回复查询结果。
② 银行的存款是银行的负债,某公司发行的债券是该公司的负债,但我们将收到银行存款视作结算完成,不会将收到某公司的债券视作结算完成。

账户式的支付，就是每笔支付最后的结算依靠的是某个结算主体对收付双方账户的记录，支付的结果记在账上，靠查账证明，支付请求最终就是记账请求。银行卡支付、网络第三方支付、电子支票支付都是记账式的支付。

非账户式的支付，就是每笔支付的结算依靠的是某种交易媒介的转移（可以是实物上的，也可以是技术上的），付出方手上的东西少了，收入方手上的东西多了，大家把自己手头的东西摆出来，谁有多少有目共睹，不依赖于任何人的记录。现金支付、电子现金支付以及本书以后将要介绍的加密货币支付，都属于非账户式的支付。非账户式的支付因为交易实现不依赖于任何机构记账，所以，它天然地具有"去中心化"的倾向。

第二节 | 银行卡支付

银行卡支付是一种基础的电子支付模式。虽然相对于网络支付、移动支付来说，银行卡支付略显"古老"，但它在现实中仍然有很大的使用量，而且还能在移动支付中被"复刻"，它的业务流程能够让人很好地理解电子支付的几个环节。

一、早期银行卡业务简述

最早的"银行卡"并不是由银行发行的。20世纪50年代，美国曼哈顿信贷专家麦克纳马拉（Frank McNamara）在饭店用餐，由于没有带足够的钱，只能让太太送钱过来。这让他觉得很狼狈，于是组织了食客俱乐部（Diners Club），任何人获准成为会员后，带一张就餐记账卡到指定的27家餐厅就可以记账消费，不必付现金，这就是最早的信用卡。此后，与食客俱乐部签约的合作对象越来越多，可供临时透支的服务范围越来越大，人们也习惯了这种不必携带现金的方便交易形式。美国富兰克林国民银行是第一家发行信用卡的银行，之后，其他美国银行积极跟随。

在信用卡刚开始使用的年代，是没有便利的网络通信设施的。商家无法查询信用卡本身的额度，也无法实时处理支付请求。使用信用卡支付的流程可以概括为四个环节：压卡签单、收单、清算、银行结算。

（1）压卡签单。早期的信用卡会将卡号、客户姓名、有效期等关键信息制作成凸起的，将卡片置入一个同等大小、深浅的卡槽内，上面覆盖多联具有复印功能的空白交易单，放好后，轧卡机左侧有一同样宽度的滑杆可左右滑动。用力在覆盖交易单的卡片上左右滚压一次后，卡片上的卡号、姓名、有效期等信息就在交易单上显示出来，这样就避免了手工抄写卡号信息的麻烦。当然，压卡只是记录了持卡人的信息，无法充分证明持卡人的支付意愿，只有持卡人在交易单上签名后，这笔交易才算得到了持卡人的承认。

> **案例和拓展 3-1**
>
> **早期信用卡留下的传统**
>
> 早期信用卡因为没有电子通信渠道,所以有一些有趣的特征和传统。
>
> 没有电子通信渠道,就不可能验证密码,因此,当时的交易都凭借签名来验证客户身份。信用卡的背面有一个签名条,客户应该在一拿到信用卡的时候,就在签名条上签名;商家在客户签单时,有义务检查客户在交易单上的签名是否与卡上的签名相同,如果不相同,有权拒绝接受客户用信用卡支付的请求;而客户如果对交易有争议,也可以举证签名非本人。到了后来,POS 机成为信用卡交易的主要工具,验证密码在技术上已经毫无困难了,但国外客户仍然保留早期的使用习惯,通常对信用卡不设交易密码,靠签名验证。我国直到 21 世纪才较为广泛地使用信用卡,并没有使用压卡签单模式的经验,所以,简单地接受了和借记卡一样的凭密码交易模式。
>
> 早期信用卡的交易模式虽然有点繁琐和缓慢,但可以实现脱机交易,交易适应的场景更多,偶尔仍有场合使用。为此,在进入电子时代后,信用卡往往仍然保留凸版印刷的传统,这也是和借记卡在外观上的典型区别之一,看上去也更精美一点。不过,现在一些新发行的入门级信用卡已经和借记卡一样采用平版印刷了。

(2) 收单。收单活动就是专门的机构(收单机构,可以是银行,也可以是其他专门收单的机构)每天到商家处,将商家一天经营积累的所有纸质信用卡交易单收集起来,然后将这些交易单交给银行卡清算机构。收单机构是商家和清算机构之间的桥梁,它负责把交易信息送给清算机构。压卡签单和收单两个环节合在一起,大致对应了前文所述的支付中的交易环节,反映客户和商家发生的在清算之前的所有关系,同时,收单机构还是结算完成后收款的一方,商家的开户行就可能充当商家的收单机构。

(3) 清算。清算机构从收单机构处收到大量纸质交易单,然后汇总各单涉及的银行,轧差计算出每家银行应该收付的金额,以及银行应该给客户信用卡、商家存款账户上记录的金额,告知银行。如前文所述,这就是支付中清算环节的应有之义,处理传递的是信息流。

(4) 结算。信用卡发卡银行收到清算机构发来的通知,就给客户信用卡记录交易,并要求央行调整自己和收单机构指定银行的准备金余额,完成对收单机构指定银行的付款。收单机构如果是商家的开户行,它收到清算机构发来的通知,就给商家的银行存款账户增加余额;如果收单机构不是商家的开户行,它会增加商家在收单机构的可提取余额,商家可要求提取余额到银行。如前文所述,这就是支付中结算环节的应有之义,处理传递的是资金流,而且,这样的结算是绕不开央行的。

可以看到,早期的信用卡交易的基本流程和业务逻辑与支票是很像的,都需要收集纸质单据,都无法实时验证交易是否成功,资金的流转也是从客户的银行到商家的银行,不经过其他中介;区别在于,支票使用者需要有支票存款账户,里面要有可用余额,信用卡则不需要事先存款。

由于无法实时验证银行卡的信息,所以,早期市场上使用的卡交易主要是信用卡交易(早期信用卡的客户相对高端,信用水平相对较高,在一般消费中,不大可能出现信用卡超额的情况)。只有到了采用电子设备并能够实时验证余额的时候,才出现了借记卡刷卡交易。在我国,这两类业务是差不多时候出现的,我们对此没有什么先后印象,而且多数人往往是先有借记卡再申请信用卡的,所以会觉得借记卡出现更早,更基础。

二、当代银行卡的交易流程

当代银行卡的交易逻辑和早期信用卡是一样的,只是使用了 POS 机①,把压卡签单环节和收单环节合并起来。

(一) 收单

按照中国人民银行发布的《银行卡收单业务管理办法》,收单业务是指"收单机构与特约商户签订银行卡受理协议,在特约商户按约定受理银行卡并与持卡人达成交易后,为特约商户提供交易资金结算服务的行为"。这里的特约商户就是支持使用银行卡的商家,收单机构可以是银行,也可以是各种专门从事收单业务的企业②。

收单机构主要做的事情,就是在客户使用银行卡交易后将交易信息记录下来,并发给清算机构,然后为商家准备好指定账户,等待资金到来。收单机构和清算机构的通信是通过 POS 机完成的,收单机构就是 POS 机的管理者;在实务中,收单机构还要将一些银行卡信息验证的内容先行转发给清算机构并获取回音,以查询交易是否可行。

收单机构可以是银行,也可以是非金融机构。如果收单机构是银行(一般就是商家的开户行),商家收到的资金就直接进入该银行,商家在该银行的存款余额增加;如果收单机构是非金融机构,该机构会指定一家银行暂时存放商家收到的资金(该资金称作备付金),并应商家的要求,将备付金转到商家的银行账户③。

在收单、清算、结算三个环节中,收单业务的门槛最低,既不强制要求金融机构资格,又不

---

① POS 是英语 point of sales 的缩写,在《电子支付指引》中,将其称作销售点终端,但现实中极少有人这样称呼它,宁愿将其称作刷卡机。本书中直接用缩写来称呼它。

② 我国对"收单"业务的外延定义是逐渐演变的。早期所说的收单特指线下的银行卡收单。但随着网络支付机构的加入,在 2013 年的《银行卡收单业务管理办法》中已规定,收单机构包括获得银行卡收单业务许可,为实体特约商户提供银行卡受理并完成资金结算服务的支付机构,以及获得网络支付业务许可,为网络特约商户提供银行卡受理并完成资金结算服务的支付机构。在 2020 年中国支付清算协会制定的《收单外包服务机构备案管理办法(试行)》中,定义收单业务是"收单机构与特约商户签订银行卡、条码支付或有关支付工具受理协议,在特约商户按约定受理支付工具并与客户达成交易后,为特约商户提供交易资金结算服务的行为。"也就是说,无论使用银行卡还是其他支付工具,无论线下还是线上,只要取得资质,在商家和清算机构之间传递支付信息,就是收单。

③ 在我国,银联(清算机构)设立的收单机构(银联商务)会利用银联清算的便利,直接将资金支付到商家的银行账户,不需要经过备付金环节。

需要获得其他金融机构的信任,只要能够得到清算机构的认可(不是很难),又能渗透到商家(需要地面推广),就可以开展收单业务。通常来说,银行、清算机构、各种非金融支付企业(所谓的第三方支付)以至于其他专业收单机构,都会开展银行卡收单业务,竞争激烈,直面商户。

(二) 清算

当代的银行卡清算业务和早期信用卡清算业务的本质是一样的,都是处理交易单信息,轧差得到净额后,告知银行卡的发卡行结算资金,可以归纳为支付信息流的处理。负责清算的组织(企业)被称作清算机构,有时候也称银行卡组织。

清算机构是收单机构和发卡行之间的桥梁。收单机构需要配合清算机构,在POS机内设定需要从银行卡里读取的信息,并按照清算机构规范发送所需字段给清算机构。在必要时,还应和清算机构通信,向清算机构提出查询卡余额、验证卡密码等需求。加入清算机构的发卡行需要按照清算机构的要求,统一设置银行卡的信息字段和通信规范,处理来自清算机构的结算请求,并在清算机构提出要求时,提供卡余额查询等信息服务。

如果发卡行加入了清算机构,而商家的收单机构又能够向某清算机构报送交易,银行卡交易就"通"了。随着清算机构的铺开,发卡行的卡就都能自然地拓展使用范围。同时,收单机构、清算机构和发卡行之间是逐层信任的关系,后者要信任前者,前者要向后者提出要求、发送信息。

在我国,中国银联股份有限公司(简称银联)目前是拥有实质垄断地位的清算机构①。在全球范围内,维萨(VISA)和万事达(Mastercard)是最广泛接受的清算机构,同时也是最知名的银行卡品牌。通过查看银行卡卡号,就能了解你的银行卡加入了什么清算机构,譬如,银联卡的开头都是"62"或"60",VISA的开头是"4",Mastercard的开头是"5"。

因为银行对清算机构有足够的信任,所以,在收到清算机构发来的付款请求和通知时(当然,此时清算机构早已将对方客户的付款能力等信息确定清楚了),不需要等待资金结算,就愿意按照"已结算"的状态记账,譬如,商家存款的银行,可以在清算机构告知对方已同意付款后,就直接增加商家的存款②。

银联在每天23:00时,会将前一天23:00至当天23:00所有的交易进行一次多边净额清算(轧差),形成一份以银联为一方,其他银行(发卡行、收单机构指定银行③)为另一方的

---

① 2015年4月9日,国务院印发《关于实施银行卡清算机构准入管理的决定》(以下简称《决定》),《决定》自2015年6月1日起施行。《决定》要求在我国境内从事银行卡清算业务,应依法取得银行卡清算业务许可证,成为银行卡清算机构。《决定》对外资和内资银行卡清算机构在设立条件和程序、业务管理要求等方面作出了相同的规定,充分体现了扩大金融开放、维护市场公平竞争的原则。目前,万事达(Mastercard)和美国运通(American Express)均在中国成立了中外合资公司,获得了清算业务许可证,但市场仍然较为狭窄,未与银联正面竞争。
② 银行对客户存款余额的调整,可以发生在收到银联通知后,银行实际结算前,实际上就是把账先挂在银联上,当然,根据银行和收款商家的协定,收款成为可用状态,可以是实时、当天,也可以是隔天;在我国银行支付系统定期维护期间(如国庆、春节期间的个别日子),通过银联的转账不受影响,就是这个道理。
③ 如果收单机构是银行,指定银行就是收单机构自己;如果收单机构是非金融机构,指定银行就是收单机构存放备付金的银行,收到的资金是收单机构的备付金,收单机构还需要另外将资金转到商家的银行账户(流程和第三方支付类似,参见后文)。

收付清单,作为结算信息①。各笔银行卡交易的细节已经在多边净额清算中抵消了,央行和各家银行都是不知道的,只有银联知道。

(三) 结算

银行卡的结算是由发卡行和央行配合完成的,发卡行要有资金,央行替发卡行记账。在我国,各银行收到多边净额清算的清单后,在央行的资金余额(清算账户余额)按清单调整,资金实际到账,也就是说,一家银行可能每天有几十万笔银行卡交易,但真正的结算一天只有一次。一笔银行卡交易虽然并不是真的有一笔央行层面从发卡行到收单机构指定银行的转移记录,但资金也没有进入过其他支付中介者(如银联)的账户。这样的银行卡交易,是一种资金来去效率较高也比较安全的方式。

> **案例和拓展 3-2**
>
> 借记卡和个人支票的演变
>
> 借记卡的英语叫 Debit Card,和信用卡的 Credit Card 相对应。信用卡其实也可以叫贷记卡,借记卡其实也可以叫储蓄卡。借记卡无法透支,可以交易的金额受借记卡对应活期存款账户余额的限制,银行无需为发行借记卡承担信用风险,因此,借记卡的申请门槛很低。在 POS 机广泛使用,借记卡大量发行后,刷卡成为人们常用的非现金交易方式。在 20 世纪 80、90 年代的美国影视作品中,人们常常会看到使用个人支票的情景,在我国曾经一度引发人们的好奇。但进入 21 世纪后,我国一些银行推出的个人支票业务却波澜不惊,根本原因就在于当时我国已经成立了银联,银行卡刷卡交易非常方便,个人支票的非现金交易功能可以被银行卡完美地替代,即便在美国,大多数消费场景也是这样。

三、银行卡的收入来源和利益分配

(一) 银行卡的收入来源

信用卡是收入较高的银行卡。信用卡的主要收入来源有三个:

(1) 信用卡的年费,归发卡行所有。信用卡会向开卡客户收取年费,年费在数百元到数千元不等,层次越高的信用卡,年费越高。在我国,多数入门级信用卡均可以通过每年若干

---

① 从原理来说,在这份收付清单上,银行支付给银联清算账户的金额,应该等于银联支付给银行的金额。但因为银联自己也成立了公司(银联商务)开展收单业务,所以,银行支付给银联的金额多于银联支付给银行的金额,差额就是银联商务的收单金额,银联会另外发送一个付款清单,将商家的资金结算到商家的银行。

次消费来实现免年费。

（2）信用卡的信贷收入，归发卡行所有。信用卡的信贷收入分为两种：一种是信用卡消费分期，将账单分成3、6、12等若干期，分期偿还，偿还金额中包含利息；另一种是循环信贷，即每次信用卡到还款日时，不彻底还清欠款（还款金额需要超过最低还款要求），未还款的金额计入下一期账单，并计算利息。在我国，信用卡的利率（按照内涵报酬率法计算）大约在百分之十几。

（3）信用卡的刷卡手续费收入，在发卡行、收单机构和清算机构之间分配。在商户使用信用卡支付时，商户需要支付一定的手续费。

此外，信用卡直接取现，需要在信贷费用之外额外收取费用，如果信贷逾期，还要收取罚金，这也是收入来源之一。

与信用卡相比，借记卡的收入较为单一，主要就是刷卡手续费收入。

（二）银行卡刷卡手续费的水平和分配

作为社会基础服务费率之一，我国对银行卡刷卡手续费有一定的管制，并在逐步放开。目前，银行卡刷卡费率适用2016年国家发展改革委和中国人民银行联合发布的《关于完善银行卡刷卡手续费定价机制的通知》，具体费率水平和分配方式见表3-1。

表3-1　银行卡刷卡手续费率和分配

收费项目	收费方式	费率及封顶标准
收单服务费	收单机构向商户收取	实行市场调节价
发卡行服务费	发卡机构向收单机构收取	借记卡：不高于0.35%（单笔收费金额不超过13元）
		贷记卡：不高于0.45%
网络服务费	银行卡清算机构向发卡机构收取	不高于0.0325%（单笔收费金额不超过3.25元）
	银行卡清算机构向收单机构收取	不高于0.0325%（单笔收费金额不超过3.25元）

当前，刷卡手续费率呈现三个特征：

① 借贷分开，借记卡发卡行的服务费费率低，且封顶，贷记卡费率高，不封顶。

② 不分商户类别管理，之前几次银行卡费率制定时，按不同商户类别有不同的费率，现在在规则上不作区分，消除违规套利的空间。

③ 定价市场化，没有具体的价格标准，只有上限约束，没有下限约束，直接面向商家的收单价格完全市场化。

略作分析就可以发现，商家实际只交一个费，就是给收单机构，收单机构要向发卡行和清算机构付费，发卡行也要向清算机构付费，所以，发卡行向清算机构付的费会在收单机构这里补偿过来，而收单机构给发卡行和清算机构的所有费用，以及收单机构自己的报酬，都要从商家交的收单服务费上来。

单就这个定价表,看不出在市场化的定价下费率的绝对水平是多少以及各机构的分配比例如何。但通常来说,发卡行在费率中要拿大头,大约70%,因为支付媒介(银行卡)是它提供的,如果是信用卡的话,发卡行还要垫付资金;其次是收单机构,大约拿20%,因为它要承担大量的繁琐工作,包括POS机日常维护、商业地推渗透等内容;拿得最少的是清算机构,大约拿10%,因为它不提供资金,一旦完成了与银行和收单机构的合作,剩下的工作就高度自动化地进行了。

如果假定发卡行、收单机构、清算机构的费率分配是7:2:1,可以倒算出,贷记卡的刷卡费率在0.65%以下。基本可以推测,我国目前商家支付的信用卡刷卡费率在1%以下,借记卡低于0.5%。国外主流信用卡的刷卡手续费在2%以上,我国较低的刷卡费率对商家来说较为友好,但也带来了信用卡服务质量较差、优惠较少的问题。低刷卡费率还从侧面约束了我国网络第三方支付的费率水平。

案例和拓展 3-3

2016 年的银行卡刷卡费率制度

2016年的费率改革,因为提高了市场化程度,只设定费率上限,所以在较长时间内不再需要重新调整;在此之前,我国曾多次调整过银行卡刷卡费率,总的趋势是逐步降低。

在2016年费率改革之前的银行卡收费特征是:①借记卡、贷记卡不区分,统一适用收费上限;②按照商家所处的行业适用不同的费率,餐饮娱乐类、房、车、艺术品等1.25%(其中,房、车80封顶)、一般类0.78%(其中,批发业26封顶)、民生类(如超市、水电油等缴费)0.38%、公益类(如公立医院和公立学校)0费率。根据行业不同适用不同的费率,这是发达国家银行卡刷卡收费的常见做法。

在这样的费率结构下,出现的一个乱象是收单机构"套码",譬如,为餐饮娱乐业的企业提供一个登记为超市的收单代码,这样就能省掉0.87%的刷卡费。"套码"是恶性竞争下产生的违法行为,一方面减少了银行、清算机构的收入,让套码企业获得了不正当的优势;另一方面,"套码"往往涉及资金的二次结算(资金没有进入收款企业的账户,而是进入被套码企业的账户,然后再由套码企业另行转账给收款企业),收款企业有资金被卷走的危险。此外,借记卡和贷记卡不作区分,统一设置收费上限,也不利于银行根据资金和运营成本科学地制定费率。

在2016年的费率改革中,这两个问题都得到了改变,银行卡刷卡费率市场化定价程度提高,套利空间减少,银行也能够根据贷记卡和借记卡的区别制定不同的价格。不过在实务操作中,部分企业(如汽车销售企业)也会以费率调整为由,对信用卡支付按支付金额和比例额外收取费用。(事实上,信用卡额外收取费用是不合规的,但汽车销售企业本身会为汽车销售提供一定优惠或提价,如果拒绝支付该费用,也会体现在优惠或提价水平里面。)

第三节 电子现金和电子支票

在电子支付没有出现的年代,日常小额支付用现金,大额支付用支票,是人们的典型支付习惯。所以,在电子支付技术出现的早期,人们就成功地使用技术手段,实现了电子现金和电子支票(和其他电子票据)。本节简单介绍这两类产品的实现逻辑和用途,对其发展至今的现状作一些分析。

一、电子现金

(一) 电子现金的定义

电子现金(e-cash)又称为数字现金,是一种表示现金的加密序列数,它以二进制数字化的形式存在,可以用来表示现实中各种金额的币值。电子现金是一种非账户式的支付产品,主要用于小额零星的支付业务。

(二) 电子现金的技术特征

表 3-2 从安全和可用角度梳理了电子现金在技术上的特征,读者可以将这些特征与纸质现金作对比。

表 3-2 电子现金的技术特征

金融安全	方便可用
存储和传输安全性:能够安全地存储在客户的计算机中或智能卡中,或通过各种通信网络安全传输。	独立性:不依赖于所用的计算机系统。
唯一性:不可重复使用,不可复制和伪造。	可分性:电子现金可以用若干种货币单位,并且可以像普通现金一样把大钱分为小钱。
	匿名性:不能提供用于跟踪持有者身份的信息。根据监管要求和系统设计目标,这条特征不一定启用。

(续表)

金融安全	方便可用
	脱机性：即便收款方和付款方的电子设备均无法联网，也能达成交易。这条特征通常成立。

（三）电子现金的使用流程

以从商业银行购买 100 元电子现金并在商家消费 30 元为例，电子现金的使用流程大致如下[①]：

1. 购买电子现金（圈存）

银行减少客户在银行的存款 100 元，同时利用特定读写设备向电子现金存储设备（往往是非接触 IC 卡）内写入金额为 100 元的电子现金文件。这个环节通常被称作为圈存。

2. 交易

用户在同意接收电子现金的商家购买商品，用商家处的特定读写设备（非接触式 IC 卡读写器）读写电子现金存储设备里的电子现金文件，用户存储设备中的电子现金减少 30 元，变为 70 元，商家自己存储的电子现金文件中增加 30 元。

3. 结算

商家择期与银行结算，银行读写商家的电子现金文件，从中减去 30 元，在商家的存款账户上增加 30 元。

从会计角度来说，银行在客户提取电子现金时，减少客户的存款 100 元，但现金并未真的离开银行；商家结算时，增加商家存款 30 元，也并没有真的有 30 元进入银行。所以，银行需要另有一个账户，记录这部分被提取为电子现金的资金数量[②]。

（四）电子现金的应用

原始版本的电子现金支付方案并未在电子商务中得到大规模的应用。在非接触 IC 卡和近场通信（near field communication，NFC）技术发展后，我国的银行、通信服务商、手机制造商都曾经尝试过在银行 IC 卡、手机 SIM 卡乃至手机上加上电子现金支付功能，但效果整体一般。原因主要在于电子现金支持离线交易，均不支持挂失，人们对该业务的安全性有一定的怀疑，当代移动支付的迅速崛起，也使得电子现金的便捷优势基本消失。

在实务中，电子现金技术并不局限于法定货币，在大量预付消费场合都有电子现金技术的应用。譬如，我们日常刷的公交卡就使用了电子现金技术。当我们去公交卡充值点充值时，充值点用专用读写设备向公交卡内嵌的 IC 芯片内圈存一定数额的电子现金，只是这

---

① 电子现金的原始设计是在网络上传输电子现金文件完成交易，这种模式现在已经没人用了，所以，在这里介绍相对现实的例子。

② 这里说的是商业银行的电子现金产品，和以后要说到的数字人民币产品的处理方式不同。

个现金的单位是公交卡余额。等到上车时，我们刷公交卡，就是用公交车上的专用读写设备减少公交卡里面的电子现金余额，同时增加车上设备内存储的电子现金余额。一天公交车运营完毕后，再去公交公司将车上设备读写一次，清零车上设备内存储的余额，记录车组人员的工作量，并确认公交车的运行收入。这同样是一个"圈存—交易—结算"的流程。

使用电子现金技术处理预付消费，无需和服务器同步，能够实现脱机快速交易。在收款方实时对外通讯能力欠缺的场合，譬如21世纪初期的公交车、偏远地区的加油站、潮湿的浴室等，这一技术优势明显。

案例和拓展 3-4

带账户同步的电子现金交易

随着网络通信技术的发展，当下使用电子现金技术时，往往会搭配一个后台账户，只要收款方能够用任意模式连上通信网络，就能和后台服务器联通，在读写电子现金的同时，对后台账户数据做同步，这样能够实现一些方便的功能。

以某大学校园卡为例，它使用的电子现金交易模式带有后台的账户同步，能够实现的功能包括：

在支付宝内直接给校园卡充值，不需要圈存，在下次刷校园卡的时候，就会在校园卡里看到余额增加。这其实就是设置了一个策略，在联机的读写设备（刷卡器）里挂一个指令，当充过值的账户对应的校园卡接触刷卡器时，自动向其中圈存金额。

校园卡在校内食堂、超市等处的交易，都可以查出在什么时间、金额为多少，如果校园卡丢失且被人盗用，就可以根据交易时间申请查看监控视频，发现盗用者。在校园卡丢失补办的时候，也可以将原校园卡的余额转移到新卡上，而不至于连金额也丢失。

当校园中的刷卡器既有在线模式又有离线模式时，可能会出现，一张校园卡在离线刷卡器上消费，然后再去在线刷卡器消费，在线刷卡时，发现后台金额大于卡上金额的情况，此时的策略应该是以卡中存储的数据为准。两种消费模式并存还会带来少许安全隐患：补办校园卡后，原校园卡内其实仍然有原来金额的电子现金（未经写入修改），捡到这张卡的人就能继续在离线刷卡器下使用，导致一笔余额可以花两次。（这也是校外公交卡等卡片即便能查出余额也无法补办的理由所在。）不过在校内有限的范围、有限的金额和同步交易覆盖率较高的情况下，用少量风险换取便利还是值得的。

二、电子支票

支票是使用最多的传统结算工具之一，解决了交易双方使用货币结算的不便之处，以及因双方不同开户银行造成结算困难的问题。一般来讲,一个国家的中央银行会提供一个全国的清算系统,先将纸质的支票进行清分结算,然后再通过银行间的网络系统在各个银行之间划拨资金余额,使不同层次、不同地区的票据结算和资金划拨有效地进行。因此,传统的支票实际上已经是纸票和电子化相结合的产物。不过,它仍然离不开纸质的介质,银行结算的成本仍然很高,同时,假造支票或空头支票也给银行和消费者带来不少麻烦。电子支票意在通过电子方式仿制传统支票的结算流程,实现资金转移的无纸化和电子化。

(一) 电子支票原理

电子支票(electronic check)是一种借鉴纸张支票转移支付的优点,利用数字传递方式将钱款从一个账户转移到另一个账户的电子付款形式。

用户可以通过电子支票软件在网络上生成一个电子支票文件,然后通过网络将电子支票发向商家(可通过电子邮件、即时通信手段等),同时把电子付款通知单发到银行。像纸质支票一样,电子支票需要经过数字签名、被支付人数字签名背书,使用数字凭证确认支付者/接收者身份、支付银行以及账户,金融机构就可以根据签过名和认证过的电子支票把款项转入商家的银行账户。受电子信息传输和处理速度所惠,支票的传输及账户的结算几乎是同时发生的,比纸质支票更快。

(二) 我国电子支票的应用模式

目前,中国人民银行和各商业银行已建立起全国范围内的支付结算、资金清算体系和电子汇票系统。但是电子支票的使用目前还没有形成全国统一的标准。根据国内金融界的应用探讨,目前电子支票应用的模式大致集中在两个方面,即行间"直连模式"和跨行连接模式。因为电子支票本身影响不大,所以对这些模式也就不多作介绍了。

(三) 我国电子支票的应用现状和分析

虽然电子支票是一个成熟技术,但我国电子支票的使用量并不多。如图3-1所示,从2016—2021年,我国年支票交易额(含电子支票)从166万亿元下降到90万亿元,萎缩态势明显,网络贷记转账交易额则从2 675万亿元上升到3 246万亿元,有一定的增长(没有赶上GDP的增速,在此期间,我国GDP从74.4万亿元上升到114.4万亿元,增加了53.8%)。

对这样的现象不妨做一些思考。我们可能有这样的印象或常识,支票是企业结算的主要工具,但支票是什么呢?支票是一个企业通过银行向另一个企业付款的工具,其希望达到的效果是减少付款企业的存款,增加收款企业的存款。支票的付款要求是即时的,但受过去技术所限,只能依靠支票作为付款要求的传输载体,集中清算,延后付款。当出现了面向企业的大额贷记业务后,企业只要愿意即时支付款项,就可以直接传输网络指令使用网络贷记业务,跳过了支票这个载体形式,完全代替支票的功能,支票整体也

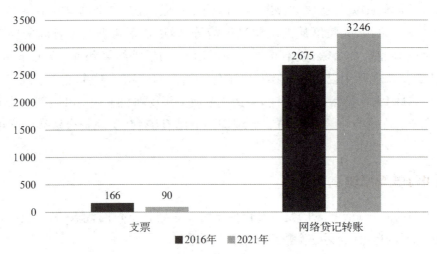

图 3-1 2016 年和 2021 年我国部分支付方式发生额对比(万亿元)

来源：中国人民银行支付结算司《2016 年支付体系运行总体情况》《2021 年支付体系运行总体情况》。

就式微了①。

> **案例和拓展 3-5**
>
> **由电子现金和电子支票而来的随想**
>
> 早在 21 世纪初，电子现金和电子支票就是各种《网络金融》教材中的必备内容了。这两类产品历史悠久，技术成熟，然而，在支付领域，它们占据的市场份额却相当有限，多年来的发展速度不但落后于更"新"的第三方支付，甚至相比稍早、稍"落后"的银行卡支付也明显不如。
>
> 在这里对这一现象提一点思考。电子现金和电子支票技术诞生在网络金融发展的早期，那时候人们对网络金融业务该怎么走以及未来的网络技术能发展到什么样的高度，并没有清晰的预见。电子现金和电子支票技术，一方面对网络通信尤其是即时通信速度要求不高（在原始设计中，大量信息甚至可以直接通过电子邮件发送），另一方面，又能比较完美地"复刻"已有的主流支付方式，即零星支付的现金和大额支付的支票，因此也就成为早期的网络支付解决思路——在不知道往哪里走的时候，用新技

---

① 为了证明支票的式微只是因为功能被替代，而不是票据整体衰败，我们还可以对比观察一下商业汇票。2016 年，我国商业汇票（电子和纸质合计）实际结算金额为 18.95 万亿元，到 2021 年该数字是 22.26 万亿元，虽然增长幅度不大，但仍有增长。这是因为商业汇票除了支付结算功能外，还有延期支付、融资等功能，这是单纯的贷记转账业务无法代替的。

术重走老路。

　　问题在于,老路之所以成为老路,并不是因为它有多完美,而只是因为有技术限制。支票的问题之前已经说过了,纸质现金在防伪、携带、防盗等方面也有诸多不足,甚至其匿名交易的效果也是优缺点并存。在没有网络通信方式的情况下,支票和现金好像变成了天经地义的东西,但当技术不再是问题时,决定市场的终究是能否实现功能,而不是能否复刻传统。我们下面就将看到,基于账户的、高度依赖实时通信的支付模式,将怎样真正成为网络支付的主流。

第四节　第三方支付

　　第三方支付是近年来我国面向消费者领域(To Customer,2C)网络支付的最主要参与者。本节首先辨析第三方支付的基本概念,然后介绍其流程逻辑、业务模式、最后结合监管演变,讨论第三方支付存在的问题。

一、第三方支付的概念

　　第三方支付其实是一个民间通称,并不是官方说法。对第三方支付的统一管理,始于中国人民银行于2010年颁布的《非金融机构支付服务管理办法》。在该办法中,将非金融机构支付服务界定为在收付款人之间作为中介机构提供部分或全部货币资金转移服务,其中包括网络支付。需要注意的是,提供这类业务的机构不属于金融机构。

　　在中国人民银行2015年颁布的《非银行支付机构网络支付业务管理办法》中,进一步定义了非银行支付机构网络支付业务:指收款人或付款人通过计算机、移动终端等电子设备,依托公共网络信息系统远程发起支付指令,且付款人的电子设备不与收款人特定的专属设备交互,由非银行支付机构为收付款人提供货币资金转移服务的活动。

　　为叙述方便起见,本书使用第三方支付的说法,指由非银行支付机构提供的网络支付业务,提供这些业务的机构称作第三方支付机构[①]。

[①] 在后续描述中,读者会发现,这类网络支付业务在大多数情况下和非金融机构的银行卡收单很相似。在2023年12月的《非银行支付机构监督管理条例》,也就是最新的支付机构监管规定中,不再区分网络支付、银行卡收单等业务,而是根据能否接收付款人预付资金,将支付业务分为储值账户运营和支付交易处理两种类型。

二、第三方支付的业务流程

（一）第三方支付的支付体验

第三方支付的支付体验分成两种，本书将其称作通道式交易和担保式交易。

在通道式交易下，客户付款，支付机构收到款项后，立刻增加商家在支付机构账户下的可用余额，商家就能使用余额或提款，客户无法干预商家[1]。在通道式体验下，客户付款的感觉和银行卡刷卡、票据交易相似，都只有交易记录，无法直接撤回交易，如果对交易有争议，只能从商业角度从头发起，无法从资金角度撤回交易。

在担保式交易下，支付机构收到客户付款后，资金会暂时进入专门的账户（担保账户），商家能看到资金到了，但不能使用，待客户确认交易完成后，商家才可以自由使用资金。相信绝大多数读者都用过淘宝，淘宝使用支付宝收款的模式就是这样的，先付款，卖家发货，买家确认收货后，卖家才真正拿到货款，如果买家不确认收货，发起了退货之类的请求，最后成功退货，资金就会直接或部分地退给客户，支付宝的这项服务，也开放给淘宝之外的其他网络收款业务，可按需开通。

担保式交易是第三方支付早期推广的主要模式，适用于相互信任程度较低的网络电商，但随着网络大电商和其他收款需求越来越多，尤其是线下移动支付的兴起，简单快捷的通道式交易越来越成为支付主流。需要注意的是，无论是通道式交易还是担保式交易，资金实际传递的流程都是一样的，都要在第三方支付的备付金账户中停歇一下（后文详述），只是通道式交易商家可以不需要客户确认，就有权限提取或使用而已。

> **案例和拓展 3-6**
>
> **"账基"和"卡基"**
>
> 第三方支付的一个账户，包含支付者的个人身份信息，可以对应多张银行卡以及账户余额，对交易收付款者的记录也是基于账户的（某某账户付款，某某账户收款）。无论是通道式交易还是担保式交易，收款方都需要主动注册一个第三方支付机构的账户，才能对账户资金进行管理；如果是担保式交易，付款方需要有第三方支付账户才能发出后续指令；如果是通道式交易的话，付款方不一定要有可感知的账户，但支付机构后台仍然需要把付款银行卡和用户的关系记录在独立账户里。此外，第三方支付的一个账户可以用多张卡发起交易。

---

[1] 为叙述方便起见，本书一般用"客户"指代付款方，"商家"指代收款方，这个指代符合多数情况下的角色分配。

> 所以,有人将第三方支付归类为"账基"支付,与银行卡的"卡基"支付相区别,甚至就此引申出个人信息保护等各种话题。本书认为,"账基"和"卡基"在支付行业内的区别较有意义,在学术讨论上不必过于强调其差异,它们本质上都是依靠信息传递和记账来实现的支付,真正有区别的是电子现金类的支付方式。

(二) 第三方支付的资金流

第三方支付的所谓第三方,是指支付机构独立在商家和客户之外。这里所说的"独立",不但指从属关系,更关键的是支付的资金需要经过交易双方之外的第三方①。

图 3-2 对比了第三方支付和银行卡支付的资金流②。如果将资金从客户银行账户出发,来到商家银行账户,视作一次完整的支付,通过第三方支付进行支付时,资金需要先从客户银行账户进入第三方支付机构的银行账户,然后再进入商家银行账户。

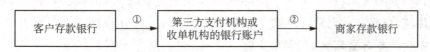

①客户资金进入第三方支付机构或收单机构的银行账户;②商家提现

图 3-2(a)　一笔第三方支付业务或非金融机构收单的资金流

①客户资金直接结算到商家银行账户

图 3-2(b)　一笔票据支付、银行网关支付或由银行收单的银行卡支付的资金流

资金进入第三方支付机构的银行账户后,称作备付金③,即随时准备应对商家提现的资金,它对应的就是商家看到的自己在第三方支付机构的账户余额,两者1∶1对应,本书称第三方支付机构存放备付金的银行账户为备付金账户。

(三) 第三方支付的信息流

要完成一次"资金从客户银行账户到商家银行账户"的支付,需要三段信息传输:第①段是经客户同意,资金从客户银行账户到第三方支付备付金账户;第②段是第三方支付将

---

① 如果仅仅是从属关系独立,在银行卡支付过程中,银行卡清算机构也是独立于商家和消费者之外的。
② 本书的归纳是从资金处理实质来说的,这样读者能够站在局外,迅速知道第三方支付纷繁芜杂的处理"是什么"。如果读者未来有机会直接参与第三方支付业务后台处理,可能会在术语上和本书部分内容略有不同(往往是因为本书作了较多简化和归类),届时再稍花一点时间了解那些术语内涵即可。
③ 读者可能会想到,备付金的称呼在非金融机构银行卡收单时已出现过。非金融机构从客户处收到的最终要结算到商家银行账户的资金,都可以称作备付金。

备付金归属权从客户改为商家;第③段是应商家要求,资金从第三方支付备付金账户到商家银行账户。

在我国,第①段信息的主流传递方式①,是客户在网页或手机 App 上将付款请求告知第三方支付机构,第三方支付机构将付款请求转交给清算机构,清算机构通知客户银行向备付金账户付款②。

第①段信息的传输对应的就是图 3-2(a)中的第①步资金传输。在这个活动中,第三方支付向清算机构传递信息,暂时保管收到的资金,在我国,第三方网络支付的统一清算机构目前是非银行支付机构网络支付清算平台,简称网联。

> **案例和拓展 3-7**
>
> ### 快捷支付和协议支付
>
> 为了提高收款体验,客户、存款银行、清算机构和第三方支付机构需要签订协议(一次完成,长期有效,俗称绑卡):清算机构接受第三方支付机构发来的付款请求,并向银行传递,当银行收到清算机构发来的付款请求时,就直接按请求将客户资金转向第三方支付的备付金账户,无需客户进一步确认③。而客户感知到的体验,是不出现银行特定的界面,不需要自己介入,只要在第三方机构设计的统一交互界面中走完第三方支付机构设计的流程,将"确认付款"这个指令告知第三方支付机构(不是告知银行)。
>
> 第三方支付机构会兼顾安全和效率,尽可能地把支付确认流程设计得快捷一些(譬如,一般情况下,需要客户向第三方支付机构传送事先约定的付款密码,但在小额支付时,无需密码就可以直接完成支付)④。相对于早期直接操作各类网银来说,这类体验快捷得多,所以被支付宝称作快捷支付,这一称呼较早出现,使用较广,但已被支付宝注册成了商标,其他机构则通常会简单统称这类体验为绑卡支付,网联自己称这一支付为协议支付⑤。

---

① 除了这种流程外,客户可以在网络上自行向银行发起要求,要银行动用客户在银行的存款向支付机构的备付金账户付款(这一环节通常通过各家银行为客户提供的网关与银行联系,即后文提到的银行网关支付,在早期甚至还可能是汇款之类的)。因为每家银行都会有自己的网络付款流程、界面、安全认证要求,所以体验相对较为繁琐。这种模式早期使用的人较多,但在移动支付下难以实现,在协议支付广泛使用的今天,已慢慢被人淡忘,譬如,支付宝目前已经不支持使用这种模式付款了。

② 实际上还是和银联清算一样,付款银行和备付金银行都各自先记账,等待当天清算组织多边净额清算结果出来后再实际结算。

③ 由客户、银行、实际到账对象三方(也可能包含清算组织,共四方)签订协议,授权实际到账对象可以从客户银行账户中扣钱,这种协议在网络支付出现之前就已经有了,称作代扣服务,有时候也叫授权支付服务。代扣的典型应用情景,是在银行存放一笔活期存款,定期代扣水电费。

④ 在绑卡支付流程中,客户银行付款的依据是从"第三方支付——清算机构"这条路径上发来的请求,客户只要按照第三方支付机构设计的交互流程和界面,向第三方支付传递"我愿意付款"这个信息,后续就无需介入了。这种付款逻辑是移动支付时,被动扫码、"声波付"、刷脸支付等支付形式的基础,读者后续可以注意思考一下。

⑤ 网联还有一些其他支付认证方式,用的场景较少,在此不作介绍。

第②段信息传输时，资金并没有发生变化，始终保留在第三方支付的备付金账户里。如果第三方支付支持的是通道式交易，第②段信息传输就不需要，支付机构会自动将这份备付金的支配权交给商家；如果第三方支付支持的是担保式交易，只有等客户主动确认并发出第②段信息后，支付机构才会将备付金支配权交给商家。

第③段信息的传输对应的就是图3-2(a)中的第②步资金传输，它目前的传输方式是：支付机构将支付备付金的要求发给清算机构，由清算机构将支付要求转给备付金银行，备付金银行按清算机构要求操作。这个信息传递看着有一点反直觉，因为备付金本来就是支付机构存在银行里的（当然，法律上说这不是支付机构的自有资产），要动用它，却需要经过清算机构，但这是监管的要求。这样操作后，资金进出支付机构的备付金账户，就完全得到了清算机构的见证，变得高度透明。

可以看到，在第三方支付流程中，资金需要在第三方的备付金账户"过一下"。除了第三方支付外，票据支付或者本书以后提到的银行网关支付的资金都走直线，直接由客户银行账户结算到商家银行账户。银行卡支付时，如果收单机构是银行（或银联直属的收单机构），资金同样也是直接结算到银行账户；如果收单机构是非金融机构，资金会进入收单机构的银行账户（备付金），然后收单机构再将资金结算到商家的银行账户。事实上，第三方支付在网络支付中扮演的角色，和由非金融机构完成的银行卡收单有很大的相似之处，对第三方支付的资金分析多数都适用于开展收单业务的非金融机构①。

> **案例和拓展 3-8**
>
> **第三方支付的"直连"**
>
> 第三方支付机构对备付金和信息的传递，并不一直是前文所述的那样通过清算机构进行的。在第三方支付发展的早期，客户自行通过银行网关将资金转入第三方支付的备付金账户，商家提现时，第三方支付也是自行通知存放备付金的银行进行跨行转账支付。当第三方支付取得了一定市场，希望提升客户体验，并在备付金管理上有更高效率和自主权的时候，第三方支付机构就会和银行商谈，获得银行的信任，逐家推进"直连模式"。
>
> "直连模式"的核心是银行和第三方支付之间建立信任，在客户同意的前提下，银行直接接受第三方支付发来的各种记账、付款指令，也就是说，第三方支付扮演了原来清算机构的角色②。"直连模式"有多种表现，在此介绍其中最强势的一种做法，在这种做法下，支付机构会在每家支持"直连模式"的银行都开设一个存放备付金的账户。

---

① 随着线下条码支付的普及，收单和条码支付的界限模糊，收单也不再局限于银行卡，第三方支付机构（如支付宝、财付通）也会大量按照网络支付的流程开展线下收单业务。本书后面将提到未来可能的监管方向。
② 支付宝的快捷支付就是用"直连模式"下由支付宝发送支付指令的，只是现在改由清算机构发送支付指令了。

在客户付款时，支付机构会通知客户的存款银行向支付机构在银行的备付金账户付款，银行接到通知后，因为客户和支付机构都在该行有存款账户，所以，直接减少客户在本行的存款，增加支付机构在本行的存款（备付金），也就是说，这笔收款的结算是被"直连"的银行的行内记录，无需通过央行做跨行结算。

在商家提款时，如果商家提款银行也支持"直连"，支付机构会通知该银行，用支付机构存放在该银行的存款（备付金）向商家在该银行的账户付款。这笔提款的结算也是被"直连"的银行的行内记录，无需通过央行做跨行结算。

把"直连模式"下的客户付款和商家提款的资金流，在图 3-3(a) 中表示出来，其实就是图 3-2(a) 在"直连模式"下的细化版。读者可以看到，在一笔"从客户银行存款到商家银行存款"的交易中，客户和商家的银行只是各自按照支付机构的要求，各做了一笔行内记账，交易就"背对背"地实现了。在这笔交易中，中央银行是不需要出现的，甚至银行 A 和银行 B 也不需要知道对方的身份，唯一能直接知道交易实质的就是支付机构自己①。

对比一下，将票据、银行网关交易或由银行收单的银行卡交易的资金流程在图 3-3(b) 中表示出来。在这些交易模式下，客户的资金要被商家拿到，资金结算需要由央行记账最终完成，央行或清算机构能看到这笔资金来去的全貌，这就比较透明。

这种依靠多方存放备付金，将跨行付款转为多笔行内付款的"直连"，不只是在付款环节多做了清算的工作，而且还能靠支付机构自己的指令②，加上银行的配合，就完成实质上的结算工作。这样完成的支付，第三方支付不但控制了信息流，还影响了资金流，效率很高（信息传递次数少），成本很低（都是行内记账）。

然而，这种"直连"有着严重的隐患：它"吃掉"的不只是资金进入备付金账户的信息，而且整笔支付的全貌只有支付机构自己知道，没有其他见证者，尤其是没有金融和金融监管领域的见证者。事实上，地下钱庄就经常使用"背对背"方式来规避监管，非法买卖外汇。当然，我国法律对支付机构应当保存什么支付信息有明确规定，如果严格实行的话，"直连"的支付并不会成为信息黑洞，但金融安全不能完全寄希望于所有机构永远守法，而应该在制度上减少违法的可能。

我国在对第三方支付的监管升级中，禁止了第三方支付直接向银行发送指令和分多处存放备付金的做法，渐进地消除了这种"直连"行为。将当前通过网联清算的第三方支付交易以及非金融机构收单的银行卡交易的资金流程在图 3-3(c) 中表示出来，可以看到，它更接近于图 3-3(b)，清算机构能够看到这笔资金来去的全貌，透明程度也能达到要求。

---

① 对比之前银行卡支付时的结算环节可知，银行卡支付时，因为采用了多边净额的方式轧差，所以，央行和各银行也不知道交易实质，但清算机构（银联）知道。

② 有趣的是，在客户付款时，支付机构只是按照协议向客户银行提供了清算信息，要求调整客户账户，而商家提款时，是直接动用自己在商家银行的存款，这两个要求单独看都是合理的。

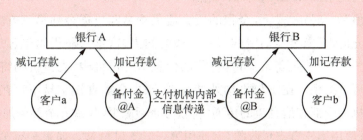

图 3-3(a)　第三方支付"直连"交易的全流程

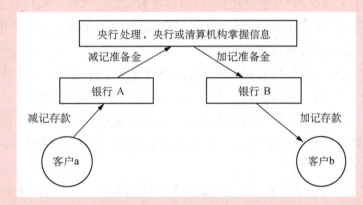

图 3-3(b)　票据、银行网关交易或由银行收单的银行卡支付的全流程

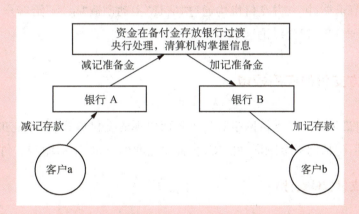

图 3-3(c)　当前的第三方支付或由非金融机构收单的银行卡支付的全流程

(四) 账户余额直接交易

在第三方支付发展的早期,为了拓展市场份额,培养用户习惯,一些有志于开拓平台业务、树立自身形象的第三方支付机构,往往会鼓励个人用户提前将银行存款转入备付金账

户，形成支付机构的余额，即所谓的账户充值①。

在这种"充值"的交易方式下，全程的资金流仍然是客户资金到第三方支付机构，再到商家；但在客户充值、尚未实际消费的很长一段时间内，这笔余额仍属于客户，只有当客户实际发起交易时，才发送"向商家支付余额"的信息给支付机构，支付机构将客户余额转为商家余额，商家可以提现。在支付机构外部看来，账户余额直接交易不存在资金流和信息流，只有在支付机构内部有信息流的传递（付款方余额减少，收款方余额增加）。

很多商户既使用第三方支付收款，又使用第三方支付付款。如果某家第三方支付机构占据了大量的支付份额，商户通过该机构收款后，重新需要通过该机构付款的概率就很大，他们可能就会不提现，而直接将收到的款项以余额的形式留在备付金账户里，等重新需要通过该机构付款时，就直接使用余额付款。

目前，第三方支付大部分都实现了和银行的协议绑卡支付，用户（尤其是本身不通过第三方支付收款的个人用户）在使用第三方支付时，从银行卡直接开始付款也能有良好的体验，所以，主动给账户充值、保留大额资金在账户中等情况已经很少了，但如果收到零星款项，也可能将其留在账户余额里（譬如，微信收到红包就放在微信钱包里，日常消费直接使用）。

读者不妨思考一个问题：第三方支付机构的市场份额越大，人们保留余额暂不提现的可能也就越大，第三方支付机构的"余额"仿佛成为这个机构所有收付款者之间的"通用货币"，那么，是否有可能，第三方支付机构通过"信贷"主动创造"余额"给客户，发挥类似于银行的作用呢？下面很快就会讨论这个话题。

三、第三方支付的应用领域

第三方支付最早是为了支持网络零售支付而出现的支付模式，后来它的业务范围扩大到各种商业活动，包括网络金融活动的支付、商家之间的支付、生活缴费支付等。

（一）零售支付(2C 支付)

面向零售客户的支付是第三方支付最主要的使用领域。这一领域的第三方支付在以下三个场景中出现。

（1）网络零售电商。如淘宝、京东、拼多多等网络零售电商，目前均将第三方支付作为客户支付的主要模式。在早期，人们喜欢使用大型电商企业（如京东自营业务）的"货到付款"服务，但随着电商信誉的进一步提高，以及手机 App 上直接支付方式的普及，第三方支付占据的支付比例越来越高。

---

① 纯通道业务的第三方支付机构，因为个人用户每次都只是从银行卡出发，通过第三方支付机构的通道支付，所以就无所谓充值。

通常来说,发展初期的独立电商(或企业试水的自营商城)会选择若干个现有的大型第三方支付平台作为支付通道,这样,大多数客户无需另外注册支付平台就能直接付款,譬如,OPPO手机商城,就可以使用支付宝、微信支付来支付。发展壮大的大型电商,或希望大力发展自营渠道的企业,都会自办或收购一家第三方支付平台,作为首选的支付渠道,譬如,京东有京东支付,拼多多有多多支付,小米有小米支付。这样做的好处,是把自己的电商交易信息完全留在自己企业的体系内,防止企业体系外的,尤其是竞争者把控的第三方支付平台,通过资金流水信息推测电商交易情况。

此外,有一些第三方支付平台着重于深耕某特定类别的零售业务,为这类业务定制专门的网络支付方案(包括交易流程、界面设计、支持银行、结算周期、费率等),如"汇付天下"在网售机票支付渠道中就占有不小的支付份额。这类第三方支付平台往往不需要向客户打响自己的品牌,只要跟企业联系即可,其业务模式更接近于后面提到的企业支付业务。

(2) O2O业务。即美团外卖之类的"线上-线下"打通的业务。

(3) 线下移动零售支付。线下移动零售支付业务有多种实现模式,使用第三方支付平台是移动支付的主流做法之一,无论是主动扫付款码、被动扫付款码或者刷脸支付,都可能用到第三方支付通道来实现。

(二) 企业支付(To B 支付)[①]

企业支付指在企业之间(To Business,To B 或 2B)的支付,由于该市场涉及的金额较大,一般以网银和柜面操作为主,但如果企业本身销售业务通过和第三方支付机构同一体系内的电商平台进行[②],或者第三方支付提供了较为优惠的费率,尤其是人性化的网络支付方案,部分企业也会选择第三方支付进行付款。但银行服务体系人性化有限,难以实时响应且费用不低,因此,第三方在线支付在该市场有一定的应用空间。

在跨境电商领域,由于跨国汇款流程较为复杂、费率不低(尤其对小企业、小支付量而言),所以,第三方支付提供的跨境支付方案使用较为广泛,如支付宝国际版。

(三) 充值缴费服务

充值缴费服务包括居民的水费、电费、燃气费的缴纳以及电信费用(固定电话、手机、家庭网络)的充值等。

中国公共缴费的市场规模巨大。第七次人口普查的数据显示,中国城镇家庭户数超过3亿,若按每户每年的生活缴费和电信费用合计2 000元估算,整个公共事业缴费市场的规模在每年6 000亿元以上;在第三方支付进入生活缴费市场之前,人们通常的缴费习惯是,去银行按月缴纳或代扣水电燃气、固话费,去电信营业网点给手机充值或购买充值卡。去

[①] 读者可以访问支付宝商家版页面(b.alipay.com),自行浏览观察支付宝为商家提供的各类产品和解决方案。
[②] 譬如,阿里巴巴面向企业的平台"1688"。

银行或营业网点需要花费较多的交通、等候时间,而代扣业务需要线下开通,预存一笔活期存款,占用一定数量的资金,而且还不容易及时知道发生了多少开支。

第三方支付提供了创新式的支付体验,将费用查询、缴纳打通,缴费自由,不受银行或营业网点工作时间、空间的限制,安全性高,一般无费用。因此,越来越多的用户更愿意选择网络支付完成公共事业缴费。

不过,生活缴费类商户的地域性特征明显,各地市场拥有各地相应的商户,且均处于本地市场的垄断地位,因此,各地缴费方式发展的差别较大,为第三方在线支付厂商业务的开展带来较大的谈判成本。在网络支付尤其是移动支付普及后,业务服务商和银行也反应了过来,自行开发了多种专门的缴费、充值渠道,譬如,各银行的手机银行 App 都可以实现生活缴费和话费充值,电信的三大运营商都有自己的掌上营业厅 App 可以充值①。因此,第三方支付的生活缴费类业务拓展空间也有限。

(四) 金融业务支付渠道

相比于金融机构自己的服务,第三方支付的交易界面设计更友好现代,能够支持多个银行的银行卡接入,一次注册后可以交易平台上的所有产品,所以,近年来第三方支付正利用平台化的优势,"逆袭"传统金融服务的某些领域,在此过程中,第三方支付提供了支付渠道。

(1) 信用卡还款和银行卡转账。信用卡还款和银行卡转账业务,其实就是客户资金到达备付金账户后,第三方支付通知存放备付金的银行向客户目标还款或转账的银行转账支付,这是一种便利服务。早期银行信用卡的还款渠道较少、银行转账服务费率较高,第三方支付提供的还款、转账服务有一定的优势;当前银行提供的还款服务很便捷,通过手机银行转账基本上没有服务费用,第三方支付反而开始对信用卡还款、转账收费,这类业务的发展规模也就有限了。

(2) 平台代销金融产品的购买。大型第三方支付机构利用其用户数量较多、产品营销能力较强的优势,和基金公司、保险公司合作,代为销售推广基金公司、保险公司的产品。在此过程中,客户购买金融产品的资金需要经过平台提供的第三方支付渠道传递到具体的金融机构②。

(3) 网络新兴金融业务的付款渠道。前些年出现了一些网络信贷、网络众筹等新兴金融业务。这些业务起点较低,没有办法让银行为它们提供专门的收款通道,又想吸引持有各家银行卡的客户,于是就和某些第三方支付机构合作,由第三方支付机构为它们提供收

---

① 反过来,国家电网也推出了自己的第三方支付平台"电 e 宝",以电费代收为基础,基于交费场景创新推出电费金融、电子账单、电子发票、智能用电和代收代扣等服务。
② 读者需要注意区分,第三方支付的平台和第三方支付自身的业务。譬如,打开手机上的支付宝,这就是一个平台,在上面的各类产品,很多不是支付宝公司自己的,只是资金来去通过支付宝实现,但支付宝能够在平台上展示这些产品,这些产品享受支付宝的曝光率、广告和用户基数。

款、放款、还款的渠道（甚至提供整套资金代为存管调度的方案）。譬如，所谓的P2P网贷，资金借出者可以通过第三方支付机构的支付渠道将资金转交给网贷平台，资金借入人和第三方支付机构签约，由第三方支付机构定期从借入人的银行发起自动扣款，偿还贷款。诸如网贷自动扣款等业务，往往伴随着一些法律方面的问题，所以，当时实际从事这些业务的是一些市场份额较小的支付机构，随着近年网络新兴金融业务的式微，这部分新兴业务的付款市场也就小了很多。

需要格外说明一下的是，虽然第三方支付在我国好像覆盖面极广，目前在日常生活支付中占据统治地位，但主要还是支付笔数多，金额上相对于银行支付相差很大，大额支付和企业支付还是以银行为主。2021年，我国非银行支付机构处理网络支付业务10 283.22亿笔，金额355.46万亿元，而银行共处理电子支付业务2 749.69亿笔，金额2 976.22万亿元[①]。另一方面，从全球来看，第三方支付在网络日常支付、线下移动支付中，并不总是居于统治地位，本书之前的机制分析也说明了，第三方支付本身的信息流、资金流都有一些冗余，相对于银行支付并不具备明显优势，第三方支付在中国的地位，一方面是因为它恰好遇到了中国互联网和电子商务的高速发展期；另一方面，是因为相对于商业银行而言，当时的第三方支付机构更加积极灵活地创新产品、改善体验、争取市场。

四、第三方支付的收入来源

第三方支付机构作为业务平台，既有来自支付本身的收入，又有利用大用户量拓展金融业务的收入。

（一）支付通道费用

正如银行卡支付时，收单、清算和发卡行需要合起来向商家收取费用一样，第三方支付机构也会向使用第三方支付通道的收款人收取一定的费用。以支付宝为例，支付宝收款的基础费率为0.6%，即收取每笔交易总金额的0.6%，作为支付通道费用，这个费率和银行卡的收款费率基本相当[②]。

支付机构收取的费用，并不能全部自己留下，还需要分成给清算机构、交易涉及的发卡行一些费用。在整个支付流程中，第三方支付机构主要扮演的是收单的角色，在第三方支付机构采用银行直连模式运营时，它还同时扮演清算角色。因此，在支付流程中，第三方支付机构实际自留收入的参考水准应当与收单相似，具体水平是多少，支付机构并不会透露。

此外，因为资金是先收取到第三方支付机构备付金账户的，所以，收款人直接看到的只

[①] 来源：中国人民银行支付结算司《2021年支付体系运行总体情况》。在该统计中，实体商户条码支付业务属于银行卡收单项目，不列入网络支付的统计范围，所以，网络支付实际处理的笔数和金额还会更多一些。
[②] 目前，针对个人用户，支付机构多少有一些优惠，譬如支付宝的政策是，个人商家在闲鱼上卖东西不收费、个人收款码收款提现均免费。

是支付机构可提取的余额,需要发起提现指令,才能将资金提取到银行卡,完成一次完整意义的支付。提现分为次日到账和当日到账(部分银行支持),支付机构对于已经收取了支付服务费的资金,通常不会收取次日提现费用,但对当日提现,需要收取一定的费用①。

(二) 备付金利息收入

第三方支付机构的备付金账户中,汇集着使用支付服务收到的、尚未提取的备付金。由于多数备付金不会当日提现,相当于日交易量的资金可以视作稳定的沉淀。这部分资金存在银行里,每天会产生存款利息收入。如果支付机构备付金存款规模较大,还可能与银行商谈出一个比一般活期存款利率高一点的利率来。如前所述,随着监管的加强,备付金利息收入目前已经不存在了。

(三) 平台收入

平台收入是本书自行归纳的一个说法,指的是知名的第三方支付机构在其网页、App上除了提供支付服务外,还利用大量用户高频使用的优势,向用户展示、提供各类支付之外的产品,从中获得收入。平台收入大致有三个方向:

(1) 在支付平台上代销基金、保险等金融产品,收取佣金。

(2) 在平台上开展分期付款、小额贷款等业务,利率较高,这些业务不能由支付机构提供,而是由支付机构母公司旗下的其他机构提供,如支付宝的花呗、借呗产品,但与支付机构的支付业务高度整合,随时准备接入(譬如,支付宝付款时可以直接选择花呗,自然实现分期付款);

(3) 在平台上为各类信用服务(小额贷款、商品租用)引流,一方面,收取引流费用(广告费和成功导入用户的费用);另一方面,将平台收集的客户信用特征开放给信用服务,收取信息费用,帮助信用服务提供商筛选客户(譬如,支付宝上的芝麻信用达到多少分以上,可以免押金骑共享单车之类),这类业务和第(2)类的本质区别,就是第(2)类是"准自营"(同一集团产品),而此类业务是开放的。

第(1)类平台收入主要靠的是庞大的用户基数和平台使用率;第(2)、(3)类平台收入除了靠用户基数外,还需要依靠以支付记录为核心的用户信息画像②,从而制定针对每个用户的产品、定价、风控策略。在智能手机时代,客户使用第三方支付通道完成的收付越来越多、越来越广,用户信息画像就越全面,信息价值就越高,所以,第三方支付平台会继续热衷于推广诸如免费个人收款、免服务费生活缴费、免费电子政务服务(如电子医保卡、健康码)等产品。

---

① 以支付宝为例,提现当日到账单笔金额0—10万元(含10万元),费率为0.2%(最低2元,最高25元);单笔金额10万元—500万元(不含10万元),费率为0.025%(无上、下限)。

② 就支付业务本身而言,只要记录支付了多少钱给了谁就行了;但支付平台会将客户的各种支付记录收集汇总起来,结合付款对象、金额、时间等因素综合判断。

五、对第三方支付机构的监管

我国对第三方支付机构的监管,是随着支付机构业务模式的成型而逐步调整的。中国人民银行一开始考虑的,是用电子支付指引的方式来规范整个支付行为。比如,银行电子支付主要是基于网络银行,商业模式相对清晰,所以,中国人民银行在2005年就发出了《电子支付指引(第一号)》,原本计划分别针对支付公司和其他主体接着发出第二号和第三号等,但是由于这些新兴的公司商业模式还不确定(第三方支付的代表性机构支付宝是2004年成立的),监管机构还需要进行一段时期的政策观察。等到2010年,网络支付领域格局基本定型后,中国人民银行开始发力,逐渐布局有针对性的、针对机构的监管。表3-3列举了从2010年《非金融机构支付服务管理办法》发布,支付机构被纳入监管开始,我国相关监管机构发布的主要的监管文件及其核心内容。本书按照监管的方面,逐个展开介绍。

需要说明的是,对第三方支付的监管是一个逐步摸索的过程,先有了第三方支付的实践,然后才有针对第三方支付的监管,第三方支付也随着技术进步和市场需求不断改变业务模式;站在2023年的时间点上,十多年前的很多监管定义、范畴、举措已经过时并被替代了,对这些举措的介绍,主要还是希望读者从中理解第三方支付与监管部门的博弈过程和逻辑。

表3-3 对第三方支付机构的主要监管文件和核心内容

时间	规范文件名称	核心内容
2010年6月	《非金融机构支付服务管理办法》	非金融机构支付服务的许可资质问题;备付金存放问题;备付金和实收资本的比例;支付服务应记载事宜
2013年6月	《支付机构客户备付金存管办法》	备付金存放的具体考核方法;存管银行和合作银行。在《非银行支付机构客户备付金存管办法》生效后已废止
2015年12月	《非银行支付机构网络支付业务管理办法》	专门针对网络支付;强调非银行性、非金融业务;余额支付限额
2016年4月	《非银行支付机构分类评级管理办法》	评级管理的操作方法,评级的意义
2016年4月	《国务院办公厅关于印发互联网金融风险专项整治工作实施方案的通知》	备付金账户应开立在人民银行或符合要求的商业银行,备付金账户不计利息
2017年1月	《关于实施支付机构客户备付金集中存管有关事项的通知》	备付金由商业银行逐步直接缴存至央行,不作为一般存款,也不计息,2019年1月全部集中
2017年8月	《关于将非银行支付机构网络支付业务由直连模式迁移至网联平台处理的通知》	2018年6月30日前,停止直连模式,全部使用网联平台

(续表)

时间	规范文件名称	核心内容
2021年1月	《非银行支付机构客户备付金存管办法》	明确备付金的划转应当通过符合规定的清算机构办理;应选择一家清算机构作为备付金的主监督机构;明确支付机构间进行备付金划转应当通过符合规定的清算机构办理
2023年12月	《非银行支付机构监督管理条例》	采用了功能监管的理念,针对支付机构向用户提供的功能具体是"具有储值功能的账户运营"亦或仅是针对"特定的交易项下的支付业务处理",对支付业态做了简明的"二分"

(一)支付机构资格

《非金融机构支付服务管理办法》规定,非金融机构提供支付服务,需要获得《支付业务许可证》,这一许可证就是俗称的支付牌照。该办法中规定了取得支付业务许可证的条件,在此不展开介绍。这里所说的非金融机构支付服务,既包括被称作第三方支付的网络支付服务,又包括银行卡收单和线下预付卡业务,它们的共同特点是都需要暂时保管收到的资金。

中国人民银行在2011年5月26日颁发了第一批支付业务许可证,包括支付宝、财付通等公司在内的27家企业第一批获证[①];从2011—2015年,中国人民银行共颁发了271张支付许可证,其中,并不是所有企业都从事网络第三方支付,有大量企业开展的是预付卡发行、银行卡收单业务。

2016年后,中国人民银行暂停审批新的许可证,原有支付机构经过多年运行,有不少因违规被注销资格或不能续批,到2022年,留在市场上的还有200家左右。支付许可证不允许转让,但想进入支付领域的企业,可以整体收购一家有许可证的支付机构。事实上,很多小支付机构只是在当时中国人民银行开放审批的时候申请了许可,并没有很多业务,留着这个许可证更多的是一个"壳"资源,等待着有一天被新兴的互联网独角兽企业看上,把自己卖个好价钱[②]。

> **案例和拓展 3-9**
>
> **支付宝的私有化争议**
>
> 2010年,支付公司的商业模式逐渐清晰,国务院高层也觉得规范时机成熟,于是有

---

① 财付通支付科技有限公司是腾讯控股的第三方支付机构,成立于2005年,曾经为腾讯旗下的拍拍网、QQ以及德邦物流等企业提供过支付服务,但前期存在感并不强。直到2013年微信支付上线,财付通为微信支付提供服务,市场份额才突飞猛进。

② 譬如,京东2012年买下了网银在线,改名为京东支付;美团2016年买下钱袋宝,改名为美团支付;拼多多2020年买下付费宝,改名为多多支付。

了《非金融机构支付服务管理办法》(〔2010〕2号令,以下简称2号令),这给了支付公司一个法律认可的名分。在2号令的第九条中,有一款针对外商投资支付机构的规定:"外商投资支付机构的业务范围、境外出资人的资格条件和出资比例等,由中国人民银行另行规定,报国务院批准。"这项规定成为马云和阿里巴巴管理层眼中"支付宝私有化"最重要的原因。

2009年6月以前,支付宝中国网络技术有限公司(也就是牌照申请公司)由阿里巴巴集团旗下的Alipay E-commerce公司完全控制,后者是外资公司。支付宝在2009年6月做了第一次股权转让,将支付宝70%的股份转至马云和谢世煌全资拥有的浙江阿里巴巴电子商务有限公司,同时将支付宝的注册资金增加至5亿元。在第一次支付宝的股权转让后不久的2009年7月24日,阿里巴巴董事会的会议纪要明确授权管理层通过进行股权结构调整来合法获取支付牌照,但这个授权是以协议控制为前提的,即股权调整后成立的支付宝内资公司只是用来持牌,而支付宝的所有收益和财产权利将通过协议控制转移至阿里巴巴集团,换言之,阿里巴巴集团可以合并支付宝的报表。

第一次转让之后,在2010年6月出台2号令以后,马云和管理层在当年8月把剩下的30%股份转让给内资持牌企业,使其变成了100%的内资。至此,马云将支付宝从阿里巴巴集团中剥离出来,转移成纯内资公司,由自己和谢世煌分别持股80%和20%。

如果支付宝股权变更只是停留在这个阶段,即将股权转让给内资持牌公司,再由阿里巴巴集团通过VIE(可变利益实体)结构对其进行协议控制,雅虎和软银作为大股东也是乐意看到的,因为这也是在前述董事会授权中的意思表示。

VIE结构也称为协议控制,是指境外上市实体与境内运营实体相分离,境外上市实体通过协议的方式控制境内运营实体,使该运营实体成为上市实体的可变利益实体。这种安排可以通过控制协议将境内运营实体的利益转移至境外上市实体,使境外上市实体的股东(境外投资人)实际享有境内运营实体经营所产生的利益。协议控制模式由新浪网在纳斯达克上市时所创造,后被普遍运用于互联网、出版等外资禁入行业的企业境外红筹上市。

雅虎和软银本想通过协议来延续其对支付宝的控制,但是在2011年第一季度,马云和阿里巴巴管理层在完成了股权转让之后,单方面终止了协议控制,正是这一举动,把为获得牌照而做的"假离婚"变成了法律意义上的"真离婚"。

时任支付宝CEO井贤栋在记者会上解释称,促成阿里巴巴管理层结束协议控制的触发点是在2011年第一季度,支付宝收到了中国人民银行发来的函件,要求支付宝对整个协议控制做一个说明,阿里巴巴管理层认为这是"千钧一发"的时刻,就在这时终止了协议控制。

事后,马云在发布会上称:"假如支付宝没拿到第一批牌照,结果会怎么样?支付宝就是一家非法经营公司。那六亿用户该怎么办？淘宝80%以上的交易是支付宝交易，是靠支付宝支撑的，中国还有几十万个小网站靠支付宝支撑。假如没有拿到牌照，支付宝将变成一家非法经营机构，后果将不堪设想。"

另外一个常常被阿里巴巴股东提起的事实是，其他与支付宝有类似VIE协议控制的支付公司都顺利地拿到了中国人民银行的支付牌照。这正是软银总裁孙正义所不理解的："为什么其他公司都可以，唯独支付宝不行？"

从旁观者的角度看，这次股权转变更多的是利用中国人民银行发放支付牌照的机会，在股东之间重新分配利益的契机。获得牌照是硬币的一面，而硬币的另一面是马云和阿里巴巴管理层希望与大股东达成新的利益分配机制。

2011年7月29日晚，在进行了多个回合的谈判之后，补偿谈判终于落下帷幕。阿里巴巴集团、雅虎和软银三方就支付宝股权转让事件正式签署了一份框架协议。在与阿里巴巴集团股东达成补偿协议之后，支付宝的股权事件在2013年年末终于尘埃落定。2013年11月1日，支付宝通过官微公开了自己新的股权架构：员工持股40%，阿里巴巴的员工人人有份，马云个人持股不超过7.3%，另外60%将引入机构投资者。

此后，在经历几次内部组织架构调整后，2013年，支付宝的母公司——浙江阿里巴巴电子商务有限公司宣布将以其为主体筹建小微金融服务集团。除了支付宝，以阿里小贷为主要业务的阿里金融也被合并进入筹备中小微金服集团。一年之后的2014年年末，这家筹建中的小微金融服务集团最终被命名为蚂蚁金融服务集团，简称蚂蚁金服。蚂蚁金服在设立后，迅速开始了融资上市之旅。

2014年8月13日，阿里巴巴集团在上市前夕，曾修改招股说明书，力图再次厘清阿里巴巴和支付宝之间的关系。更新的招股说明书显示，阿里巴巴董事会、软银、雅虎、蚂蚁金服在上述框架协议的基础上通过了新的协议。

根据这份协议，阿里巴巴集团有权永久要求蚂蚁金服每年支付税前利润的37.5%。在蚂蚁金服中国合格IPO时（首次公开发行的估值超过250亿美元，融资金额超过20亿美元），阿里巴巴有权选择继续要求蚂蚁金服每年支付税前利润的37.5%，或者终止利润分享权利，改为要求蚂蚁金服一次性支付费用，金额为IPO时蚂蚁金服37.5%股权的总价值（应不低于250亿美元×37.5%＝93.75亿美元），或者取得蚂蚁金服IPO时33%的股权。

（节选自《蚂蚁金服 科技金融独角兽的崛起》第六章，由曦著，中信出版社2017年版。内容有删节。蚂蚁金服已于2020年7月更名为蚂蚁科技集团股份有限公司，简称蚂蚁集团。）

（二）支付信息记载

《非金融机构支付服务管理办法》规定，"支付机构应当在客户发起的支付指令中记载下列事项：（一）付款人名称；（二）确定的金额；（三）收款人名称；（四）付款人的开户银行名称或支付机构名称；（五）收款人的开户银行名称或支付机构名称；（六）支付指令的发起日期。客户通过银行结算账户进行支付的，支付机构还应当记载相应的银行结算账号。客户通过非银行结算账户进行支付的，支付机构还应当记载客户有效身份证件上的名称和号码。""支付机构应当按规定妥善保管客户身份基本信息、支付业务信息、会计档案等资料。""支付机构应当接受中国人民银行及其分支机构定期或不定期的现场检查和非现场检查，如实提供有关资料。"

可以看到，2010年的管理办法中，对支付指令的记载要求已经很全面了，信息量不亚于通过银联清算的银行卡交易。但是，支付机构数量繁多，难以全面兼顾，而且做的业务越灰色，就越倾向于少保留交易信息。所以，依靠支付机构自己记载支付指令保留的交易信息并不能完全信任，这也是后面监管会"断直连"，引入清算机构监督资金来去的原因所在。

（三）备付金存管要求

备付金存管是特别能体现监管要求逐步收紧的领域。

备付金存管的最基本要求是支付机构不能挪用备付金。2010年颁布的《非金融机构支付服务管理办法》明确要求："支付机构接受的客户备付金不属于支付机构的自有财产"；"支付机构只能根据客户发起的支付指令转移备付金。禁止支付机构以任何形式挪用客户备付金"；"支付机构接受客户备付金的，应当在商业银行开立备付金专用存款账户存放备付金"；"备付金存管银行应当对存放在本机构的客户备付金的使用情况进行监督，并按规定向备付金存管银行所在地中国人民银行分支机构及备付金存管银行的法人机构报送客户备付金的存管或使用情况等信息资料"。从有监管之初，备付金就必须存在商业银行里，客户备付金和商业银行的备付金存款数量要全额对应，并且由商业银行监督。

在制度设计上，备付金存放银行直接针对的是备付金挪用，同时，也起到另一个作用：支付机构要让客户账户上有1元余额，就要在商业银行有1元备付金存款，也就是说，支付机构自己没有能力凭空"创造"出客户账户余额来。如果将客户账户余额比作"存款"，支付机构在银行的备付金存款账户余额比作"准备金"，支付机构客户账户余额的"准备金率"是100%，即便人们对支付机构账户余额高度信任，视同于存款，支付机构也永远不可能自己演化出商业银行的业务模式——这回答了本书之前提醒读者思考的一个问题。

> **案例和拓展 3-10**
>
> **预付卡业务和备付金挪用**
>
> 其实，第三方支付机构的备付金因为收入提取频繁，并不容易被挪用。备付金被挪用的重灾区，是非金融机构支付服务中的预付卡的发行与受理业务。所谓预付卡，

是指以营利为目的发行的、在发行机构之外购买商品或服务的预付价值,包括采取磁条、芯片等技术以卡片、密码等形式发行的预付卡。简单地说,如果一家超市发行购物卡,卡只能在这家超市内使用,这就不算是支付服务管理的预付卡,而叫单用途预付消费卡;如果某个公司发行一种"一卡通",可以在线下若干个商场、超市、交通工具等处使用,这个就是支付服务管理的预付卡了。

预付卡的使用资金流和信息流,本质上跟先充值、再使用账户内资金支付的第三方支付是一样的。资金从购卡者的手里到卡发行机构的手里,成为支付的备付金;客户在商家购物时,用卡内资金消费,商家记录下消费量,向卡发行机构要这部分资金,卡发行机构就把备付金提取出来交给商家。

预付卡在现实中的使用模式,往往是作为礼品、福利发放。付款人购卡后自己不马上使用,而是赠、发给别人,别人也不一定马上使用,可能还会再转赠给其他人,其他人再慢慢消费。这样,资金到卡发行机构的手里后,可能会在发行机构那里"躺"好久,才会真正付出,发行机构手里的资金就会有沉淀,如果挪用一部分资金,然后把挪用资金期间新购卡的资金用来偿付被挪用的那部分资金对应的旧卡,发行机构就能拆东墙补西墙地周转起来,看不出问题。但如果挪用资金长期回不来(如投资失败,或直接被消费掉),当新卡发行不畅时,就会出现资金链断裂,商家无法提现的问题。

虽然《非金融机构支付服务管理办法》中明确规定了预付卡发行机构的备付金也需要存放在商业银行,但挪用资金仍然屡禁不止。2015年,第一家被吊销支付许可证的支付企业浙江易士就是一家预付卡发行企业;2015年至今,被吊销牌照的支付企业多数从事的都是预付卡业务。

备付金管理的第二个要求是备付金和资本的比率要求。"支付机构的实缴货币资本与客户备付金日均余额的比例,不得低于10%",这在2010年的《非金融机构支付服务管理办法》中就已提出了。按商业逻辑来讲,因为支付机构本身不能开展金融业务,备付金存在银行里不能挪用,风险极小,如果比照"资本充足率"来说,"资产"的风险权重就低,折算出来的"风险资产"量也较低,却需要按其名义额准备10%的实缴货币资本,相当于是超过10%的"资本充足率",这已经比对商业银行的要求还高了,因此,这个要求是比较严格和谨慎的。

案例和拓展 3-11

余额宝的产生

在2013年的《支付机构客户备付金存管办法》中明确提到:"中国人民银行及其分支机构根据《非金融机构支付服务管理办法》和本办法监督管理支付机构实缴货币资

本与客户备付金日均余额比例、备付金存管银行的客户备付金存放比例、风险准备金计提比例。"也就是说，实缴货币资本比例的要求落到了实处。此时，原来支付机构为扩展市场、培养用户支付习惯而努力扩大的备付金规模，就成了一个有点"鸡肋"的东西。如果用户保持使用习惯，保留稳定的备付金，支付机构就要保持较高的实缴货币资本，降低资本收益率；如果让客户减少持有余额，可能会打击用户的信心，不利于占据市场。

如何让客户的钱"留"在支付机构这个体系里而又不算作备付金，不形成货币资本要求呢？支付宝的答案是，搞一个和支付宝账户紧密整合的余额宝。余额宝的本质是货币市场基金，资金进入余额宝，就不算备付金了。在以支付宝作为付款渠道时，余额宝的资金可以实时使用，体验和银行卡直接支付或账户余额支付类似，绝大多数进入余额宝的资金，最后还是会形成支付宝的支付流量。既保住了市场，又省下了资本金，而且，因为货币市场基金的特性，进入余额宝的资金还能有少量收益，当时的市场化利率比活期存款利率还更高，成为一个新兴的"理财产品"，甚至有人会主动将大量活期存款转入余额宝，"预订"了一部分支付宝的支付流量，一举三得。

货币市场基金本身是成熟产品，余额宝出现之前就有多家货币市场基金在运行，在网银中即可方便购买，但当时的绝大多数货币市场基金都需要T+1时间才能实现赎回，不像余额宝能够T+0实时赎回。余额宝出现之后，也有很多基金公司和互联网公司合作，推出了各种类似余额宝可以实现T+0实时赎回的货币市场基金产品，当时称作"宝宝类产品"，但它们都未能复制余额宝的成功，因为余额宝的T+0是和支付宝付款流程紧密结合的，在付款环节就直接实现"赎回+资金使用"，而其他"宝宝类产品"都没有掌握强大的支付渠道，如果要用"宝宝类产品"的资金，就得先主动赎回产品，资金进入银行卡，再在其他支付渠道付款，流程冗长了不少。而且，因为余额宝规模庞大，它在货币市场中能够获得较高的议价力（譬如直接将大量资金以利率稳定的协议存款形式存在银行），收益率比其他"宝宝类产品"有优势。

余额宝是外部环境变化下，充分利用现有的基础产品，优化应用模式后，形成的集成式创新，虽然每个环节实现难度都不太大，但把它们综合在一起，配上支付宝的强大营销能力，就成为当时的"爆款"。它的出现，有人评价为是中国互联网金融的开端，而天弘余额宝基金也成为全球最大的货币市场基金。

备付金管理的第三个要求是集中存管。备付金分散存放，支付机构和每家银行直接联系，把资金收付转化为行内记账，这是前面拓展案例中介绍的"直连模式"的备付金存放方法，监管当局其实早已知道其隐患，但改造该模式的要求，需要各种软硬件环境的支持和利益调度。

2010年的《非金融机构支付服务管理办法》规定："支付机构只能选择一家商业银行作

为备付金存管银行";"备付金存管银行应当对存放在本机构的客户备付金的使用情况进行监督",字面上看,似乎备付金只能存放在这家"存管银行",且存管银行承担监督职责,但这与2010年时的存放现实相差甚大。

2013年的《支付机构客户备付金存管办法》明确规定:"支付机构应当并且只能选择一家备付金存管银行,可以根据业务需要选择备付金合作银行",也就是说,监管机构承认备付金可以存放在若干家银行,但在功能、数量上要分主次。"备付金存管银行是指可以为支付机构办理客户备付金的跨行收付业务,并负责对支付机构存放在所有备付金银行的客户备付金信息进行归集、核对与监督的备付金银行","支付机构只能通过备付金存管银行办理客户委托的跨行付款业务,以及调整不同备付金合作银行的备付金银行账户头寸",即备付金存管银行是全功能的,可以跨行收付;"备付金合作银行是指可以为支付机构办理客户备付金的收取和本银行支取业务,并负责对支付机构存放在本银行的客户备付金进行监督的备付金银行",备付金合作银行只能办理本行的客户备付金收付业务;"支付机构每月在备付金存管银行存放的客户备付金日终余额合计数,不得低于上月所有备付金银行账户日终余额合计数的50%",即备付金存管银行一家的存放量,要占所有备付金的一半以上,相对集中。这样的规定下,备付金存管银行的地位凸显了出来,但"直连模式"仍然有部分操作余地。

在2016年10月的《国务院办公厅关于印发互联网金融风险专项整治工作实施方案的通知》中,要求支付机构的备付金账户应开立在中国人民银行或符合要求的商业银行,这是第一次提出备付金存放央行,但这里并没有把要求说死;2017年1月的《关于实施支付机构客户备付金集中存管有关事项的通知》已明确要求,备付金由商业银行逐步直接缴存至央行,到2019年1月时全部集中缴存完成,目前,所有第三方支付机构的备付金,均已存放在央行①。备付金集中存管于央行后,一笔通过第三方支付机构进行的支付,其资金流本质上就和图3-3(b)中描述的银行卡支付的资金流很相似了,读者可以自行思考,辨析其中的相似和区别。

其实,备付金集中存管于单家商业银行,基本上可以使得"直连模式"无以为继,但此时,支付机构将成为备付金存管银行的大客户,存管银行本应该是支付机构的监督者,但碍于自身利益,未必能够严格监督,索性就将备付金集中到利益无关的央行,杜绝隐患。

> 📄 **案例和拓展 3-12**
>
> ### 备付金集中存管对货币政策的影响
>
> 备付金集中存管到央行,对原来存放备付金的商业银行也有不小的影响。在非集中存放时,在"央行-银行"的视角下,备付金是商业银行的一般存款,只要按照存款准

---

① 根据2021年的《非银行支付机构客户备付金存管办法》,预付卡发行机构的备付金,集中存放在商业银行,不缴存于央行。

备金率缴存一定准备金,剩下的资金都可以为商业银行所用。但在备付金从商业银行交存到中央银行时,交存备付金的账面记录,就是把商业银行在中央银行的存款(准备金)变成支付机构(非金融机构)在中央银行的存款。

不妨设想一下,某客户的资金10 000元,存在商业银行,现在该客户通过支付机构付款,资金成为支付机构的备付金,集中缴存于商业银行。商业银行体系和央行,在支付前、非集中缴存支付后、集中缴存后支付后的资产负债表对比如下:

	支付前		非集中缴存支付后		集中缴存支付后	
	资产	负债	资产	负债	资产	负债
商业银行体系①	准备金 10 000	客户存款 10 000	准备金 10 000	支付机构存款 10 000	0	0
央行		金融机构存款 10 000		金融机构存款 10 000		非金融机构存款 10 000

可以看到,如果备付金非集中缴存,资金到达备付金账户后,银行体系可用的准备金不变,银行扩张活期存款的基础不变;如果备付金集中缴存,当客户支付时,商业银行体系持有的准备金就减少了,资金就从银行体系"漏损"了出去(和用户提取现金是一样的效果)。

从上述记账流程可以想到:①流通中的现金(M0)、金融机构在央行的存款(准备金)、非金融机构的存款(支付机构的备付金)都是央行的负债,而且可以通过存款、提现、支付等活动相互转化,因此,在计算基础货币时,应改变传统观念,将非金融机构的存款纳入基础货币计算;②在支付机构备付金集中缴存后,相同数量的基础货币中,"准备金"数量会减少,银行体系派生活期存款的能力会下降;③考虑到支付机构内部的余额付款,在备付金金额不变的情况下,实际发生的支付可能会较多,所以,备付金集中缴存后,相同数量的M1所对应的社会购买能力、购买行为会比缴存前更多一些。不过,这些猜测受到央行对冲政策、货币供求季节性变化等因素的影响,实际验证较为困难。

(四) 备付金的收益问题

备付金存在商业银行的利息,原来是支付机构的一个收入来源。但从业务逻辑来说,支付就只收支付的通道费用,不利用资金的沉淀获利,这也是一种合理的要求。2013年的《支付机构客户备付金存管办法(征求意见稿)》曾经提出:"支付机构计提的风险准备金不

---

① 读者自行思考一下,为什么是商业银行体系,而不是同一家商业银行。

得低于其备付金银行账户利息所得的10%","支付机构可将计提风险准备金后的备付金银行账户利息余额划转至其自有资金账户",也就是说,监管部门曾经考虑过将备付金利息作为一项支付机构的正式收入确认,但后来该办法的正式版中,只提到了计提风险准备金,没有交代计提准备金后的利息如何处置,当时事实上支付机构仍将其当作利润。但在2016年的《国务院办公厅关于印发互联网金融风险专项整治工作实施方案的通知》中,已明确定对备付金不支付利息,此后,备付金收益就不存在了。

(五) 信息传递"断直连"

如前所述,第三方支付机构先和银行联系,建立了体验良好的"直连模式",但也产生了信息不透明、缺乏监督的问题。在2017年的《关于将非银行支付机构网络支付业务由直连模式迁移至网联平台处理的通知》中,央行要求2018年6月30日后,所有涉及银行账户的支付请求,都要通过网联平台处理,支付机构和银行在2017年10月15日之前完成平台接入,逐步迁移业务。

在"断直连"之前,支付宝、财付通等支付机构的支付处理量已经非常大了,它们都是自己建设通信系统,自己承担责任。监管机构要求这些平台的支付全部迁移到单一的网联平台上,不仅有较大的技术压力,也有一定的舆论压力,如果在迁移过程中,明显影响了用户体验,这一政策就容易遭到诟病。虽然当时也有支付机构的人员委婉地表达了支付机构自有技术高明,网联无法替代,但事后证明,整个过渡还是平滑完成了。

在2021年的《非银行支付机构客户备付金存管办法》中,网联等清算机构的作用被进一步加强了。该办法规定:"非银行支付机构应当选择一家清算机构作为备付金主监督机构","非银行支付机构按规定通过非现金方式为客户办理备付金赎回的,应当通过清算机构从备付金集中存管账户划转资金"①,这些措施其实就是将清算机构和第三方支付机构配对,从资金监督、指令发送等多个方面,在第三方支付机构上面"罩"一层类似于央行的信息管理体系(资金管理直接放在央行),同时,"非银行支付机构之间因合作产生的、基于真实交易的客户备付金划转应当通过清算机构在备付金集中存管账户之间进行",也反映了第三方支付机构蓬勃发展,彼此需要资金沟通的必要性。

在清算机构地位提高的同时,第三方支付机构在整个支付环节中能主观发挥的作用被大大削弱,所有的单都要通过清算机构去处理,无论大小支付机构,实际扮演的只是收单角色,此外还要在结算环节做少量配合。

---

① 该办法没有规定资金进入备付金账户时需要清算机构,但在涉及银行业务统一接入网联平台时,受网联业务模式的限定,资金进入备付金账户的请求必然需要网联传递(本书所说的"网联模式"资金进入)。

> **案例和拓展 3-13**
>
> ## 网联简介
>
> 非银行支付机构网络支付清算平台是为网络支付机构提供清算业务的平台,该平台的运营主体是网联清算有限公司,成立于2017年8月,共有45家股东,第一大股东是央行清算中心,持有12.0%的股权;第二大股东梧桐树是外管局的投资平台(本质上就是央行),持有10.0%的股权;蚂蚁集团的支付宝和腾讯的财付通并列为第三大股东,股权比例均为9.61%,京东旗下的网银在线是第四大股东,持股比例是4.71%。股东结构本身反映的是利益平衡和分配,就决策权说,第三方支付的股份就算再多,也无法改变央行主导网联运行的现实。
>
> 网联刚出现时,人们对它的质疑集中在它能否一家就接下当时支付宝、财付通等大型第三方支付机构耕耘多年的"直连"交易量。2018年6月30日,全国第三方支付机构全部断开了"直连",当年的"双11"是对网联处理能力的真正检阅。2018年11月12日,网联清算有限公司在媒体发布会上正式通报检阅成果——"双11"当日处理跨机构交易笔数11.7亿笔,相应的跨机构交易处理峰值超过9.2万笔/秒,次高峰超4万笔/秒,网联平台自身系统成功率达100%。网联平台平稳地保障"双11"支付体系的运行,平台性能和峰值交易承载能力得到了市场的检验和认可。
>
> 我国银联也有不依赖于银行卡的清算平台,叫作无卡业务转接清算平台。目前,我国线下条码支付清算由银联完成。其实,线下条码支付也是通过网络传递信息和指令的,技术上和网联并无本质区别,网联和银联的分工更多的是出于政策和利益平衡考虑,而不是功能差异。

(六)操作性的监管要求

除了上述内容外,我国对第三方支付的监管还包括一些操作性较强的监管。如在2015年12月制定的《非银行支付机构网络支付业务管理办法》,针对人们对网络支付和支付平台业务风险认识不足的问题,要求网络支付在开展业务、发展客户时,应强调自身的非银行性、非金融性;禁止网络支付平台开展除支付之外的金融业务;网络支付机构要对用户的身份进行多重验证,根据验证信息的充分程度确定用户账户的等级,不同等级有不同的支付限额和权限;对用户使用支付机构账户余额进行支付设置限额等。在2016年4月制定的《非银行支付机构分类评级管理办法》中,提出了对第三方支付的评级标准以及各级结果的对应待遇。这些监管内容很有现实必要性,但主要依靠操作落实,不需要展开理论讨论。

(七) 平台职能的监管

目前,如支付宝、财付通这样的大型第三方支付机构,已经在事实上成为网络金融业务的主要入口和综合平台,有可能引发综合性的金融风险。监管当局对第三方支付平台业务的监管思路,是承认其发展现状,但要做到名实相符:既然已经成为事实上的金融业务平台,就必须接受金融标准的监管,满足包括业务合规性、持牌经营、资本金比率等在内的要求。运营支付宝的蚂蚁集团,监管方面对其整改的要求就具有代表性。

蚂蚁集团原定在2020年上市,但在当年11月宣布暂缓。2020年11月、2020年12月、2021年4月,人民银行、银保监会、证监会、外汇局等金融管理部门三次联合约谈蚂蚁集团,指出了蚂蚁集团存在的各种问题,要求对支付、信息、金融等业务进行全方位整改①。

蚂蚁集团后来的整改措施主要包括三方面:一是合资成立了持牌的重庆蚂蚁消费金融公司,将原有的小额贷款公司业务(花呗、借呗)转入消费金融公司运营,并引入了包括杭州、重庆企业在内的地方国资股东②;二是申请合法的个人征信业务,和浙江省旅游投资集团共同注册成立了钱塘征信有限公司,但尚未获得批准;三是整体申请设立金融控股公司,并按照金融控股公司的标准接受金融监管,补充资本金,这一点是解决蚂蚁集团业务名实相符的关键,目前也尚未完成。此外,在股权和决策权结构上,蚂蚁集团也作出了重大调整,2023年1月7日,蚂蚁集团发布公告,公布了一系列股东投票权的变化,创始人马云将不再是蚂蚁集团的实际控制人,蚂蚁集团如今已无实际控制人。

2023年1月,央行相关负责人在京出席新闻发布会时透露,2020年11月以来,金融管理部门指导督促蚂蚁集团等14家大型平台企业的一些突出问题扎实开展整改,目前已基本完成整改③。平台企业金融业务的常态化监管框架已初步形成。

(八) 支付功能的未来监管方向

在网络支付兴起的早期,我国对非金融机构支付服务的管理思路,是按照2010年《非金融机构支付服务管理办法》,将"网络支付"服务视作"线上","收单"服务视作线下银行卡。

---

① 具体要求包括五个方面:一是纠正支付业务不正当竞争行为,在支付方式上给消费者更多选择权,断开支付宝与花呗、借呗等其他金融产品的不当连接,纠正在支付链路中嵌套信贷业务等违规行为;二是打破信息垄断,严格落实《征信业管理条例》要求,依法持牌经营个人征信业务,遵循"合法、最低、必要"的原则收集和使用个人信息,保障个人和国家信息安全;三是蚂蚁集团整体申设为金融控股公司,所有从事金融活动的机构全部纳入金融控股公司接受监管,健全风险隔离措施,规范关联交易;四是严格落实审慎监管要求,完善公司治理,认真整改违规信贷、保险、理财等金融活动,控制高杠杆和风险传染;五是管控重要基金产品的流动性风险,主动压降余额宝的余额。
② 关于为什么要建立消费金融公司,详见本书第六章第一节第六部分关于小额非银行贷款的介绍。
③ 除了蚂蚁集团外,还有腾讯、度小满金融、京东金融、字节跳动、美团金融、滴滴金融、陆金所、天星数科、360数科、新浪金融、苏宁金融、国美金融科技、携程金融等13家。

但随着移动支付,尤其是条码支付的出现,情况发生了变化。过去在网络上提供支付服务的第三方支付平台,通过条码从线下获得交易信息,通过移动网络传递信息,同样可以实现和银行卡收单一样的服务效果,而资金流、信息流的处理本质上又和网络支付一样,甚至还可以直接用第三方支付平台的账户余额交易,过去按照交易场景、介质来区分的"网络支付"、"银行卡收单"业务,就有了很多的重叠和模糊之处①。

2023年12月,国务院发布了《非银行支付机构监督管理条例》,该条例采用功能监管的理念,按照业务实质对支付业态的划分进行了重新设计,针对支付机构向用户提供的功能具体是"具有储值功能的账户运营"亦或仅是针对"特定的交易项下的支付业务处理",对支付业态做了简明的"二分",在新的监管逻辑下,监管机关未来对支付机构的监管重点在于关注支付机构实质上为用户提供了怎样的服务,其核心的区分维度是"是否存在无特定交易场景的金额预充",亦或"仅在发生特定的交易后(如各类购物消费等),处理对应交易的支付业务"。该条例将在2024年5月1日起施行,其效果、影响有待进一步观察。遗憾的是,在该条例推出时,本书整体已基本定稿,来不及再对网络支付、银行卡收单等业务的叙述架构做大幅调整,只能期待在下一版更新时,将叙述架构做统一修改,并评价新的监管效果。

第五节 移动支付

移动支付是近年来支付领域最热门的概念。所谓移动,不是指用户移动到哪里就能支付(如果这样的话,只要随身带着现金,就能支付),而是指通过移动设备(如手机)进行支付②。早期的移动支付,受限于软硬件技术,曾采用过手机短信、wap上网、SIM卡应用等方式,目前这些方式都已被淘汰,当下的移动支付无外乎两个方向,一个方向是将网络第三方支付以适合手机交互的方式实现,另一个方向是用手机代表银行卡进行支付。

一、线上移动支付

线上移动支付,就是使用手机应用,到达需要付款的场合(如电商购物结算、网约车付款、应用市场购买付费软件、应用内购买、部分金融支付)时,选择该场合支持且手机也支持

---

① 如果认为"收单——清算——结算"的流程是基础的话,那么,如本节之前所述,从银行卡线上交易(而非账户余额)出发的第三方支付,与收单业务实质上也是一样的。而且如本章第二节脚注所述,收单业务在我国的监管视野中,目前确实已经超越了传统的线下、银行卡范畴。

② 在中国人民银行公布的历年"支付体系运行总体情况"统计中,移动支付是指"客户使用手机等移动设备通过银行结算账户发起的业务笔数和金额",但这个定义是针对央行自身的业务范围(银行)而说的,实际上,客户也可以直接通过第三方支付的账户余额来支付,不发生直接的银行结算,所以,本书也不将银行结算作为移动支付的必要条件。

的支付选项，完成付款。譬如，在手机淘宝购物后，调用支付宝 App 付款，在拼多多购物后，调用微信支付付款（这两个例子，都是要唤起本应用之外的支付软件），或者，在美团点外卖后，调用美团支付付款（内嵌在美团 App 之内），或者，在苹果手机应用市场购买 App 后，使用 Apple Pay 付款（和手机深度整合的支付渠道），或者，在微信理财通中购买证券基金，使用微信支付（金融交易的例子）等。

这种线上移动支付的本质，其实和在电脑上使用网络支付是一样的（可以将智能手机视作电脑），在技术、后台处理上需要讨论的内容不多，但在市场拓展上的意义却非常大。因为智能手机现在基本上已成了人手一台的设备，手机上的应用，在界面设计、易用性上都领先于电脑端，各厂商也将手机应用场景作为营销和优化的主要方向，在手机上能直接付钱，就能大大拓展各类应用的使用人群。譬如，在十年前，打开电脑用淘宝购物被认为是年轻人的事情，但现在很多七十多岁的老年人在手机上使用拼多多购物已经轻车熟路了。

二、线下移动支付

在大多数情况下，线下移动支付也需要以手机作为智能终端，并依靠网络通信。与线上移动支付所不同的是，线下移动支付没有一个"页面"把所有的支付信息在客户和商家之间直接传递清楚，又要在相对较短的时间内完成支付（否则，就会耽误其他人消费支付）。所以，线下移动支付的关键，就是迅速地在客户和商家之间同步所有支付信息要素：收款人需要知道付款人是谁（从而知道去哪里要钱），付款人需要知道收款人是谁、支付多少钱、付款人需要表示是否愿意支付。在线下移动支付的过程中，客户无需除手机之外的专用设备，而商家可能需要专用设备，并保持和服务器的通讯。各种线下移动支付方式会用不同的方法传递支付信息要素，并且有着不同的专用设备，还有着各种后台资金处理方式。表 3-4 列举了这些方式的对比。

表 3-4　各种线下移动支付方式的对比[①]

	收款人知道付款人是谁	付款人知道收款人是谁	支付金额	是否愿意支付	商家专用设备	可能的资金处理方式
主动扫码	付款人主动发起，故无需告知	从二维码获得	收款人告知，付款人主动输入	付款人主动确认	否	第三方支付、聚合支付

[①] 不同支付企业对各类产品的命名可能有所不同，譬如，支付宝目前将主动扫码和被动扫码类产品都归结在"当面付"产品线内，主动扫码产品称作扫码支付，被动扫码产品称作条码支付。本书的分类起名以日常习惯为主，目的是能够顾名思义。

(续表)

	收款人知道付款人是谁	付款人知道收款人是谁	支付金额	是否愿意支付	商家专用设备	可能的资金处理方式
被动扫码	从二维码获得	与收款人的设备绑定，故无需告知（事后可以查）	收款人告知并录入，付款人无需主动输入	出示付款码即代表确认	是	第三方支付、聚合支付
Apple Pay 式支付	从 NFC 信息中获得	与收款人的设备绑定，故无需告知（事后可以查）	收款人告知并录入，付款人无需主动输入	NFC 设备靠近即确认	是	银行卡

（一）主动扫码

主动扫码就是客户以手机摄像头拍摄商家出示的二维码，识别出二维码中包含的信息，将商家面对面说明的消费金额输入手机，确认支付。通常情况下，主动扫码扫的是静态码；如果商家配备了一些专用收银设备，也可能会显示动态二维码让客户扫。

主动扫码信息流的本质和电脑上的支付是一样的：二维码表示的是一个加密后的链接，这个链接包含的信息是"收款人是谁"，手机用专用软件访问这一链接，就和在电脑上点击网页上的支付按钮一样；客户自行完成支付流程，也和电脑上点击确认按钮一样。主动扫码时，包括界面操作和服务器通信在内的所有信息交互都由手机承载，占用的客户时间较多，对客户手机的通讯压力稍大。

主动扫码往往用在一些较"小"的支付场合，如个体小商店、户外小摊贩等。这些场合往往显得比较"草根"。但它也有不可替代的优势：整个支付过程，无需商家进行任何需要学习的操作，也无需配备专用设备，商家只需告知支付金额即可，客户自行付款，不打断商家经营，节约时间。设想一下，在一个繁忙的早晨，很多人排队买煎饼果子，要是摊煎饼的大叔每卖一套煎饼果子，就得擦擦手，往收银设备上输入消费金额，扫客户的手机，然后重新洗手摊煎饼，那排队的人该有多生气啊，这时候，一张放在摊位上的二维码就很有用了。

主动扫码支付时，确认支付是由客户自己操作完成的，商家不介入，所以，可能存在客户逃单不付款的情况。在主动扫码推广的早期，通常的做法是把手机支付成功的页面给商家看一眼，后来支付宝等手机 App 就推出了收钱语音提醒功能，只要收到款马上就能发出声音提醒，甚至还可以外接一个蓝牙小音箱播放，这就比较完善了。

主动扫码时，虽然扫的动作一样，看起来扫的都是二维码，但二维码背后对应的支付渠道可能是不同的，有的直接指向某个第三方支付机构，有的指向聚合支付。

（1）个人收款码式的二维码。以支付宝为例，只要选择面对面收款，保存收款码，就能获得一个永久有效的二维码图片，指向收款人的支付宝账户。将这个二维码打印出来，放在店铺中,客户就可以付款了,不需要任何专门设备。在支付宝看来,这笔活动本质上不是"交易",而是一笔个人和个人之间的转账行为,只是正好这个转账的码能打印出来并永久使用而已。

个人收款码式的二维码,虽然是最基础、最"草根"的二维码,但有很多不可替代的优势。首先,这个二维码不需要申请,只要有第三方支付账户,就能生成二维码,可以自行打印(只要在支付宝里面付个邮费,就能领取打印好的卡片和卡座,在扫码支付推广早期,地推人员甚至还会赠送);其次,这个二维码不属于经营活动,完全是个人收款,支付机构对这类二维码不收通道费用,甚至会减免提现费用。

因为个人收款码被视作转账而不是经营收款,所以,这类支付就不能使用信用卡了,只能使用借记卡或者余额来支付。不过,如果支付机构愿意,也可以给它加入部分信用收款功能,譬如,支付宝的个人收款码,就支持单笔150元以内的花呗免手续费支付(但信用卡不支持)。目前,监管部门的政策导向,是逐渐弱化个人收款码在经营中的使用,转变为个人经营收款码(简单提供经营证明材料即可,比商户收款码需要的材料少),或者直接升级为商户收款码,让名义和实质相匹配。

案例和拓展 3-14

个人收款码是怎样改变我们生活的

其实,在我们的日常生活中,支付的无现金化是逐步推进的,早在十多年前,人们日常的大额交易就已经习惯使用银行卡支付了,走到一个大商场、大超市,拿出一张信用卡潇洒地付款,也是理所当然的事情。然而,在2015年前,人们仍然需要随身携带不少现金,因为我们生活中有大量的小额"长尾"交易,如小摊贩、小商店、菜市场仍然只能使用现金,它们是日常生活离不开的情景。

支付宝等公司从2011年起开始主推在屏幕上显示动态二维码,由手机扫描付款的条码支付产品,该产品当时虽然看着吸引眼球,但因为一些安全方面的隐患,在2014年被中国人民银行紧急叫停。此后的一段时间,主动扫码收款方式并没有得到官方认可,合法的扫码方式只有对设备要求较高的被动扫码,但打印一个静态的个人收款码,名为面对面转账,实为经营收款,却成了支付机构市场下沉、暗度陈仓的对策。

大概从2016年开始,人们发现,各种小摊贩的摊位前都摆上了一张或两张收款码,使用智能手机的人们拿出手机扫个码,不用付现找零就走了。平心而论,这个体验虽然能让人不用现金,但速度其实并不怎么快,因为需要拿出手机、打开应用、扫码、输入金额并确认,当时的网络速度和手机速度比起现在还有差距,有时候会卡顿。但是,网络速度慢、应用打开慢的问题,是可以通过硬件技术进步和软件优化、流程改进而逐渐解决的,不需要特定硬件的优势,则是包括银行卡支付、被动扫码支付等方式在内的各种非现金支付方式无法代替的。

到 2020 年左右,城市居民使用的手机基本上完成了从功能机向智能机的换代,电信服务商的通信流量价格也下降到大多数人都可以接受;通过微信收发红包,多数人都有了手机绑卡、付款的体验;绝大多数小商家都摆上了个人收款码等静态二维码,此时,即便是六七十岁的老年人去菜市场,也不用携带现金了。日常小额支付不用现金,现金最"顽固"的日常使用领域也被占领了,移动支付通过个人收款码,实现了"农村包围城市"式的市场拓展。

个人收款码对小额现金支付的替代是技术进步的直接结果,而以支付宝、微信支付为代表的支付机构锐意进取的态度,也起了非常重要的作用。本书作者清晰地记得,2016 年的时候,小商贩扫码支付刚开始那一阵子,经常去的菜市场里,有一家银行大规模推广非接触式 IC 卡支付,给每个摊位免费安装了非接触式 POS 机,摊主只需输入金额,客户将含有芯片卡的银行卡(当时一般的银行卡已经是芯片卡了)凑近,就能免密直接支付,除了要带一张银行卡外,在交易速度上,比扫码快很多,而且当时每天合计支付金额超过 20 元,还能领几个鸡蛋——那会儿每天都是排队领鸡蛋的人。然而没多久,这个银行卡支付就没人用了,一方面是因为鸡蛋不送了,另一方面是银行开始对商家的每笔收款收取一定比例的支付费用。一面是支付机构为了推广市场而不要任何费用,还免费印刷制作寄送个人收款码,一面是要收费的银行 POS 机,商家自然会作出选择,而客户呢,此时并没有特别的偏好,商家给什么支付方式,就用什么支付方式。就这样,非接触式银行卡在使用体验不错的情况下败下阵来。

(2) 第三方支付的商户收款码。第三方支付的商户收款码需要以商户身份申领(提交营业执照等),按每笔支付的金额收取一定费用(约为 0.38%,信用卡更高一些),自动提现到商家绑定的银行账户,提现不收费。在外观上看,商户收款码和个人收款码非常相似,体验也接近,但商户收款码是"名正言顺"的收款码,可以使用信用卡支付,可以参加诸如"支付宝线下满减红包"之类的活动,支付机构还会提供一些商业工具,如门店流水分析系统等供商户使用。目前,很多商户尤其是有个门店的坐商逐渐地将个人收款码变成了商户收款码。

(3) 聚合支付收款码。聚合支付是本书后文将要介绍的一类支付方式。在移动支付中,聚合支付很常见,它解决了"无论用支付宝还是微信,都只需要扫一个码"的问题。目前,聚合支付的市场份额越来越高,因为它既支持各种付款渠道(第三方支付、银行掌银),又可以使用信用卡,方便程度较高,在较为激烈的市场竞争中,商户可以获得较为优惠的费率。

(4) 银行卡式收款码。典型的银行卡式收款码是银联云闪付的主动扫码。客户使用支持云闪付的各家银行的掌银 App,按照"统一标识,统一体验,统一接口"的原则,扫银联云闪付主动扫码的二维码,都能指向一个类似于 POS 机功能的页面,客户提交金额等信息后,由银联云闪付收单,由银联清算,交银行结算,资金不需要经过其他机构备付金周转,直接进入商家银行账户。

(二) 被动扫码

被动扫码是指客户在手机上出示自己的付款二维码,由商家使用专用收银设备识别客户的二维码,由商家录入金额,完成收款①。

被动扫码的二维码包含的是加密后的"付款人是谁"的信息(为了避免这个码被截取后重复使用,二维码中实际还要包括时间令牌),它的信息流和银行卡付款是相似的,即付款人无需知道收款人是谁,只需要拿出自己的支付工具允许收款人问自己收钱即可。在被动扫码时,"出示手机,允许对方扫码",本身就意味着同意支付。

在被动扫码时,客户和商家各处理一部分信息交互,客户做的是"打开付款软件,出示二维码,事后接受回馈",商家做的是"在商家的设备上输入收款金额,扫描客户的二维码,并与服务器通信",操作和通信压力分摊比较均匀,尤其是交易完成时的服务器通信,由商家负责发起,而商家一般是坐商,网络条件较好,通信速度会稍快一点,所以,整个流程合起来的用时有可能比主动扫码更少一些。不过,这个过程需要商家介入操作,录入支付金额等,那些一个店铺只有一个人,又要收银又要服务的地方,就不大适合使用被动扫码方式了。在我国消费者的日常印象中,大商店以及稍微正式一些的消费场所都使用被动扫码。

被动扫码的后台交易渠道,可以是第三方支付机构(按商家交易处理)、聚合支付、也可以是银行卡交易(银联云闪付的被动扫码),这几类模式在信息交互获取的方式上和主动扫码不同,但后台处理还是相似的,在此就不重复叙述了。

无论是主动扫码还是被动扫码,也无论是由第三方支付支持还是由银行卡支持,都可以在传统的银行卡交易收单环节找到与资金流、信息流相似的业务②,所以,目前我国已将实体商户条码支付从网络支付业务分类改成了收单业务。

> 📄 **案例和拓展 3-15**
>
> ### "刷脸付"和"声波付"
>
> "刷脸付"是支付宝推出的一项形式较为新潮的支付方式。商家开通支付宝的当面付功能,并将支付宝专用的收银设备(支付宝给它起名蜻蜓)接入收银机,系统通过智能算法支持消费者直接刷脸支付,无须再掏出手机"扫一扫"。
>
> "刷脸付"的支付逻辑和被动扫码其实是一样的:被动扫码时,二维码包含的信息

---

① 有兴趣的读者可以访问网页:https://alipayiot.tmall.com/,了解支付宝专用收银设备的售价和功能。
② 如前所述,监管加强、去"直连"后,网联模式下的第三方网络支付本质上也是收单。

是"付款人是谁",而出示二维码即代表"同意付款";"刷脸付"时,"付款人是谁"的问题由人脸识别和实名制账户匹配来解决,"同意付款"的信息由"客户愿意站在收银设备前、将面部正面放入摄像头取景框指定位置",和"识别成功后手动点击确认"两部分组成。"刷脸付"的意义不只是时髦,而且它可以让人脱离手机,仅靠"身份"就能支付。

在前几年,支付宝还推出过一个名为"声波付"的服务。当时,打开"声波付"功能,将手机凑近另一台手机或支持"声波付"的收款设备,发出"咻咻咻"的声音,那台收款设备就能对本手机上的支付宝账户收款,而且,即便此时发动"声波付"的手机未能联网,也可以支付成功,这在一些网络覆盖较差的地方,譬如地铁车站售货机上有较强的实用性。"声波付"其实也遵循被动扫码式的逻辑,发出"咻咻咻"的声音同时,在人耳不易听到(也不易被外界声音干扰)的频率上,用声波另外调制一段信息,编码了付款手机对应的支付宝账户信息,解决了"付款人是谁"的问题;开启声波付,发出声音,就代表"同意付款"。之所以不联网也能支付成功,而且不怕被人录音重放,大致的思路是,每次手机联网成功时,都会预先告知服务器,本账号将要使用的"声波付"密钥是什么,并同时将密钥存在本地,等到需要支付时,即便无法联网,也可以用本机存储的密钥加密账户信息和时间令牌,而收款设备可以联网取得服务器上预先存储的本次密钥,解密信息,完成验证,支付完成后,本次使用的密钥即被抛弃。

"声波付"虽然看着很有科技感,但营销推广并不成功,使用的人不多。近年来网络信号覆盖改善,诸如"刷脸付"等更先进直观的免网络(免手机)付款方式产生,支付宝在 2019 年 1 月后停止了"声波付"服务。

(三) Apple Pay 式的支付

Apple Pay、Samsung Pay、华为 Pay(不是华为支付)等各种"Pay"式支付,是依托手机内置的 NFC 芯片和专用软件开发的一类支付技术。以 Apple Pay 为例,要使用 Apple Pay,首先要向 iPhone 中的"钱包"里添加银行卡,在支付时打开"钱包",将 iPhone 的顶部靠近免接触式读卡器,直到手机提示完成即可。

Apple Pay 式的支付体验和被动扫码比较相似,其业务逻辑和被动扫码也是相同的:向商家的设备(读卡器)传递"付款人是谁"的信息,并通过"将打开了钱包的手机靠近"这一动作来确认支付。然而,Apple Pay 式支付的结算方式却很不一样,它其实是用手机代表银行卡[①],读卡器相当于是 POS 机,走的是银行卡支付的流程。

用手机代表银行卡,直接走银行卡支付流程,对于苹果这样的国际化公司来说很有意

---

① 更准确地说,是用 token 技术生成了一套新的芯片卡参数,写入了手机,而手机会模拟芯片卡参与交易。新生成的卡和原银行卡关联,在交易时不会泄漏卡号,而且新卡号(更多地叫设备号)的交易限额、使用渠道都有限制。

义:它要在各国开展业务,却不大可能在各国都设立第三方支付机构,为此,它只需要和各国已有的银行卡组织接洽,Apple Pay利用银行卡作为支付途径,银行卡利用Apple Pay,双方实现互惠。在中国,Apple Pay是和银联合作的,银联卡都可以添加到Apple Pay中。因为苹果手机在手机业的领导地位,各大国际化品牌手机推出的"Pay"式服务,都和Apple Pay模式相似。银联云闪付也推出了使用NFC的银联支付服务。

三、对移动支付的监管

我国对移动支付的监管大致有两个监管方向:一个是对支付技术和安全的监管;另一个是对支付性质、条件和流程的监管。

(一) 对支付技术和用户安全的监管

对支付技术和用户安全的监管,主要反映在早期对主动扫码产品的停用和对静态扫码设置限额两方面。

如前所述,支付宝条码支付产品早期的设计,是在屏幕上显示包含支付金额信息在内的动态二维码,由客户用手机主动扫码。当时出现的安全隐患是,整个支付验证全部依赖于客户手机,监管部门对客户的操作能力和支付宝等客户端的安全技术都存在怀疑。譬如,如果客户没有使用支付宝扫码,而是用浏览器扫码,而商家显示了某个钓鱼网站的二维码,客户就可能被引导到诈骗页面去(如果支付宝扫码,能主动排除非支付宝方的链接)。2014年3月13日,央行下发《中国人民银行支付结算司关于暂停支付宝公司线下条码(二维码)支付等业务意见的函》,紧急叫停了当时支付宝的条码支付。事后看来,这个监管是比较谨慎的,它防范的是客户操作失误且商家主动或被动显示钓鱼条码这样一组少见的情形。

由于静态条码(如事先贴在墙上的二维码)易被篡改或变造,所以,监管方面对静态条码的态度一直不大支持。对静态扫码设置的限额,出现在中国人民银行2017年12月发布、2018年4月实施的《条码支付业务规范(试行)》中。该规范对条码支付风险防范能力进行分级,设置了不同的日累计交易限额,使用静态条码进行支付的,无论使用何种交易验证方式,风险防范能力均为D级,同一客户银行或支付机构单日累计交易金额应不超过500元。对于使用动态条码(如手机上实时生成的条码)进行支付的,风险防范能力根据交易验证方式不同分为A、B、C三级,同一客户单日累计交易限额分别为自主约定、5 000元、1 000元。在实务中,因为静态条码多为小店铺,所以多数人都不大可能在一天内扫到超过静态条码上限。而且支付宝、微信等支付机构也很快升级了策略,当客户扫静态码遭遇上限时,无需商户介入,手机就会提示客户自动切换动态码,完成后续支付。①

---

① 从业务逻辑上说,当客户扫静态码的时候,就能获得"收款人是谁"的信息,而客户端既然知道了收款人是谁,就可以在超限时向服务器发送一个"我正在给某收款人付款,但是超限了,请更新一个他的动态码给我"的信息,服务器就能在客户端这边显示出动态码来,这个过程不存在信息传递的瓶颈,无需格外干预就能自然继续。

（二）对支付资质、性质和流程的监管

随着移动支付在日常生活中使用频率的提高，对移动支付的监管视角也开始提高，从用户个人的支付安全上升到明确支付资质、完善支付流程、明确支付性质这种宏观的层次。

2017年12月发布的《人民银行关于印发〈条码支付业务规范（试行）〉的通知》规定："非银行支付机构（以下简称支付机构）向客户提供基于条码技术的付款服务的，应当取得网络支付业务许可；支付机构为实体特约商户和网络特约商户提供条码支付收单服务的，应当分别取得银行卡收单业务许可和网络支付业务许可"。该通知还规定："银行业金融机构、支付机构开展条码支付业务涉及跨行交易时，应当通过人民银行跨行清算系统或者具备合法资质的清算机构处理。"也就是杜绝了条码交易"直连"银行的可能。与网络支付统一使用网联作为清算机构不同，条码交易可以选择银联或网联作为清算机构，譬如，支付宝选择了网联合作，财付通选择了银联。

在2021年10月的《中国人民银行关于加强支付受理终端及相关业务管理的通知》中，要求有效区分个人和特约商户使用收款条码的场景和用途，不得通过个人收款条码为其提供经营活动相关收款服务，条码支付收款服务机构应当采取有效措施禁止个人静态收款条码被用于远程非面对面收款。这些要求实质上就是要明确移动支付的性质，区分开经营性质的"支付"和个人转账，这有助于政府了解经济活动开展情况，往深里说，也是充实税基的一个做法（不过，一般原来用个人收款码做经营的商家，到不了按营业额征税的门槛）。因为这个做法对现实的冲击不小，到2022年2月，中国支付清算协会发布了《关于优化条码支付服务的公告》，提出新设个人经营收款码，用户可自由选择使用，服务不减、体验不变，赋码过程免费，并可享受更高效的交易对账等服务，现行个人收款码不关闭、不停用、功能不变。支付宝、财付通等也推出了相应的个人经营收款码服务。

此外，在现实中，一些新兴的机构可能会引导商家多使用移动支付，排斥相对"陈旧"的银行卡支付，针对这一情况，在2021年的这个通知中，"鼓励收单机构为特约商户提供支持银行卡支付、条码支付等多种支付方式的支付受理终端"，要求"收单机构不得引导特约商户拒绝受理任何合法的支付方式"。

由于线下大量扫码支付都是通过第三方支付机构实现的，信息传递媒介都是互联网，所以在2023年的《非银行支付机构监督管理条例》中，监管思路从根据线上线下划分的"网络支付"、"银行收单"，变成了区分"是否储值"。在未来，也许就不会有专门的针对线下移动支付的资质、性质等的监管了。

第六节 其他支付业务

除了前述几类电子支付方式外,现实中还可能遇到其他的支付体验,譬如直接从网银发起的向商家的付款以及"什么都能扫"的聚合支付。这些支付方式相对琐碎,下面作简单的介绍。

一、银行网关支付

所谓银行网关支付,指在客户开通银行卡网银和网上支付功能后,通过跳转至银行界面完成支付的支付方式。

(一) 银行网关支付的使用方式

要使用银行网关支付,首先,希望收款的人要先和银行商谈,请银行为它们开通特定的网关。网关其实是一个银行网站上的链接,这个链接包含的信息是收款人的银行账户。然后,希望收款的人将自己申请的网关链接放在网页上,客户点击后,就打开该网关对应银行的网银界面,客户登录自己的银行账户,命令银行向该网关指向的收款账户付款。在这个过程中,客户可以主动决定是否付款(一般来说,"付多少"这个信息是根据交易信息自动在网关链接里生成的,不需要客户输入)。

(二) 商家和第三方支付的网关

用银行网关收款时存在两种场景:一种是收款商家直接向银行申请一个网关,这个网关的收款账户就是商家自己的银行账户,客户访问这个网关就是直接向商家付款;另一种是第三方支付向银行申请一个网关,这个网关的收款账户是第三方支付的备付金账户,客户访问这个网关是为了实现"付款到第三方支付"的目的(就是前文所述的资金进入第三方支付备付金账户的"网关模式"),然后由第三方支付完成最终资金向商家的转移。

当前,只有大型商家才会申请专门的收款网关。随着绑卡支付、移动支付的普及,普通消费者生活中直接遇到商家银行网关的情景越来越少。12306铁路购票网站是一个现在还能看到的例子:

在图3-4(a)中可以看到,在网页上支付,可以选择支付宝、微信支付等第三方支付手段,也可以点击中国工商银行、中国农业银行等7家银行的图标,这7家银行的图标被点击后,分别指向7家银行各自为12306网站开设的支付网关。譬如,点击"中国建设银行"后,出现的就是中国建设银行的网银支付界面，可以看到收款商户为中国铁路网络有限公司，这个网关的支付内容就是接受中国建设银行客户的命令，将客户在中国建设银行的14.5元存款转给中国铁路网络有限公司的银行账户，这就是直接向商家付款的网关。

图 3-4(a)　12306 购票支付时可选的支付渠道

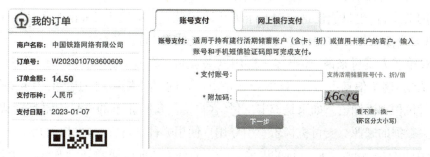

图 3-4(b)　点击"中国建设银行"后：支付给商家的网关

支付宝、财付通这两家市场占有率最大的第三方支付目前已不再支持网关支付。在京东商城的支付页面，寻找一番后，能够找到网银支付。如图 3-5 所示，最终选择中国银行的网关付款，商户名称显示为京东支付，说明这笔资金不是直接付给京东商城自己的账户，而是先奔向京东支付的备付金，这个网关不是京东商城的收款网关，而是京东支付收取备付金的网关。

图 3-5　京东商城"网银支付-中国银行"，支付给第三方支付的网关

（三）银行网关支付的缺陷

银行网关支付的主要好处在于支付逻辑简单，完全由客户主动操作，而且流程由银行

设定,安全标准更高。但银行网关支付也有不少缺陷,使得日常消费中网关支付的份额越来越少。

(1) 要使用网关支付,客户需要开通网银服务,而网银服务并不是办理银行卡就默认开通的,也无法在需要时就即时开通,而是要客户自行去网点申请开通才行。相比之下,绑卡支付只要有银行卡、有手机,就能直接开通。

(2) 网关支付需要用户主动保证网银支付环境的正常,而我国各大银行的网银支持良莠不齐,各用户的计算机环境也有繁多可能,甚至直到今日,个别大银行的网银还只支持 IE 浏览器,不能在 Chrome 下使用。

(3) 网关支付要求客户完成银行设定的较长支付流程,体验不佳,而且在实务中,消费者完成消费行为前的任一步骤都可能产生用户跳出,长流程增加了消费者改变主意的可能。

(4) 网关支付需要收款方和银行达成协议,而银行提供服务的门槛相对较高,且即便开通了一个网关支付,也只能让这家银行卡的用户付款,这对于商家来说是不大合算的事情,所以,只有大商家和第三方支付才可能选用网关支付,不易普及。

(5) 对第三方支付来说,如果客户选用网关支付,第三方支付获得的信息就只有"订单支付是否成功"这个信息了,这个订单究竟是由谁付的、是用借记卡还是信用卡支付等信息,第三方支付机构都不知道。如果是绑卡支付,客户绑的每一张卡的支付记录都会成为第三方支付机构大数据的来源。支付机构乐意引导用户使用哪种支付方式,可想而知。

需要说明的是,随着手机银行的普及,银行网关支付页面通常还会显示一个二维码,如果客户有该银行的手机银行 App 的话,可以直接用手机银行扫码,在手机上完成支付,不需要真的使用网银来付款,这让网关支付的便捷程度有所提高,但仍然难以挽回网关支付的颓势。

二、聚合支付

聚合支付也称融合支付,有时候也俗称第四方支付,是指收单外包机构为特约商户提供的融合多个支付渠道并实现一站式对账的技术服务。聚合支付服务商借助银行、第三方支付机构、清算机构的支付通道与清结算能力,利用自身的技术与服务集成能力,将一个以上的银行或第三方支付机构的支付服务整合到一起,但本身不提供收单、清算、结算这三个关键环节的业务,所以,严格地说,它不是"支付",而是"支付的服务",是"支付"这项核心业务外面套的"壳"。

现实生活中,聚合支付业务的提供者包括商业银行(如农业银行的金穗商户通)、第三方支付机构(如支付宝的口碑)、独立聚合支付业务提供商(如收钱吧)。商户使用聚合支付,可以用一个收款方式,适应客户的多种付款通道需求(支付宝、微信、各类银行),并减少商户接入、维护支付结算服务时面临的成本支出,提高支付结算的效率。

各种聚合支付服务业务的后台实现不一,较为复杂,在此简单描述一下思路:聚合支付服务商首先需要和它支持的各种付款机构(银行、第三方支付等)达成协议,在各付款机构 App 的"扫码"功能中,提供对聚合支付二维码的解析;然后,选用聚合支付的商家登记一个基本收款方式(可以是银行账户,也可以是某第三方支付账户),聚合支付服务商为该商家提供一个聚合支付二维码;当使用某特定付款机构 App 扫这个二维码时,会指向一个聚合支付的付款页面,这个付款页面的收单方是特定付款机构自己,而最终资金指向的是聚合支付商家登记的那个收款方式(后台的清算、结算过于复杂,情况繁多,在此略去)。在此过程中,聚合支付提供商不触碰资金、不做收单,只是生成一个"单",供有收单资格的各类付款机构去收[1]。表 3-5 对银行卡支付、第三方支付、银行网关支付、聚合支付等产品中的收单、清算、结算各环节所涉机构作了简单对比。

表 3-5 各类支付产品所涉机构对比

	银行卡支付[2]	当前的第三方支付	"直连"的第三方支付	银行网关支付	聚合支付
收单	银行、第三方支付、专业收单机构	第三方支付	第三方支付	客户直接发送支付请求,资金直接到商家银行账户	聚合支付机构,以及聚合支付协助的其他所有收单机构
清算	清算机构	清算机构	第三方支付		清算机构
结算	央行、商业银行、有可能涉及第三方支付(如果第三方支付收单)	央行、第三方支付、商业银行	第三方支付和备付金存放银行		央行、商业银行、第三方支付

聚合支付是在移动扫码支付普及的过程中出现的产品,早期监管较少,良莠不齐,直到 2020 年 9 月,中国支付清算协会发布了《收单外包服务机构备案管理办法(试行)》,聚合支付才被纳入相对严格的监管[3]。在该办法中,聚合支付被定位为一种收单非核心业务,此类业务不属于收单本身,不需要获得《支付业务许可证》,但从事该业务的企业需要按规定备案(备案要求不高),并接受协会管理和现场、非现场检查。

---

[1] 这是现在较为规范的聚合支付实现方式。早年间聚合支付缺少监管的时候,也有直接做"二次清算"的聚合支付,即资金直接进入聚合支付服务商的某个账户,然后再由聚合支付服务商自行分配,这种分配方式的安全隐患极大,现已禁止。

[2] 聚合支付本身是收单外包,它会根据客户选择的支付方式将收到的单发送到对应的收单方,然后继续走银行卡支付、第三方支付的渠道。在这里将它和银行卡支付、第三方支付并列,只是基于支付体验的区别。

[3] 中国支付清算协会是支付清算服务行业自律组织,但该组织的业务主管为中国人民银行。在我国,一些尚未完全统一认识的规定,往往会以自律组织规范的形式先行推出,等到时机成熟后,再上升为法规,这也是常见现象。

第七节 银行支付的后台处理

一、我国银行的早期支付系统

无论是我国还是发达国家,银行支付的电子化都是从后台处理记账的电子化开始的;之所以先后台再前台,是因为前台的工作环境多种多样,而后台处理可以集中处理,而且后台和"总账"的关系更紧密,用电子手段把"总账"记好也是更紧迫的需要。下面简单介绍我国银行支付系统的电子化历程。

(一)电子化之前的"手工联行"

所谓联行,是指同一家银行内部各级银行的关系。1953 年,中国人民银行建立了"全国大联行"的三级联行清算体系①:县级行政区内的县辖联行;省级行政区内的省辖联行;跨省的全国联行。各级联行负责辖内各金融机构之间的资金清算,全国联行通过中国人民银行总行清算。需要注意的是,此时的中国人民银行既有中央银行的职能,又有商业银行的职能,可以近似地认为是全国唯一的商业银行,所以,商业银行间的清算就相当于中国人民银行自己内部清算。

改革开放后,随着金融体制和结算制度改革的深化,中国人民银行不再履行商业银行的职能,全国大联行也就行不通了。1985 年,央行决定实行"统一计划、划分资金、实贷实存、相互融通"的联行体制变革措施,全国联行清算体系也随之进行了重大改革:同一个银行的清算内部进行,总行和分支行构成一个联行系统,分行与分行之间的清算由总行负责;跨行的清算可以走央行,也可以各行直接清算。

以上两个阶段都属于"手工联行"时代:同地支付的票据现场汇总、集中清算,跨地支付指令的发出靠邮局或电报;同地同行(各网点)间的资金划拨由同地银行记录,同地跨行资金的划拨记录在本地中国人民银行分支行的账上,跨地同行的资金划拨由银行总行记录,跨地跨行资金的划拨通过中国人民银行总行进行。整个过程基本都是手工处理,容易出错,支付指令传输速度较慢。这就造成了占压在途结算资金较多,异地资金划转有时需要几个月。

---

① "银行清算"中所说的"清算"是行业内的习惯用语,和本章之前讲的"清算""结算"环节中的"清算"不同,它包括信息传递、轧差和资金记账等内容,可以近似理解为"清算+结算"。

(二) 电子联行系统

为解决"手工联行"资金使用效率低、结算速度慢等问题,20世纪90年代初,中国人民银行建立了第一个覆盖全国的金融卫星通信专用网,并在此基础上建立了中国第一个跨行大型信息化应用系统——全国电子联行系统(EIS)。全国电子联行系统是中国人民银行在支付系统现代化建设中的第一次尝试。

全国电子联行系统是一个分散式处理系统,其业务逻辑和"手工联行"类似。在电子联行系统中,同地的资金仍然在同地清算,涉及跨地交易时,支付指令先由业务办理银行汇总到各地发报行(中国人民银行分支行),由发报行用卫星网络传输到全国清算中心,清算中心将指令分类后,再用卫星网络传输到目标银行所在地的收报行(中国人民银行分支行),收报行收到指令后,再将指令转给所在地业务办理银行处理。

以"客户 a 从苏州的交通银行汇 100 元到武汉的工商银行客户 b"为例,交通银行苏州分行会减少客户 a 的存款,将支付指令交到苏州本地的中国人民银行中心支行[①],中国人民银行苏州中心支行会减少交通银行苏州分行在它那里的存款,并将指令发给全国清算中心,全国清算中心收到报文后,一方面处理报文,减少中国人民银行苏州中心支行在中国人民银行总行的存款,增加中国人民银行武汉分行在中国人民银行总行的存款;另一方面,把报文发给中国人民银行武汉分行,中国人民银行武汉分行增加中国工商银行武汉分行在它那里的存款,并将报文转交中国工商银行武汉分行,由中国工商银行武汉分行完成对客户 b 的记账。

电子联行系统加快了跨地支付指令的传输速度,但是,指令从业务办理银行到发报行、再从收报行到业务办理银行,这两个环节的指令传输以及前后的指令全是手工的;电子联行中的全国清算中心本质上只是一个报文分类和中转机构,不具备全部记账职能(因为涉及的商业银行的结算账户,都开在各级中国人民银行的分支行上);而且,电子联行的接入范围有限,各商业银行网点、县级支行和市级分行之间的信息传递仍存在瓶颈,当时被称作"天上三秒,地下三天"。

1995年,针对电子联行覆盖面不广、速度较慢等问题,中国人民银行开始推行电子联行"天地对接"工程,构建地面网络。同时,随着信息化的发展,20世纪90年代各商业银行的核心系统逐渐投产,同一个银行内部的指令依托自有网络传递,行内异地交易不再依赖电子联行系统,而是由各自的核心系统完成。到2000年,电子联行系统基本上实现了"天地对接":商业银行的跨地跨行业务会自动地发送到电子联行系统,电子联行系统收发报后,收到报文的业务办理银行会自动处理报文,同时电子联行系统的接入覆盖范围到县一级支行。

---

① 此处的"分行""中心支行"均是目前苏州这两家机构的实际名称,尽管看起来等级不同。

二、中国现代化支付系统

电子联行系统这种"清算中心只负责报文分类和收发报,各地人民银行分别记账"的模式,本质上只是用卫星通讯加快了信息传输,整个架构仍然是"手工联行"的复刻,未能发挥电子化、信息化处理的优势。在地面通信网络技术和计算机技术高速发展的条件下,中国需要更为现代化的支付系统来支持经济发展中的支付需要。中国现代化支付系统(China National Advanced Payment System,CNAPS)就是我国现在的银行支付系统。

(一)中国现代化支付系统的特点和迭代

1991年10月,在电子联行系统刚投入使用不久,中国已开始着手建设中国国家金融通信网,并基于此构建第一代中国现代化支付系统(可简写为CNAPS1)。CNAPS1由世界银行提供贷款,建设周期很长,2002年,CNAPS1的第一个子系统大额实时支付系统投入使用;2005年,小额批量支付系统投入使用;2007年,全国支票影像交换系统投入使用;2009年,电子商业汇票系统试点。至此,CNAPS1全部建成。在大额实时支付系统推广后,全国电子联行系统就没有必要了,2005年6月,全国电子联行系统正式退出了历史舞台。

CNAPS1和电子联行的主要区别是,CNAPS1自带跨行清算功能,直接在CNAPS1内完成,不需要信息传出CNAPS1另行处理①:CNAPS1的参与者在中国人民银行开设清算账户,商业银行的行内系统和CNAPS1打通,如果有跨行支付指令,在完成行内记账的同时,通过网络传递到CNAPS1,CNAPS1增减各银行的清算账户余额,完成跨行资金划拨,并反馈到对手商业银行,对手商业银行的行内系统自动完成后续行内记账。

CNAPS的参与者分成三类:

(1)直接参与者。指中国人民银行地市以上中心支行、在中国人民银行开设清算账户的银行和金融机构。

(2)间接参与者。指中国人民银行县(市)支行、未在中国人民银行开设清算账户而委托直接参与者办理资金清算的银行以及经中国人民银行批准经营支付结算业务的非银行金融机构②。

(3)特许参与者。指经过中国人民银行批准与支付系统实现连接、并通过支付系统办理特定业务的机构。

在CNAPS1中,各银行(直接参与者)的分支机构可以将支付指令发给银行总行,由总行汇总后发给CNAPS1,并增减总行在央行的清算账户;也可以在分支机构所在地,通过"城市处理中心"直接将支付指令发给CNAPS1,并增加分支机构在央行的清算账户。这就

---

① 在CNAPS1中,银行内部的清算通过其核心系统完成,不需要再通过电子联行体系传输信息。不过,这个功能在电子联行时代后期就已经实现了,所以不列作主要区别。
② 譬如,我国大量村镇银行就以间接参与者的身份加入CNAPS;支付宝等第三方支付机构也是间接参与者。

是所谓的"多点接入、多点清算"(同一家银行可以有多个具体机构向 CNAPS1 发出指令,并在 CNAPS1 中有多个账户来清算)。这种支付清算理念和技术有一定的历史原因(沿袭自电子联行时代分层处理的思路),但相对落后(加大了 CNAPS1 的处理压力和数据汇总同步的难度)。

为此,央行在 2009 年年底启动了第二代支付系统(CNAPS2)建设,CNAPS2 支持各商业银行"一点接入"(商业银行总行是唯一能向 CNAPS2 发送指令的机构)、"一点清算"(商业银行总行在央行的清算账户是唯一收付资金的账户)。此外,CNAPS2 专门建设了网上支付跨行清算系统,俗称超级网银。超级网银解决了 CNAPS1 跨行清算效率不高的问题,能够实现跨行转账、跨行支付等业务的实时到账;支持跨行账户信息的实时查询,打通了国内各大银行网上银行之间的互联互通性。目前,大额实时支付系统、小额批量支付系统均已从第一代过渡到第二代,网上支付跨行清算系统也已投入运行,CNAPS2 已建设完成。

(二) 第二代支付系统的组成

CNAPS2 由大额实时支付系统、小额批量支付系统、网上支付跨行清算系统、全国支票影像交换系统、境内外币支付系统和电子商业汇票系统组成。

大额实时支付系统主要处理商业银行跨行之间和行内的各种大额贷记业务、紧急的小额贷记支付业务、人民银行系统的各种贷记支付业务、债券交易的即时转账业务。该系统采用逐笔实时方式处理支付业务,全额清算资金,从 CNAPS1 开始,大额实时支付系统就是主要业务应用系统之一,目前的支付金额约为全国银行支付金额的 2/3①。大额实时支付系统与各银行业机构的行内系统直接连接,从发起银行到接收银行全过程自动化处理,逐笔发送,实时清算,实现了银行间跨行资金清算时间的零在途,加快了资金清算的速度。在 CNPAS1 中,大额实时支付系统的每个工作日 8:30—17:30(17:00 至 17:30 为清算窗口时间,不接受客户的新业务,清算资金不足的银行可以办理同业拆借),即 5 天×12 小时运行。而在 CNPAS2 中,运行时间延长到工作日前一天的 20:30 到工作日的 17:30(17:15 至 17:30 为清算窗口时间),即 5 天×21 小时运行。

小额批量支付系统主要处理跨行同城、异地借记支付业务以及金额在规定金额(目前为 5 万元)以下的贷记支付业务。该系统采取批量发送指令,轧差净额清算资金,支持每周 7 天×24 小时连续不间断地运行,在功能上作为大额实时支付系统的补充,为社会提供低成本、大业务量的支付清算服务。日常生活中的汇款转账、代付工资、养老金、保险金,代收公共事业费用、个人储蓄全国通存通兑等业务都是由小额批量支付系统支持的。

网上支付跨行清算系统处理跨行网上支付、电话支付、移动支付等新兴电子支付业务。该系统逐笔发送支付指令,实时轧差,定时净额清算资金,目前处理金额限定为 5 万元以下。

---

① 根据中国人民银行发布的《2021 年支付体系运行总体情况》,2021 年全国各类银行支付系统共处理支付业务 9 336.23 亿笔,金额 9 450.69 万亿元,其中,大额实时支付系统处理业务 4.82 亿笔,金额 6 171.42 万亿元。

网上支付跨行清算系统是第二代支付系统中新增的业务模块，刚推出时被称作超级网银。通过网上支付跨行清算系统，各家商业银行的网银系统可以互联互通，能够跨行查询账户信息，以较低的成本实现跨行转账、跨行支付等业务的实时到账，并获取收款行的状态回执，商业银行还通过该系统，实现了诸如跨行资金归集的业务。

全国支票影像交换系统是指运用影像技术从实物支票采集支票影像信息，通过计算机及网络将支票影像信息传递至出票人开户银行提示付款的业务处理系统。该系统实现了支票全国通用，使支票用途更加广泛，结算更加便捷。

电子商业汇票系统提供电子商业汇票货币给付、资金清算行为相关服务，以及纸质商业汇票登记查询、商业汇票公开报价服务。电子商业汇票以电子签名取代实体签章，从根本上解决纸质商业汇票交易方式效率低下、信息不对称、风险较大等问题，允许的使用期限也比纸质商业汇票更长。在电子商业汇票系统下，纸质汇票市场常见的"倒票"现象得到了抑制。

境内外币支付系统的主要功能包括外币支付报文收发、圈存资金和授信额度管理，对外币支付进行逐笔实时清算，对可用额度不足的外币支付进行排队管理，对清算排队业务进行撮合，管理清算窗口，分币种分场次向代理结算银行提交清算结果。可以理解为是为境内的银行间外币交易提供一套结算基础设施。

第四章

区块链技术和虚拟货币

虚拟货币是一种非货币当局发行、使用加密技术及分布式账户或类似技术、以数字化形式存在的介质。比特币在 2009 年出现，是全世界第一个典型的虚拟货币。通常而言，虚拟货币基于"去中心化"的共识机制，与依赖中心化监管体系的银行金融系统相对。跟平常使用的纸币需要防伪设计一样，虚拟货币的防伪利用的是密码学原理，所以有时候又称作加密货币（Cryptocurrency，又译密码学货币）。

在《比特币：一种点对点的电子现金系统》（*Bitcoin: A Peer-to-Peer Electronic Cash System*），即所谓的《比特币白皮书》中，为了承载比特币的数据，定义了一个链式的数据结构，这个数据结构用区块来存放数据。在比特币之后，多数虚拟货币均使用类似的数据结构，这种数据结构被称作区块链，它从比特币系统的子系统变成了一套独立的技术规范。

近年来，金融行业广泛地使用虚拟（加密）货币、区块链、去中心等术语，更多地成为一种时髦、营销，不具备技术上的必要性。另一方面，我国官方虽然不禁止个人持有虚拟货币（实质上也难以禁止），但对虚拟货币整体持否定态度①。本书尽量不对虚拟货币预设立场，采取平视的态度，将各种术语拆开解释，把神秘的"黑箱"打开，承认区块链和虚拟货币在技术思路上的一些优点，挖掘其不足，把对它们的分析视作对金融学知识的一次综合应用②。在学习完本章的内容后，相信绝大多数读者都会认可我国对虚拟货币持否定态度的必要性。

第一节 区块链技术概述

一、区块链的结构

区块链的结构并不复杂，把主体数据保存在一个个区块（Block）里面，区块和区块之间有序地"链"起来，就成为区块链。

假设现在有一个区块链，区块分别记作 B_1、B_2……。每个区块包括一个区块头，记作 H_1、H_2……，区块的主体数据记作 X_1、X_2……，以及一些可选的额外验证内容，记作 P_1、P_2……。区块的主体数据没有存放形式限制，但不同的区块链应用会约定主体数据的特定

---

① 根据中国人民银行 2021 年 9 月发布的《关于进一步防范和处置虚拟货币交易炒作风险的通知》：虚拟货币不具有与法定货币等同的法律地位，不应且不能作为货币在市场上流通使用；虚拟货币相关业务活动属于非法金融活动；境外虚拟货币交易所通过互联网向我国境内居民提供服务同样属于非法金融活动；参与虚拟货币投资交易活动存在法律风险，任何法人、非法人组织和自然人投资虚拟货币及相关衍生品，违背公序良俗的，相关民事法律行为无效，由此引发的损失由其自行承担。

② 读者会发现，如果掌握了第二章中介绍的计算机加密技术知识，再结合货币银行学的常识，这个领域的很多问题用平实的话和例子就能解释清楚。

存放形式。区块链的存储是有序的,下一个区块的区块头就是上一个区块整体的 Hash 值,譬如,$H_2 = \text{Hash}(B_1) = \text{Hash}(H_1 + X_1 + P_1)$①,$H_3 = \text{Hash}(B_2)$……,$H_n = \text{Hash}(B_{n-1})$,下一个区块和上一个区块之间用 Hash 运算"链"了起来。图 4-1 给出了区块链结构的图示。

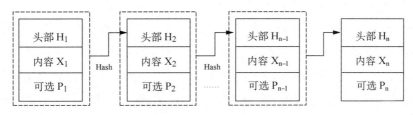

图 4-1　区块链结构图示

显然,一眼可以看到的是,因为 H_2 里面有 B_1 的信息,所以,B_2 和 B_1 是有关系的;B_3 和 B_1 之间仍然有关,因为 B_3 通过 H_3 包含 B_2 的信息,B_2 包含 B_1,从而 B_3 也包含 B_1 的信息。以此类推,如果一个区块链有 M 个区块,其中的第 N 个区块包含之前 N-1 个区块的信息(当然,受散列加密运算的局限,这些信息只能用于验证,无法复原),而该区块的信息又在其后的 M-N 个区块中保存摘要。

二、区块链和数据防篡改

区块链这种数据结构的直接意义,就是利用散列加密防止数据篡改。设想一个场景:有 100 个区块,从 B_1 到 B_{100},现在有人篡改了 B_{10} 区块中的 X_{10},将其变成了 $X_{10'}$,B_{10} 区块整体也就变成了 $B_{10'}$,那么会出现什么?

因为 B_{11} 区块的头部 H_{11} 是 $\text{Hash}(B_{10})$,现在 B_{10} 变成了 $B_{10'}$,Hash 值对不上了,B_{11} 就和 $B_{10'}$ 出现了矛盾,就需要根据 $B_{10'}$ 计算出新的 $H_{11'}$,放在 B_{11} 里面,形成新的 B_{11}'。然后,B_{12} 就和 B_{11}' 出现了矛盾,以此类推,篡改 B_{12}……一直要将 B_{11} 到 B_{100} 全部篡改完毕,才能重新形成一条逻辑自洽的区块链,即所谓的"一个谎言要用一百个谎言去圆"。显然,已有的区块链越长,篡改其中某个区块的难度就越大。

不过,在区块链篡改过程中,所谓"篡改",如果只是根据修改后的内容计算新 Hash 值替换原区块头,计算量也只不过是一定的区块数×单个区块 Hash 而已,看着麻烦,对于计算机来说是很快的。这时候,就需要人为增加 Hash 计算的难度。还记得每个区块中,除了区块头 H 和数据主体 X 外,还有一个验证部分 P 么?P 本身没有任何含义,只是一个随机数,只是在约定区块链规则时,可以规定,$H_{n+1} = \text{Hash}(H_n + X_n + P_n)$,需要满足某些特定条件,譬如 H_{n+1} 的结尾为"0000"之类。如果 B_{10} 被篡改,要修改后面的 H_{11} 就不是简单计算 Hash 的事情了,而是得重新找一个 $P_{11'}$,使得 H_{11} 重新达到"结尾 0000"之类要求,因为散列

---

① 注意一下这里的下标序号,第 n 个区块的区块头 H_n 是第(n-1)个区块 B_{n-1} 的 Hash 值,这个 H 表示 Head 而非 Hash。

加密算法无法产生强碰撞，所以，只能不断地更换随机数 P，才有可能达到目标。如果将 H_{n+1} 的要求设置得较为严格（譬如，"结尾为 00000000000"之类），达到要求的概率也会极小，从而需要替换非常多次 P，计算非常多次的 Hash 值，才能达到要求，篡改数据所需的计算量也就会迅速上升。

需要说明的是，区块链的这种结构设计，只能保证区块内容形成后不被篡改，不能保证写入的逻辑正确（这需要在写入内容时自行设计规则约束，譬如写入"A 给 B 10 元"时，应校验"A 有 10 元或更多"这条信息），更不能保证内容为"真实"（没有任何数据结构设计或纯逻辑验证能够解决这个问题，譬如，凭空写"A 有 10 元"这条信息进区块，区块链既无法判断为真，也无法判断为假）。

有兴趣的读者可以访问一下网页"使用 Python 一步步搭建自己的区块链"（https://learnku.com/python/t/22970/build-your-own-block-chain-step-by-step-with-python），这里用 python 实现了一个最简单的区块链结构（其中还包含一个分布式存储情况下用链长决定共识的机制，对此阐述可参见下一节）。

三、区块链和"去中心化"

区块链的防篡改特性，不依赖于记录者的权威，而是把规则展示出来，每个人都有能力验证数据是否经过篡改（而且，验证所需的计算量要远远小于篡改计算量），这是一种"有目共睹"的，依赖于数学规律的特性。但是，仅仅依靠数学规律来保证的防篡改性，仍然有一些不可靠的地方。譬如，为了保证正常记录，区块头的计算量不能设置得过高（否则，正常记录也来不及计算），这反过来又会使得防篡改效果下降，如果区块链只存储一份，而这一份的存储者将已有的区块复制若干份，平行地尝试计算 Hash 值，就有可能在可行的时间内完成对已有区块链的篡改[①]。有没有办法，在计算要求不提高的情况下再提高一点防篡改的能力呢？

既然区块链的防篡改不依赖于权威，存放区块的用户也就没有了门槛要求，所以，不妨把区块链的存放分散开来，每个人手头都保留一份区块链的完整内容。这样，就算有一个人悄悄重算了很多区块，完成了一条篡改后的"假"区块链，他这条链也和其他多数人手头的链不一样，无法得到承认[②]。分布式的存放就是防止篡改的另一种措施。

不过，"去中心"的解决方案在效率上是有牺牲的，因为每个存储节点不但要存储数据，而且本身还要应用数据。在应用数据时，要么为了数据一致而等待网络同步，要么为

[①] 譬如，正常记录的要求是每 5 分钟能算出一个达到要求的 Hash 值；对于一个 10 000 区块的区块链来说，只要复制 10 份已有数据，就能在 30 秒内算出一个可用的 Hash 值，篡改 1 个区块，稍加时日就能将全部区块篡改完。

[②] 需要说明的是，这种"无法得到承认"依赖于对"什么是真的"的定义。如果认为"多数人手里持有的是真的"，确实只要这样分散存放就能防止个别人的篡改了；如果约定"格外长的链是真的"，分散存放也无法防止"51%算力攻击"之类的篡改。后续介绍比特币的时候会进行讨论。

了迅速响应而只给出本地已有数据(在金融领域,大多数情况下,都必须选择数据一致)①,这种效率牺牲,其实就是放弃相信"中心""权威"的代价。在实践中,有时候部分区块链系统会选择缩小"去中心"的范围,引入私有链来提高效率,或者由某个有仲裁权的机构为中心,使用区块链的核心内容以防止篡改,并在全民节点、"去中心"和中心之间实现适当的平衡。

> **案例和拓展 4-1**
>
> ### "去中心化"的情怀与现实
>
> 当初在比特币设计时,为了和"央行记账"的法定货币区别开来,比特币的区块链存储被设置成分布式的,还加入了竞争式、共识记账等机制,这些东西被提升到计算机专家反对"银行霸权"的"情怀"层面,统称作"去中心化"。回过头看,区块链技术并没有对分布式存储、"去中心"、竞争、共识等内容的必然要求,除了"区块"和"链"本身之外,其他那些被人们认为是区块链特点的东西,只是区块链应用过程中,为了解决对人的不信任而额外添加的解决方案。然而,当区块链和虚拟货币越发成为一门生意后,后续的各种虚拟货币也会把这些技术上可选的功能模块当作"故事"的一部分,甚至把"去中心"提升到"数字民主"的层次。
>
> 我们不妨把思路放开阔一点,对"去中心化"进行一些反思。主张"去中心化"的人,总认为"去中心"能避免数据、业务被"中心"所操纵,"去中心"了就"可信"了。然而,现实中所谓的"可信",其实并不是绝对的"真",而是指在争端出现时所主张的东西能被仲裁者(有权力的机构)认可,譬如,一个债权人花尽一番努力证明债务人欠他钱,最终是希望法院能够采信他的说法,强制要求债务人偿还。无论在过程中如何追求"去中心化"带来的"真""不受操纵"的感觉,但"真"的价值和意义仍然需要诉诸高度"中心化"的权威,这就是"去中心化"的深层次矛盾。在现实中,除了虚拟货币之外,很多金融领域的"去中心化"应用也是依靠大型金融机构甚至是政府的推广、背书才能展开的,本书后面还会列举个别案例。

---

① 分布式系统有一个 CAP 原则:所有的分布式系统都不可能同时满足以下三个条件:(1) 一致性(Consistency)。每次读取要么获得最近写入的数据,要么获得一个错误;(2) 可用性(Availability)。每次请求都能获得一个(非错误)响应,但不保证返回的是最新写入的数据;(3) 分区容忍(Partition tolerance)。尽管节点间出现了数据丢失(或网络延迟),系统仍能继续运行。通常来说,分区容忍是必选的(否则,就没有了分布式的意义),余下的就是在可用性和一致性之间取舍,即这里所说的选择数据同步还是快速响应。

第二节 | 比特币机制概述

比特币（Bitcoin，缩写为 BTC）是一种基于"去中心化"，采用点对点网络与共识主动性，开放源代码，以区块链作为底层技术的虚拟货币，比特币源于网名"中本聪"（Satoshi Nakamoto）的开发者在 2008 年 10 月 31 日发表的论文《比特币：一种点对点的电子现金系统》(*Bitcoin: A Peer-to-Peer Electronic Cash System*)，即所谓的《比特币白皮书》，2009 年 1 月 3 日，比特币的第一个区块诞生。因为首发因素，比特币是当前世界上规模最大的虚拟货币，到 2023 年 11 月 4 日，现存比特币的总市值约为 6 800 多亿美元，占据全部虚拟货币市值的一半以上。比特币的价格从 2009 年开始的极低水平，最高上涨到 70 000 美元，是虚拟货币创富神话的起点。到 2023 年 11 月 4 日，比特币的市价约为 35 000 美元，比特币 2011—2022 年的价格如图 4-2 所示。

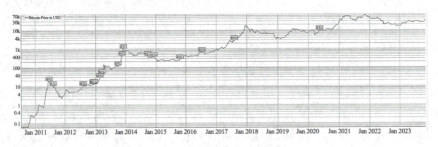

图 4-2　比特币的价格（2011—2022 年）

来源：https://bitinfocharts.com/comparison/price-BTC-sma7.html
说明：坐标为对数，取 7 天移动平均值。bitinfocharts.com 是一个包含各种虚拟货币实时统计信息的网站，有兴趣的读者可以自行访问探索。

比特币作为第一个当代虚拟货币，其机制较为简单，了解比特币，有助于了解所有虚拟货币的设计思路和优缺点。

一、比特币作为货币的思路

什么是"货币"？这个问题很有古典政治经济学的风格——可以说货币要有价值，可以说货币要有政府的背书，可以说货币要有信心，等等，但这样的回答最终可能会变成纯粹的思辨乃至信仰的争执，本书在此跳过这个基本问题，而直接讨论，如果比特币是一种货币，它在技术上怎么出现？怎么让人确认自己"拥有"货币？怎么把货币用于交易？稍后我们还将讨论，比特币能否较好地履行货币的基本职能。

在历史和现实中，有两种方式让人确认货币的有无和交易：一种方式是实物货币，譬如一个个金币通过实物转移交易；另一种方式是记账式货币，转移的是某种债务关系，譬如银行账上的存款余额，通过记账转移交易。这两种方式的基本区别在于：前者是"有目共睹"的，谁声称自己有货币，只要把货币摆出来，在技术上验明真伪即可；后者需要一个大家都信任的"记录员"，或者叫中心，大家信任这个中心，只要真是它记的账，就认可这笔账反映了财产归属。

当代的纸币制度以记账为主，依靠中央银行和商业银行作为记账者，中央银行的负债作为基础货币，商业银行派生出狭义货币和广义货币；纸币现钞的流通，则是实物货币交易方式的余响，差别在于，纸币现钞依赖于"央行承认"而存在。结合货币银行学的基础知识思考会发现，如果完全使用实物货币（没有商业银行体系），就没有货币创造（货币派生）功能，记账式的货币的货币创造通过中心记账者进行，中心记账者获得极大的信任，同时拥有极大的权力。

在电子交易时代，每个人都能感受到实物货币（即便是纸币）交易的落后，但也有少数人对中心记账者的过大权力有所怀疑。有没有一种既能避免实物货币的麻烦，又不依赖于信任中心记账者的货币呢？比特币就是这样一种"去中心"的非物理货币的尝试。它的思路是：记账，但不依赖于特定某人的记账，而是搞一本大家都能看到的账，大家争着记，达到一定的标准，就能记录成功，没有谁有特权，因为记账标准是公开的，谁记了账，大家都能看到，所以，记录也是"可信"的[①]。

二、比特币的交易验证机制

（一）比特币网络和比特币地址

理解比特币的运行机制，需要用到之前学到的计算机加密知识。在比特币的初始设计中，每个使用比特币的人都需要在计算设备（如电脑、手机等）上安装一个比特币软件，运行这个软件后，计算设备就成为一个比特币节点，比特币节点之间以点对点（P2P）的方式连接，每个人的比特币节点都是平等的。比特币节点能发送信息，能计算区块，具备记账的可能，有时候也会把节点称作比特币客户端[②]。所有比特币节点联结起来，形成的就是一个比特币网络。

要使用比特币，用户首先需要有至少一个比特币地址。以用户 A 为例，用户 A 通过非对称加密算法，自行生成一个公钥 PKA 和一个私钥 SKA，公钥的散列值变换后，得到一个

---

① 在后续介绍数字人民币的时候，我们将讨论，在交易这个层次上，比特币这种分布式记账并不是唯一的"去中心""非物理""可信"的方案。

② "客户端"这一说法是基于日常习惯的（每个设备上都装一个的东西，我们一般称它为客户端），严格地说，点对点式的比特币网络不是"客户端/服务器架构"，"节点"一说更准确。

比特币地址，ADDa＝Hash(PKA)①。一个用户可以生成任意多个比特币地址。比特币网络对"产权"的认可是，"持有地址对应的私钥＝有权操作该地址"。对ADDa来说，只要客户保管好SKA(这本身就是私钥的题中之义)，就可以用它对交易签名，进而证明客户A拥有ADDa这个地址的权利。

比特币地址并不自带比特币，一个比特币地址对应多少比特币，是先前所有交易的结果回溯出来的。譬如，在过去的比特币账本上，曾经有过"ADDa＋1""ADDa＋2""ADDa－1"三笔记录，现在ADDa这个地址中比特币数量就是2。ADDa中的比特币数量，和客户A是否持有SKA无关，如果客户将SKA丢失了，客户就无法使用ADDa中的比特币，此时的比特币属于看得见但无法用的状态，永远冻结在ADDa中。

(二) 比特币的交易验证

譬如，客户A想要动用ADDa的比特币，从ADDa发送0.5个比特币给ADDb，客户A就要向全网发送一条信息，这条信息应当包含的关键信息是：

(1) 用私钥SKA加密的指令I，即X＝ENC(I, SKA)，其中，指令I为(ADDa－0.5, ADDb＋0.5)；

(2) 公钥PKA。

全网的每个节点收到这条信息后，都会去验证客户A是否有权执行这个操作，其做法是：

(1) 用PKA对X解密，重新得到I＝DEC(X, PKA)，证明X信息的发送者持有PKA所对应的私钥；

(2) 计算PKA的Hash值，如果等于ADDa，就证明PKA和ADDa对应，因为无法产生强碰撞，所以，PKA就是当初ADDa生成时候的那个"原装"PKA。至此证明，ADDa、PKA、SKA是一套的，X信息的发送者拥有ADDa对应的私钥；

上述两步证明的是指令的发出者有权操作ADDa这个地址。考虑一个反面情形，如果客户C发送一条指令，I′＝(ADDa－0.5, ADDc＋0.5)，X′＝ENC(I′, SKC)，将X′和PKC一起发送，其他节点收到后，显然能用PKC解开X′，读取出I′，那其他节点会不会认为客户C有权对ADDa进行操作呢？不会，因为PKC的散列值不等于ADDa，它们之间没有对应关系。所以，非对称加密验证私钥受控(用私钥SKA为交易签名)，散列加密验证私钥——公钥——地址的对应关系，这才是完整的操作权验证方案。

验证操作权后，还需要验证ADDa这个地址是否有足够多的比特币：

(3) 回溯所有历史区块，找到ADDa历史上的比特币加减记录，累积出当前ADDa对应

---

① 在不影响设计逻辑的前提下，本书对比特币交易机制的技术细节作了适当简化，譬如，从公钥到比特币地址实际上经过多次Hash运算和编码变换，本书简单地用一次Hash运算表示，后面的很多交易细节也有类似简化。读者理解思路即可。

的比特币数量,如果大于等于0.5,这条指令就是一条通过验证但尚未记入区块链的指令,被称作未确认交易,每个节点都会尝试将这条未确认交易记录到下一个区块里,即确认它。如果ADDa的比特币数量小于0.5,则这笔交易将直接被丢弃。

三、比特币交易的安全性和匿名性

(一) 比特币交易的安全性

比特币交易的安全性,指的是如果不拥有比特币地址对应的私钥,就无法动用地址中的比特币。比特币的安全性由非对称加密和散列加密的算法保证:从地址无法推出公钥,从公钥无法推出私钥。

首先,以前述交易指令为例,在指令内容和验证过程中,比特币的收入地址ADDb只需要出现地址本身,不需要任何其他信息。如果ADDb一直收入比特币,从未支出比特币,ADDb地址所对应的PKB就一直不需要出现在网络上,也没人能够通过ADDb反向推知PKB(因为散列加密算法无法产生强碰撞)。这种从未支出过比特币的地址被称作冷地址(或者叫冷钱包),其信息暴露最少,在理论上是最安全的,通常被用来作为长期存储比特币的地址。

与冷地址相对的,发生过支出的地址ADDa在一次支出后,其公钥PKA就公开了,ADDa被称作热地址。相对冷地址来说,热地址公开的信息多一些,但当代非对称加密算法也足以保证,不可能简单地通过PKA就倒推出SKA,所以,热地址相对不安全,但也已经非常安全了。事实上,如果担心热地址不安全,完全可以在用掉该地址一部分比特币后,将该地址的剩余比特币全部转移到另一个地址①,即热地址只用一次就从此不再使用。

在现实中,有很多比特币从冷地址或热地址"失窃"的例子,这都不是因为比特币私钥在技术上被直接破解,而是因为私钥保管方式出了问题,或者是保管人监守自盗。

(二) 比特币交易的匿名性

比特币交易的匿名性指的是,无法通过比特币交易发现现实中的交易者和资金来去关系。在比特币的交易指令中,每个地址的交易量是公开的,每个地址收入比特币的时间、数量完全可以回溯。但是,单笔支付指令可以包含若干个支出地址和若干个收入地址,交易检验只检查"每个支出地址是否有权操作、每个支出地址支出的金额是否小于等于支出地址现有金额、所有支出地址支出金额之和是否大于等于收入地址收入金额之和"这几件事情,至于支出地址和收入地址之间的勾稽关系并不明确。更重要的是,比特币地址和持有

---

① 在比特币初始设计中,这个"找零地址"应该是一个新的冷地址,譬如由ADDa控制人实际控制的冷地址ADDx,以提高安全性,但也有很多人为了方便,直接将"找零地址"设置为ADDa自己。

地址私钥的"人"是不对应的,谁也不知道这个地址的私钥在谁的手里,而且,一个用户只要愿意,可以随时用现有的比特币地址管理软件(又称比特币钱包)方便地实现生成任意多个新地址,将自己持有的比特币交给这些地址,并由比特币钱包自动管理这些地址的私钥,就跟持有单一地址体验一样方便。因此,通常认为,比特币交易是匿名的①。

四、比特币的"工作量证明"

如前所述,一笔通过了操作权验证和余额验证的交易,会成为一笔未确认交易,每个比特币节点都会不断收到新的未确认交易。比特币节点会从未确认交易中选出一部分②,尝试将包含这部分交易的新区块追加到现有比特币区块链的后面,即写入比特币账本,这个过程通常被称作"上链",其实际意义就是记账。一笔交易被确定记入比特币区块链,就称作交易确认。

因为所有的节点都在尝试记账,但全局只存在一本账,所以,只有一个节点能够最终成功地记账。比特币使用"工作量证明"机制来确定哪个节点能够成功地记账。

(一) 区块"上链"的基本条件

假设现在的区块链已经有了 $n-1$ 个区块。在"工作量证明"时,每个比特币节点都在反复地做一件事情:把本节点希望记录的未确认交易 X_n、本区块的区块头 H_n(已确定的第 $n-1$ 个区块的散列值)以及随机数 P_n,放在一起,得到一个新区块 B_n,并计算 B_n 的散列值③。如果计算出来的散列值满足此时比特币网络中公认的特定要求,譬如"后 10 位为 0"之类,则这个节点会将 X_n 和 P_n 公布给全网让全网验证,同时以本节点此时算出来的 B_n 为基础,向后继续计算 B_{n+1}(B_{n+1} 的区块头 H_{n+1},就是这里算出的 B_n 的散列值);如果计算出来的散列值不满足要求,则保持 X_n 和 H_n 不变,重新生成一个新随机数 P_n,再次计算。

通过随机数不断替换,得到能让区块的散列值达标的随机数,这就是本节点提交区块"上链"的必要条件。比特币节点不断地计算散列值,这个活动除了"计算本身的工作量"外,没有产生任何回报,其实就是要找点事情给节点做,让"获得记账权"变成一件依靠"工

---

① 不过,比特币历史上一些著名交易的地址,往往人们都默认有明确的持有人,譬如,地址"1A1zP1eP5QGefi2DMPTfTL5SLmv7DivfNa"是比特币第一个区块("创世区块")里收入比特币的地址,显然,这个地址属于比特币的创始人"中本聪",这个地址的比特币从未被动用过,人们认为,谁能动用这个地址的比特币,谁就是"中本聪"本人。又如,"1Ez69SnzzmePmZX3WpEzMKTrcBF2gpNQ55"这个地址,曾一度有过 29 658 BTC,来自美国法警局查获的网络黑市"丝绸之路"(Silkroad),后在拍卖会中将币转移给中标人。
② 选取的数量受到比特币区块大小的限制,同时,比特币节点会优先选取那些额外给节点支付交易费的交易。如果某笔未确认交易没有包含在本节点正在计算的区块中,它就会继续排队等着进入下一个被计算的区块。
③ 为描述简练,本书以后可能会在不至于误解的前提下,将"计算区块 B_n 的 Hash 值"简称为"计算区块 B_n",将"计算出达标的随机数和 Hash 值"简称为"计算出区块"。

作量证明"(Proof of Work,POW)的东西[1]。

比特币节点的计算能力(简称算力)用每秒能完成的区块 Hash 计算次数衡量,譬如,每秒计算 1 000 次 Hash 值即记作 1 KH/s,更高的算力单位包括 MH/s(1 000 KH/s)、GH/s(1 000 MH/s)、TH/s(1 000 GH/s)、PH/s(1 000 TH/s)、EH/s(1 000 PH/s)等。比特币网络会定期统计所有在线比特币节点的算力总和,动态调整 Hash 值的"特定要求",确保约 10 分钟能产生一个有效的 Hash 值[2],也就是说,每 10 分钟左右,比特币链条上将多出 1 个新区块。所谓定期统计,是指每生成 2 016 个区块后,就动态调整一次难度,按照约 10 分钟 1 个区块来算,也就是每隔 14 天;不过,如果在这 2 016 个区块的生成时段内,网络算力发生了明显变化,出块时间也会变化,直到下一次调整。

(二) 节点的分叉和交易确认

如此看来,比特币记账的逻辑好像很直接,哪个节点获得的随机数达标,它就能往比特币链条里添加新区块。然而,比特币网络是分布式的,这意味着某个节点成功获得达标的随机数和区块后,其他节点并不能马上知道,这个信息需要传播到全网,而在这个过程中,可能会有其他节点获得了另一个达标随机数和另一个区块,也会向全网传播。然而,在既定的链上,每一个位置最后只能有一个区块,就产生了两个区块谁能真正"上链"的冲突。下面举一个简单的例子来说明冲突的解决方法。

假设现在有一个区块链,已经有了 100 个区块,然后,节点 A 在 B_{100} 后找出一个合格的 101 号区块,记作 B_{101},节点 A 向全网发送这个区块,同时,A 在 B_{101} 之后继续寻找新随机数,尝试找出 B_{102}。A 创建的链,是 $B_1 \sim B_{100} \sim B_{101}$,不妨称作链 A。

此时,节点 B 也在尝试找自己的 101 号区块,但还没有找到自己的区块却已经收到了 B_{101},B 的理性做法就是放弃在 B_{100} 后找区块,而改在 B_{101} 后找区块[3],也就是说,节点 B 跟随了链 A。如果节点 C、D、E……W 都在计算出自己的 101 号区块之前收到 B_{101},它们就都会跟随链 A。

但与此同时,有一个节点 X,它在还没有收到 B_{101} 的时候就已经找到了自己的 101 号区块,记作 $B_{101'}$,并在此之后继续尝试找出 $B_{102'}$,且已经将 $B_{101'}$ 向周围广播出去了。此后,即便 B_{101} 传送到 X 这里,X 也不可能放弃自己已经算出来的 $B_{101'}$,改为跟随 B_{101}。X 创建的链是 $B_1 \sim B_{100} \sim B_{101'}$,不妨称作链 X。如果节点 Y、Z 都在计算出自己的 101 号区块之前收到了 $B_{101'}$,它们就都会跟随链 X。

---

[1] 此外,如前所述,Hash 计算的特定要求还会增加篡改历史区块的难度。
[2] 譬如,比特币网络统计发现,所有节点每秒钟合计能计算 100 亿次 Hash 值,那么,设置的 Hash 值要求就是随机数有 6 万亿分之 1 的概率能达到,这样的话。等到下一次统计计算力时,所有节点的计算力每秒合计能计算 200 亿次,Hash 值要求就会提高,随机数有 12 万亿分之 1 的概率达到。
[3] 如果在 B_{100} 后继续找,找出来也至少有 B_{101} 竞争,已经比节点 A 棋晚一步了,那不如改变起点另起炉灶,争取在 B_{101} 后找到 B_{102}(这个反正谁都没找到,大家起点又一样了)。

此时，比特币网络里面实质上就存在着两条链（链 A 和链 X），它们的前 100 个区块都一样，只是从 101 号区块开始产生了差异，这就叫作分叉（fork）。这种分叉在所有节点遵循规则共识的情况下很快就能消除：比特币设计时，认为最长的链最可信。如果链 A 的追随者迅速计算出来 B_{102}、B_{103}……，而链 X 的追随者计算出来的区块比链 A 的区块少了 5 个以上[1]，链 X 的追随者通常就会主动服输，从 101 区块开始，接纳链 A 的所有内容，并以链 A 的最新一个区块（如 B_{106}）为基础，在此后继续计算，此时所有的比特币节点就都在同一条链上计算，分叉就消失（合并）了，尘埃落定[2]。

在实务中，当比特币的某笔交易被写入了区块里，且这个区块后又连续出现了 5 个达标区块，就认为这个区块所在的链条不大可能被其他分叉所战胜了，此时可以认为，这笔交易得到了"确认"。如果急躁一点的话，等待这笔交易所在区块后再出现 2 个区块，也基本上可以确认了。但如果仅仅看到这笔交易在某个节点被纳入一个达标区块，这就过于急躁了，因为可能在这个节点尚未知道的地方已经有更长的链在继续计算了，这笔交易所在的只有一个新区块的分叉可能会失败。

（三）"工作量证明"的理念

为什么长链就应该取胜呢？因为要算出较长的链，说明这条链的追随者要连续几次较快地获得达标的随机数；进而意味着这条链的追随者相对于另一条链拥有较多的算力（一次领先可能是运气，多次领先就说明算力有差距了）[3]。

在比特币的设计理念里，算力就是"投票"的"票"，一份算力就是一张票，投入的算力就是工作量，依靠算力做的工作成果来证明参与者的支持程度，这就是"工作量证明"。根据比特币的初始设计思路，每个比特币节点的算力是基本平衡的，每个节点都适当地拿出一点计算能力来计算 Hash 值即可，反正计算难度是根据总算力调整的，计算的内容本身没意义，算力多了也是浪费。因为大家算力都相似且分散，所以没有一个节点能够确保自己想记的区块被纳入比特币链条，而只要大多数节点都诚实地记账，就能保证大多数时候获得成功的账都没有问题（即使偶尔有一个"坏人"记的"错账"区块成功地获得了随机数，达到了记账要求，但只要算力的多数还在诚实地记录，就不会产生错误后果），我们可以简单地

---

[1] 通常来说，"多 5 个区块"是分叉胜利的界限。
[2] 分叉可分为意外分叉和有意分叉。这里所说的分叉，是因为两个或以上的节点在几乎相同的时间成功地挖到区块而自然产生的，被称作意外分叉，它会因为某条链成功挖到较多新区块而自然结束。如果节点主动对区块记录规则进行修改，导致该节点产生的区块内容和其他节点产生的区块有差异，形成的分叉被称作有意分叉。有意分叉又分为软分叉（soft fork）和硬分叉（hard fork）。软分叉形成的区块能被原有节点软件读取，即原有节点就算自己不这样记，也承认其他人记录的成果；硬分叉形成的区块将被原有软件视为无效。当出现硬分叉时，原有节点如果继续使用旧软件，区块链就会在硬分叉区块处分裂为两条，两条链在分叉之前的内容一致，在分叉后的内容不同。后文所述的比特币和比特币现金的分叉就是硬分叉。
[3] 换一个角度想：假设全网信息传播速度相同且节点算力平均分布，那么，最早计算出新区块的节点，信息就会最早传开，进而，也就会被更多节点接受和追随，就算有个节点稍晚算出了竞争的新区块，最终获胜的仍然会是最早算出新区块的节点，这也符合直觉上的公平，即先到先得。

用两句俗语"人多力量大"和"世上好人多"来理解这个思想,下面还将从反面举例说明,如果"坏人"掌握了较多算力将会发生什么情况。

> **案例和拓展 4-2**
>
> ### 虚拟货币的"权益证明"机制
>
> 在"工作量证明"机制(POW)下,每个节点所面临的区块计算难度是统一的,要提高区块获得效率,只能靠提高算力,这容易带来"挖矿"的恶性竞争。一部分虚拟货币采用了"权益证明"(Proof of Share,POS)机制。在"权益证明"机制下,每个节点的"挖矿"难度,和这个节点持有的"币量×时间"(称作币龄)负相关。
>
> 譬如,A 节点持有 100 币,1 年,B 节点持有 50 币,0.5 年,A 节点计算难度时的币龄就是 100 币年,B 节点是 25 币年,A 节点比 B 节点难度低很多,A 节点就容易计算出特定的 Hash 值,获得记账权。当某个节点计算出区块后,该节点的币龄清零,重新开始积累;譬如,A 节点虽然币多,但一旦挖到,清零后要重新积累时间,下一次就是 B 节点更容易计算出区块了。
>
> POS 机制不纯粹比拼算力,比较节能;而且,因为记账权和持币量挂钩,大持币人更容易记账,所以更不容易发起 51% 算力攻击(见后文),因为大持币人这样做会自损利益。不过,因为持币较多的人更容易记上账,进而"挖"到更多"矿",就可能使得更多币向持币多的人集中,有损于"去中心化"的初衷;更主要的是,某些主流加密币如果一开始选择了 POW 机制,后来转向 POS 机制就会遭遇很大的压力,多数算力较多(在 POW 机制下有利)的节点会反对。

五、比特币的激励和货币创造机制

(一)"挖矿"和节点计算的激励

比特币网络中,每个节点即便不需要交易比特币,也要持续计算区块,保证比特币账本的更新和安全。在此过程中,让节点加入计算行列的根本原因,是大家一起使用"去中心化"货币的意愿,比特币还为这种计算提供了一些额外的激励。

比特币给出了这样的设计:在比特币交易中,只有地址支出的比特币数量大于或等于地址收入的比特币数量,每一笔交易才能通过校验。但是,每个比特币节点可以在自己计算的区块中加入一条指令,凭空向自己指定的某个地址(显然,节点所有者掌握这个地址的私钥)增加一定数量的比特币。如果某个节点成功地计算出了新区块,记到了比特币账本里,这条增加比特币的指令也就记入了账本,节点所要求的地址就会真的获得比特币,这是给这个节点成功计算出区块的奖励。

因为比特币账本的每个位置上都只能有一个区块，所以，某个节点在这个位置计算出了区块，其他节点就失败了。比特币节点获取奖励的方式，好比是在金矿里面已知有且仅有一块金子，于是，大家都努力挖，谁挖出来就是谁的，所以被形象地称为"挖矿"，而参与计算的比特币节点被称为"矿工"。所有节点，参与计算不一定会拿到奖励，但不参与肯定拿不到，所以，为了奖励，大家也要努力参与计算。

（二）比特币的货币创造

在比特币节点"挖矿"的指令中，没有任何地址的比特币减少，却有一些比特币增加了出来，这就是比特币体系的新增货币供应。比特币体系的所有货币，都是历史上"挖矿"的结果。《比特币白皮书》中预先约定了每个区块中能加入的奖励币量：从第1个区块开始，每21万个区块，出块奖励减少一半；最早的21万个区块，每个区块的奖励为50个比特币；第21万—42万个区块，每个区块的奖励为25个比特币，以此类推，直到奖励下降到1亿分之1比特币（称作1聪）后，不再有出块奖励。

按10分钟1个区块估计，21万个区块需要用1 458天产生，也就是大约每4年奖励减半。比特币网络从2009年1月开始运行，从50到1亿分之1，约为2^{33}倍，也就是需要33×4＝132年的时间，比特币将不再产生，所有的比特币预计在2140年全部被挖出，总量约为2 100万个比特币。在2023年年初，已经挖出的区块约为77万个，此时的区块奖励为6.25个比特币。

比特币运行最早期，只有创始人自己用一台电脑进行记账（"挖矿"），前期挖出的很多比特币后来被逐步分配、赠送给比特币网络的早期参与者，使用等比数列知识就可以知道，前4年挖出的比特币，占了所有比特币数量的一半。在2023年年初，已经挖出的比特币约为1 900万个，占计划比特币总量的90%以上，也就是说，大多数比特币都已经被挖出来了。

> **📄 案例和拓展 4-3**
>
> **比特币货币创造机制的思考**
>
> 我们不妨比较一下"挖金矿""纸币发行"和"比特币挖矿"的货币创造。
>
> 在"挖金矿"活动中，挖到的金子自然进入货币体系，在分配上，真正挖矿的矿工拿不到这些金子，金子是归矿老板的。
>
> 主权国家的纸币发行，往往被"中央银行不得直接为政府提供融资"这条规则掩盖了利益归属；譬如，政府发行新国债，商业银行购买新国债，中央银行再通过公开市场操作，把银行手里的国债买回来，和之前相比，政府手头的货币增加了，中央银行的货

币发行也增加了,而政府的购买行为会将新增的货币扩散到整个货币体系。在货币发行过程中,最终获利的还是政府。

在"比特币挖矿"活动中,一方面,新货币不断地注入货币体系;另一方面,新货币第一次分配是根据工作量贡献落在货币"创造人"的手里的,这在直觉上会比"挖金矿"和"纸币发行"更"公平"一些。

在比特币的机制设计里,交易和货币创造都是去中心的。然而,交易的"去中心化"完全可以用现在的电子现金技术实现,每个人用唯一的电子钱包,电子钱包就可以在数学上证明谁多谁少、增减情况。所以,比特币"去中心化"不可替代的设计,就在于货币创造的去中心,它可能来源于对当代央行货币创造利益分配机制和权力的不满。

比特币虽然提出了一个看似比较"公平"的分配机制,但却搭配了一个糟糕的数值设计:到2023—2024年时每年新增的比特币最多只有现有比特币的1.5%左右,以后每4年还会继续减半。稍有货币常识的人都会看出,如果比特币真的承担了现实经济的交易媒介作用,而现实经济又正常发展的话,比特币的供应增速就会远远不够。

因此,目前的"挖矿"就货币供应而言只是一种聊胜于无的行为。从经济意义上说,真要让比特币发挥一点货币的职能,就应当修正比特币的协议,增加比特币新区块中的比特币数量;甚至完全可以通过白皮书约定,在每个区块内随机分配一定比特币给随机地址,或者每个比特币节点创建时随机领取少量比特币,这些做法都能向比特币体系内注入一定数量的货币,不需要煞有介事地去"挖",而且还能避免后续所说的激励异化问题。然而,在比特币"挖矿"已经形成庞大的产业利益链的情况下,这也只能是"思考"而已。

(三) 激励的异化

比特币的初始设计思路是:每个节点稍微投入一些计算能力用于计算,节点的计算能力基本相等,近似实现"一点一票",只要投入计算的节点多了,自然能达到"工作量证明"所期待的安全性;但在给出了"挖矿"的激励方案后,情况发生了变化,我们不妨用一个简单的例子来说明。

假设在比特币网络中有 100 个节点,初始情况是每个节点的算力是 1 KH/s,每个节点在 10 分钟内有 1% 的概率计算出新区块,并获得新区块奖励,即"挖到矿";此时,有一个节点突然多投入了一些算力,把算力提升到 10 KH/s,那么,这个节点获得新区块的概率就变成了 $10/109 = 9.17\%$,而其他节点获得新区块的概率就从 1% 下降到 $1/109 = 0.92\%$。由于计算难度动态调整的缘故,节点提高算力,多数时候都并不会让它更快地得到区块①,但能让它有更高的概率获得区块,从其他所有人手中"抢"奖励。如果一个节点提高了算力,等其他节点慢慢反应过来后,它们应对的办法只能是同样提高算力,把被"抢"的可能性再"抢"回来。

在比特币发展的早期,"抢"比特币的只是那些业余爱好比特币的节点;随着比特币价格的上涨,一些人发现,就算不认同、不使用比特币交易,但只要在比特币网络中投入较大算力,就有较大的机会获得比特币,变现后可以获得收益。所以,大量算力纯粹为了"挖矿"而加入了比特币网络。

然而,算力的提高既不会让比特币网络变得更安全(甚至还更差了一些,因为最后可能出现算力的寡头),也不会让比特币网络单位时间内支持的交易增加(因为区块规模和出块时间限定),甚至连单位时间内挖出的币都没有增加(因为挖矿难度随算力动态调整),用近年流行的话说,算力的提高是纯粹的"内卷"。"挖矿"这个原本用来激励节点参与计算的措施,因为错误地设置了激励方向(想要激励的是好好记账,但获得奖励的标准却和记账质量无关),最后不但没有改善比特币的交易质量,还大幅恶化了比特币的整体形象。

> **案例和拓展 4-4**
>
> ### 比特币"挖矿"的发展历程和一些有趣现象
>
> 在比特币设计之初,Hash 计算是交给计算机的 CPU 的,投入计算的都是一般的家用计算机,提升算力本身需要线性的成本投入。但是,计算 Hash 时,每一次计算的结果都不依赖于前一次计算,而且计算流程本身没有条件分支,所以,它是一种非常适合并行化的操作。在当代计算机硬件中,显卡的图形处理器(GPU)有大量的并行处理单元,稍加编程,就能完成大量 Hash 计算,相对于 CPU 来说,算力是数量级的差别,成本却只是一两倍的增加,而且显卡本身是现有产品,便于采购,所以,很快显卡挖矿就成为比特币"挖矿"的主流,时间约在 2010 年后。
>
> 到了 2013 年左右,比特币的价格继续上升,一部分专业人员使用现场可编程逻辑门阵列(FPGA,一种半定制的集成电路),制造了"除了'挖矿'什么都不能干"的专业"矿机",成本功效比远优于显卡;再到后来,专业"矿机"改为使用完全定制的专用集成电路(ASIC),成本功效比又上了一个台阶,非专用设备"挖矿"已经完全无法和专用设备相比了,显卡退出了比特币"挖矿"的舞台②。在 2009 年刚开始时,比特币全网用 CPU 的算力大约是 10 MH/s;2010—2012 年,显卡"挖矿"为主,专业"矿机"尚未大

---

① 在难度动态调整前,这个节点获得区块的速度也会略为提高,但下一次难度调整后,速度又会恢复到 10 分钟出一个区块。
② 后来还有很多虚拟货币,如以太坊(ETH)采用了其他更复杂的验证算法,无法使用 ASIC 实现,只能用显卡来"挖矿",在 ETH 价格高峰期间,家用显卡价格曾经上涨了一倍以上,一卡难求。

量进入,2012年年末的总算力大约是20 TH/s(3年,200万倍);2013年后专业"矿机"大批入场后,到2015年年末,总算力约为700 PH/s(3年,3.5万倍);从2016年到2018年年末,全网总算力达到40 EH/s(3年,600倍左右),此后逐渐线性增长,到2023年11月时,全网总算力变成466 EH/s左右(5年不到,10倍左右)。

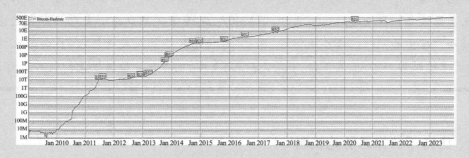

图4-3 比特币全网算力演变(2009—2023年11月)
来源:https://bitinfocharts.com/comparison/bitcoin-hashrate.html
说明:坐标轴为对数,取7天移动平均值。

"挖矿"进入专业"矿机"时代后,出现了几个有趣的现象。首先,是"矿机"的迅速迭代。早期的"矿机"制造商的资金并不充足,往往采用"矿机"预售的方式,先收"矿机"的钱,然后制造"矿机",造好后先自己挖一阵,等到"矿机"技术相对落后的时候才发货,而自己准备下一代"矿机",但这种模式可能会出现资金链断裂等问题,我国最早开发矿机的"烤猫"(蒋信予)在2014年就失联了,至今仍下落不明。到后期,"矿机"制造商积累了较多的资金,研发走向正规,制造技术迭代稳定,为了高能效比,还要争取使用台积电的先进制程。我国出现了比特大陆、嘉楠耘智等"矿机"制造公司,垄断了大量算力产能,随着近年来人工智能算力需求的增加,这些公司还在尝试从"挖矿"专用芯片向人工智能芯片转型(都是大规模并行运算)。

其次,是"矿工"从单干变成了组团。因为单一"矿工"拥有的算力占全网算力的比例较小,导致"矿工"的收益极不稳定。为了使收益平均化,"矿工"们可以连接到一种叫"矿池"的特殊服务器。连上"矿池"的任何一个"矿工"挖到一个区块,该"矿池"上的所有"矿工"都可以按算力贡献比例分得奖励,从而降低了"挖矿"的收益波动。当然,"矿池"也会收取比例并不高的手续费。零散"矿工"甚至不需要直接购买"矿机",而是直接付款给"矿池"服务商,租用"矿池"服务商的算力,按租用算力占"矿池"总算力的比例获得"挖矿"回报。我国的大"矿池"最高曾经占据全球过半的比特币算力。

最后,随着"矿池"的规模扩大、硬件同质化,"挖矿"成为一个"成熟"行业,币价和算力涨跌、比特币成本同步变化。当比特币币价上升时,为了获得1单位比特币,值得付出更多的算力和能耗,就会有新的算力进入网络,直到"挖矿"的边际成本上涨到币价,而比特币币价下跌时,算力又会自动退出(那些相对过时的算力设备会更主动地退出),"挖矿"的边际成本也随之下跌①。另一方面,在币价相对稳定、硬件同质化的情况下,获得单位比特币所需的算力和能耗是基本相同的,要在经济上合算,就需要追逐便宜的电力,譬如在我国,比特币"矿场"会在西南地区丰水季迁往西南,包下一个小水电站的电力(这个小水电站电力上全国电网的成本较高,不如直接卖掉),而当丰水季过后,又会像候鸟一样迁徙到我国北方,购买风电或者煤矿井口的小火电。当我国宣布"碳达峰""碳中和"目标后,各地都对"挖矿"这种高耗能行业展开治理,我国的比特币算力迅速迁移到加拿大、俄罗斯、哈萨克斯坦、美国、瑞典等能够提供廉价电力的国家。

六、比特币的作恶防范机制

(一)"双花"问题及其解决思路

比特币网络作为分布式系统,天然就存在着数据同步的难点。在金融领域,数据不同步通常会带来"双花"问题,即把一笔钱"花两次"。一个最简化的例子是:A 原来有 100 元货币,A 同时向分布式节点 1 和节点 2 各发送一条信息,在节点 1,要求 A 向 B 付 100 元,在节点 2,要求 A 向 C 付 100 元。节点 1 和节点 2 刚收到消息的时候,A 账面上确实有 100 元,所以,节点 1 和节点 2 分别告知 B 和 C 支付成功,并各自给 A 减掉 100 元,给 B 和 C 加上 100 元;但节点 1 和节点 2 同步后却发现,A 把同一个 100 用了两次,这两笔交易明显不能同时存在,然而,B 和 C 都已经按照"支付成功"的提示将 A 要的东西给 A 了,这就出问题了。显然,在这个例子里面,只要节点 1 和节点 2 不马上告知 B 和 C 支付成功,等到数据同步完成后再告知最终结果(可以是一笔成功一笔失败,也可以是两笔都失败,视策略而定)就可以了,当然,这会降低 B 和 C 的收款体验。

(二)比特币的"双花"和"51%算力攻击"

在比特币网络里面,"双花"同样是因为信息不同步造成的。比特币网络中,区块链可能产生分叉,每个分叉就相当于一个不同的账本,跟随不同分叉的节点,就会产生查账的同步问题。比特币对此问题的解决思路是:等到分叉之间决出胜负,分叉消除,问题自然解决②。但在比特币的"竞争式记账"和分叉胜负判定规则下,仍然可能会有一些意外发生,在

---

① 读者可以自行思考这个说法是否正确:"目前要获得 1 BTC 的成本约为 20 000 美元,比特币的价格不能脱离成本太多,不可能明显跌破 20 000 美元。"

② 要从正面完备地讨论这个问题,会产生大量冗长的分支讨论,逻辑简单但重复较多,相当无趣。本书原来尽量精简地写了 900 多个字介绍,还没写清楚,即使都算理解了,也仍有漏洞——所以就直接从漏洞开始说了。

这里用一个反例说明：

假定现在的比特币区块链已有 100 个区块，从 B_1 到 B_{100}。在这个区块链账本中，地址 ADDa 有 10 000 BTC。这个地址的拥有者 A 有较强的计算能力，预先计算出了 B_{100} 后的若干个区块 B_{101}'、B_{102}'……（比特币的区块只要满足 Hash 值条件即为合法，对区块内实际记载的记录没有特别要求，不需要真的包含网上传来的交易信息，所以，A 完全可以在区块里面预先填充大量自己持有地址之间的转账指令，从而得到确定的区块内容 X，便于尝试算 Hash 值，这种预先算出来的凑数区块用撇号表示区别）。

A 计算完那些凑数的区块后，就跟用户 X 商定了一笔购买比特币的交易：A 支付 10 000 BTC 给 X，即"ADDa－10 000，ADDx＋10 000"，X 向 A 的银行账户转账。显然，X 是"不见兔子不撒鹰"的，他得看到 A 真的支付了 10 000 BTC 才会在银行转账。现在，X 看到"ADDa－10 000，ADDx＋10 000"被记入最新产生的 B_{101} 区块内，然后后面又跟上了 B_{102}～B_{105} 区块，觉得没啥问题了（5 个区块确认），就向 A 的银行账户支付了款项。

然而，比特币的记账不是一次成功就永远不变的。等到 A 银行账户收款后，他就会将自己预先算好的 B_{101}'、B_{102}' 等区块一次性放出，一直放到 B_{110}' 区块，这样，这条 B_{100} 后全是凑数区块的链就比 B_{100}～B_{105} 的链长了 5 个区块，在竞争中获得了胜利，所有节点都改为跟在 B_{110}' 后面继续计算①。显然，从 B_{101}' 到 B_{110}'，这些区块里面是没有"ADDa－10 000，ADDx＋10 000"这条指令的，所以，现在的账本里 ADDa 仍然有 10 000 BTC，A 的银行账户里多了卖 10 000 BTC 的现金，X 则一无所有。这就是一笔在比特币体系内的"双花"。

和一般的分布式系统相比，比特币的"双花"有几个明显的特点（继续以上例为基础讨论）：

（1）要实现"双花"，需要非常强大的算力。如前所述，比特币节点会根据当前全网的算力定期调整计算难度，A 的算力要比所有其他节点的算力之和还要强，譬如，算力超过全网算力之和的 51%，才能赶在其他诚实的节点之前提前生成多个区块②。正是因为算力要求，所以，比特币"双花"也被称为"51%算力攻击"。

（2）"51%算力攻击"一旦成功，就是无法抗拒的，甚至无法预防。一般分布式系统总有权威的管理者（服务器），根据数据内容（如到达分布式节点的时间戳）来决定同步的数据谁覆盖谁，只要愿意等待同步，总能获得正确的结果；但在比特币这种"工作量证明"规则下，不同的内容胜负的依据并不是内容本身，而纯粹是内容所在的链的长度，而链的长度又取决于算力，在"坏人"掌握较多算力的情况下，再多等几个区块确认也无法改变结局，总会被战胜。

---

① 严格地说，B_{101}'～B_{110}' 这些充数的区块，不需要在交易开始时就都算出来，只要在其他节点计算出 B_{101}～B_{105} 的时间内算出 B_{101}'～B_{110}' 就够了。

② 因为充数的区块本身不需要包含现实交易，所以，计算这些区块的算力也可以先不联网。如果一个人拥有全网 51% 的算力但不联网，被用于估算算力的只剩 49% 算力，计算难度就被设定为这 49% 的算力每 10 分钟出一个区块，在此难度下，51% 算力的人就可以基本上确保总是领先了。

(3) "51%算力攻击"会带来比特币信任的崩溃。当"51%算力攻击"发生时,比特币的历史仿佛在这里回溯到了过去,在 B_{100} 后,进入一个 $B_{101'}\sim B_{110'}$ 的"平行宇宙"。被抹去的不只是"ADDa－10 000,ADDx＋10 000"这条目标指令,而且和目标指令记录在 B_{101} 里的其他指令,以及 $B_{102}\sim B_{105}$ 中的所有指令,都在 $B_{101'}\sim B_{110'}$ 替代 $B_{101}\sim B_{105}$ 的过程中被全部抹去了,很快,就会没有任何节点保留这些记录。A 并不想针对这些和 A 无关的记录,但它们就这样顺带消失了,"消灭你,与你无关"。现有的比特币用户都会感到危机重重,担心会不会下一次也被无差别地伤害到,所以会选择用脚投票,赶紧将比特币卖出,换成不会被攻击的其他资产,比特币价格将会崩盘。

(4) 因为上述几个特点,所以,在理性的情况下"51%算力攻击"不会发生。在比特币网络达到一定规模后,要获得全网 51%以上的算力本身不容易,如果有这么多算力,往往是比特币的重仓持有者,一旦比特币信任崩溃,他用"双花"方式保留下来的那些比特币的价值也将归零,那和现在老实付给别人又有什么区别呢? 而且,如果交易量足够大的话,势必涉及比特币体系之外的银行或者其他方式的大额交易,会引发社会注意,不一定能顺畅实现。所以,从理性的角度来说,一个持有 51%算力的节点应该做的事情是利用这么高的算力多"挖矿",而不是搞"双花"这样的一锤子买卖。

(5) 就个人来说,为了以防万一,在一方付比特币、另一方通过其他渠道(如银行)支付时,仍然应该等到较多区块确认后再履行交易。因为就算"坏人"没有 51%以上的算力,无法彻底重写较长的账本,但它仍然可能因为运气好而囤一两个区块,如果"好人"看到一个区块记录就发货,"坏人"就可以用囤的区块代替有付款记录的区块,改写小段历史。在"坏人"算力不到 51%的情况下,多等几个区块确认还是有用的,等等总是没坏处。

案例和拓展 4-5

51%算力攻击、"矿池"的默契和其他

51%算力攻击仿佛是 POW 型虚拟货币的达摩克利斯之剑,参与者都知道这个东西的存在,并默默地回避它。在比特币"挖矿"的早中期,因为"矿机"换代速度较快,在某些时间点,较快更新"矿机"的"矿池"的算力可能会接近甚至超过全网的 51%,这时候这些"矿池"就会默契地主动减少算力,避免让其他用户产生警惕。到现在,比特币的算力非常庞大,但中国作为"矿机"的主要生产国,厂商控制的算力也很大,以比特大陆为代表的一些大"矿池",持有的算力也一度超过 51%,目前仍有 30%以上。如之前推理所述,比特币并未遭遇过 51%算力攻击。

然而,"矿机"的硬件和算法有一定的通用性,大"矿池"如果从比特币"挖矿"算力中调拨一部分改挖其他币,那就是"拔一根寒毛比咱们腰还粗"的情形了。譬如,2018

年11月,在"比特币现金"(BCH)分叉大战时,中国的比特大陆"矿池"就突然将算力调度到BCH的某个分叉,空降的算力比当时的BCH全网算力还要高。按理说,此事过后,人们应该对BCH这种算法通用币存有戒心了(并不是有"坏人",而是摆在面上的算力"阳谋"),然而,BCH也仍然有人继续购买,仿佛装作不知道,外在的威胁就不存在了。

不仅如此,在过去一些年,很多"山寨币"(仿照比特币的虚拟货币)都曾经遭遇过51%算力攻击,如以太坊经典、比特币黄金、verge、vertcoin等,其中,verge币在2021年2月遭遇51%攻击,大约200天的交易记录被抹去,560 000个区块重组,仅就影响时长而言,是整个虚拟货币历史上最大的攻击。有点讽刺意义的是,这些受到过51%算力攻击的"山寨币",其价值并未如理性猜测的那样清零,而是继续保持一定水平(虽然不高)。原因在于,这些"山寨币"的市场和算力都被高度控盘,其价格来源于少数人的炒作,本身跟"去中心化"已经没啥关系了。

当出现了51%算力攻击或存在被攻击可能后,本该崩溃却未崩溃的案例,在旁观者看来,其实是在一次次地削弱整个虚拟货币的理性基础,使之越来越像是一个小圈子里面的玩具。

第三节 | 比特币的货币职能分析

本节从货币职能的角度分析比特币是否适合扮演"货币"的角色。回顾金融学经典知识,货币的职能包括价值尺度、交易媒介、储藏手段、支付手段和国际货币;价值尺度和交易媒介职能主要用于商品服务交易,储藏、支付、国际货币等职能主要体现为金融角度的用途。所以,本节主要讨论三个方面的问题:比特币作为价值尺度是否合格;比特币作为交易媒介是否合格;比特币能否依托其周边体系支持常见的金融活动。最后思考一下比特币"去中心化"的演变现状。

一、作为价值尺度的比特币

作为价值尺度的货币最直观的所见就是每件商品都用这个货币来标价。显然,只要商品销售者愿意收比特币,就可以标出购买每件商品所需的比特币数量,但这是不是价值尺度呢?并不是,货币要成为价值尺度,需要用该货币标的价格相对稳定,而不是依托某个固定数量的其他货币时刻调整①。在大多数现实交易中,价格以交易收付的货币计,都是比较稳定的;货币不充当价值尺度的典型反例,是国际贸易中的一篮子货币保值条款②。

目前,包括微软在线商店、特斯拉、Home Depot(美国的家装建材销售巨头)、星巴克、麦当劳、必胜客等商家,都声称或曾经声称自己支持比特币支付,但它们实际做的事情,不是直接用比特币给自己的商品或服务标价,而是通过各种比特币交易平台,根据比特币实时汇率,自动地将商品、服务或充值卡的法币价格(固定)转化为当时对应的比特币数量(可变),并要求限时支付比特币。显然,在这个过程中,商家并没有真的把比特币当作商品价值的尺度,而只把它视作传递法币价值的支付工具,商品的价值仍然是由法币计量的③。

虽然"限时支付"这个要求已经减少了因为比特币价格波动而给商家带来收入法币数量波动(譬如,在 15 分钟内支付,收款方所承受的至多只是 15 分钟内的比特币汇率变动幅度),但在比特币价格波动剧烈的时段内,商家仍然不能接受这样的风险,会暂时或永久停止接受比特币支付。譬如,某知名软件在线商店在 2014 年就引入了比特币支付,但在 2018 年比特币价格波动较大的时候暂停了比特币支付;某知名车企在 2021 年 3 月宣布可以接受比特币支付,还声称不会把用户用于购车的比特币转换为法币④,但在 2021 年 5 月又停止了比特币支付,而在 2022 年第二季度的财务报表中,承认该公司已出售了其原持有的 75% 的比特币。

二、作为交易媒介的比特币

所谓交易媒介,就是在交易时真的有这个货币的收付,收到货币的人,真的能自由地多边使用这个货币。在多数情况下,计价货币(价值尺度)同时就是交易媒介,现实生活中的典型反例则是国际贸易中的记账外汇方案⑤。

---

① 当然,在跨国交易中,随着汇率变化,交易价格的调整也是正常的,譬如,当日元大幅贬值时,iPhone 在日本的官方售价就会上调,但这种调整的频率较低,不是随着汇率变化自动调整的。
② 一篮子货币保值,就是一份国际贸易合同,虽然约定收 x 美元,但按照合同签订时的汇率,记录下此时的 x 美元=a 美元+b 英镑+c 欧元(一个货币篮子),等到合同实际结算时,根据汇率变化,将 a 美元+b 英镑+c 欧元折算为 y 美元,实际收 y 美元,这样就保证结算时收的美元和订约时约定的美元能买到同等数量的一篮子货币;这个合同里面的美元只是交易的媒介,交易实际的价格是 a 美元+b 英镑+c 欧元这一篮子货币,一篮子货币就是价值尺度。
③ 在多数情况下,商家并不会真的收取并持有比特币,而是通过合作的比特币交易平台,直接将比特币兑换为法币,从交易平台提取法币。
④ 有趣的是,当时该车企声明,当用户使用比特币支付时,按照汽车的美元价格和当时的比特币汇率,计算出当时需要支付的比特币,而当用户要求退款时,车企可以选择返还用户当时支付的比特币,或当时汽车的美元价格,用户只能接受。也就是说,如果用比特币支付,退款时,比特币如果涨了,客户可能就会收到美元,享受不到比特币涨的好处;比特币如果跌了,客户可能就会收到比特币,承担比特币跌的损失。
⑤ 譬如,原苏联经常在其主导的国际贸易中采用记账方式:两国用第三国的货币(如瑞士法郎)对进出口商品计价,但出超国不向入超国实际收取瑞士法郎,而只是记录出超数额,待未来入超国增加出口来偿还,出超国无法在和第三国的贸易中使用这些瑞士法郎。在这里,瑞士法郎是进出口商品的价值尺度,却不是支付媒介(因为并没有真正支付),本质上这个交易是易货交易。

一般来说,一个货币被当作价值尺度却不作为交易媒介的原因,要么是货币数量太少,要么是货币收付受外部约束和管制。如前所述,比特币数量早已限死,而且新增数量极少,从根本上说,通货紧缩的威胁是最严重的,自不必说;在货币收付管制方面,纯比特币支付因其匿名特性基本上不存在管制可能。本书着重讨论的是,比特币目前作为交易媒介的直接问题是记账效率太差。

(一) 比特币的交易数量和速度

在比特币的原始设计中,交易需要记录在区块里才有效,而每个区块的容量上限为 1 M 字节,一条交易包含收付地址和签名信息等,有数百个字节,所以,一个区块理论上只能容纳几千条交易;按照每 10 分钟(600 秒)左右产生一个区块的速度,比特币的理论每秒交易量(TPS)只有个位数。图 4-4 展示了 2010 年以来全网每日交易笔数的演变。和图 4-2、图 4-3 的对数坐标不同,图 4-4 的坐标未经任何缩放调整,可以明显地看到,虽然比特币的价格和"挖矿"算力都有指数式的上升,但比特币交易笔数只有线性增长,且存在每天 40 万笔左右的上限。以 2023 年 11 月 4 日为例,24 小时内,比特币全网的交易笔数为 45.5 万笔,除以每天的 8.64 万秒,TPS 为 5.26。

比特币的交易记录数限制是比特币交易速度的瓶颈。在比特币交易的高峰期(同时也是比特币价格波动较大的时段),如 2017 年,一笔交易可能需要等待 24 小时以上才能记入区块链。由于分布式计算和"工作量证明"机制,比特币网络的交易需要等待产生几个后继区块产生后才能真正确认,即一笔交易即便被加入区块,也要数十分钟后才能确认成功。这对于那些声称支持比特币支付的商家来说,都是不可接受的①。

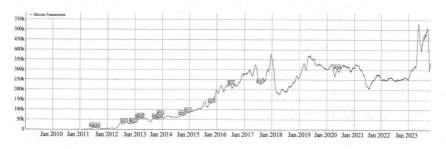

图 4-4 比特币日均交易指令数(2009—2023 年 11 月)

来源:https://bitinfocharts.com/comparison/transactions-BTC-sma7.html

说明:取 30 天移动平均值。

相比之下,如本书第三章所述,我国网联作为清算机构,支持清算的 TPS 超过 10 万,支付宝、财付通这样的大型第三方支付机构,收单的 TPS 都是数万,各家大银行账务处理的

---

① 如前所述,这些商家只是按照实时汇率给出所需支付的比特币金额,但如果支付确认晚了,要求的支付金额就会失效,商家会认为交易不可行。如果最后客户的比特币真没付上,那也就算了,顶多就是交易彻底取消;如果客户的比特币到了商家那里,但时间晚了,商家不承认,再要退款就得扯皮了。

TPS 达到数千,而且这些交易在体验上均可以视为实时记录,这才是货币真正用于商品、服务交易时所需要的处理速度。因为比特币单价较高,价格波动又大,并不实际作为价值尺度,所以现实交易中,必须用比特币支付的业务不多,比特币主要用在匿名交易、虚拟货币投资等相对小众的支付目的上,记账效率低的问题,露出的只是冰山一角。

有趣的是,虽然比特币因为区块容量限制能支持的 TPS 有限,但这样的区块限制也都没有用满。譬如,2022 年一整年,比特币区块的平均大小都在 600 K 到 700 K 字节,比 2021 年的 800 K 左右的区块还小了一些。这也从侧面说明,使用比特币的人早就放弃了日常商品交易这个用途,当比特币价格行情不佳时,所需的比特币交易量也就不大了。

案例和拓展 4-6

改进比特币记账效率的思路

为解决比特币区块太小、容纳交易有限的缺陷,人们提出过两个方向的解决思路:一个是精简区块记录的内容;另一个是扩大区块规模。

精简区块记录内容的典型思路,是隔离见证(Segregated Witness,或缩写成 Segwit)。隔离见证就是往比特币主链区块中填写交易记录时,只填写交易的收付地址、数量等交易信息,而将交易签名等非交易信息(所谓的见证)存放到另一个侧链中,把主链区块的空间留给更关键的收付信息。该思路的逻辑是,反正交易被节点记入区块的时候,就已经验证过签名和可行性了,而主链查账的目的主要是查找出每个地址的交易记录和余额,就没必要把很少会重新用到的非交易信息放到空间宝贵的主链区块里。对隔离见证的反对主要是思辨层面上的,因为这样做了之后,比特币区块链主链就是"不完整"的了,无法只通过一条主链回溯出所有交易的可行性和结果,而且,既然交易的签名可以放到侧链上,会不会以后侧链上承载更多的功能,喧宾夺主,产生比特币功能的分裂。

扩大区块规模的思路很简单,就是把比特币原有的 1 M 区块扩大到 2 M、4 M 等更大的规模(具体大小,各方案不同),记录的内容不变,从而直接解决区块空间不足的问题。这个思路的不足,在于区块扩大后,计算区块 Hash 值所需的计算量也会上升,而且对网络交易传输速度的要求也比较高(在 10 分钟内需要接收到能填满更多空间的交易)。

在比特币交易最繁忙的 2017 年,比特币改革被提到了日程上,当时,支持 Segwit 方案和支持扩大区块方案的各有一批节点,前者算力更多一些。2017 年 8 月 1 日,支持扩大区块方案的节点,在比特币主链 478558 号区块后计算出了第一个新的大区块;支持 Segwit 方案的节点则继续挖 1 M 容量上限的区块,只是它们可以选择是否将非交易信息挪到侧链上。

因为在算力上支持 Segwit 方案的节点较多，在兼容性上，大容量的新区块又与原有的比特币节点软件不兼容。所以，比特币在 478558 号区块后，出现了硬分叉（hard fork）：支持 Segwit 方案的节点计算的链条，仍然为比特币主链，上面各地址记录的数字被视作各地址拥有的比特币数；支持大容量区块的那些节点计算的链上货币被称作比特币现金（BitcoinCash，简称 BCC），这条链上各地址记录的数字被视作各地址拥有的比特币现金数。

可能是因为利益博弈和"产生新币"的目的，比特币、比特币现金等链后来又经历了多次分叉，譬如比特币又分叉出了比特币黄金，比特币现金自己又分叉成了比特币现金、比特币现金原链、比特币 SV 等。

有趣的是，因为 BTC 和 BCC 链在 478558 号区块前的内容是一致的，而且每个地址的加密方法也没有改变，所以，如果一个 BTC 用户持有 ADDa 地址的私钥，分叉前在该地址拥有 100 BTC，分叉后，在 BCH 账本上，ADDa 这个地址也会有 100 单位的 BCC，且动用该地址所需的私钥也一样。也就是说，比特币分叉后，所有原来拥有 BTC 的人会自然地获得相同数量的 BCC。

如果这种"送"的事情发生在证券市场（类似于送股），稍有常识的人就会想到，证券的价格会在"送"的当天直接下降（除权），但在虚拟货币市场上，2017 年 8 月 1 日，BCC 出现时的售价为 175 美元，而在此之前和在此之后，BTC 的售价均保持在 2 700 美元左右，并没有下降，BTC 的持有者等于额外拿到了一笔钱，这从侧面反映了虚拟货币市场的非理性。另一个略有讽刺意义的现实是，比特币分叉后，比特币实际产生的平均区块大小和之前相比没有明显变化，一直没有超过 1 M，扩容的协议约束虽然移除了，却没有真正扩容。

（二）比特币的交易费用

在比特币单位时间记录数有限的情况下，为了让比特币节点优先将交易指令纳入区块，提交指令的客户会给节点额外付一些交易费，这是节点在"挖矿"之外的另一部分收入。图 4-5 展示了交易费占节点收入的比例演变，在交易拥挤的时段（可对照图 4-4），如 2018 年年初时，交易费占节点收入的比例可以高达 28%；在交易不拥挤的多数时间，交易费占节点收入比例为 2% 左右。

如果观察单笔交易，以 2023 年 11 月 4 日为例，单笔平均交易费用为 2.08 美元，单笔平均交易价格为 7 800 美元，交易费占交易价格的 0.02% 左右，这个水平很低；如果改为观察中位数，则该时刻的单笔交易费用中位数为 0.9 美元，单笔交易价格的中位数为 240 美元，交易费占比提高到约 0.38%，这和国际上常见的网络支付费率、银行卡支付费率相比仍然不算高。然而，交易费在比特币的初始设计中并不是强制的，现在却成为支付惯例，甚至在交易并不算拥挤、区块都没装满的情况下仍然需要付费，这多少有点令人介怀。

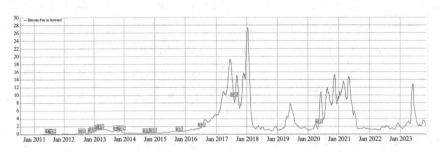

图 4-5　比特币交易费用占节点收入的比例(2009—2023 年 11 月)
来源：https://bitinfocharts.com/comparison/fee_to_reward-btc-sma30.html#alltime
说明：取 30 天移动平均值。

案例和拓展 4-7

全社会意义上的比特币"交易成本"

比特币网络的运行成本远远不止交易者向节点缴纳的那些交易费。在比特币的初始设计上，因为每个节点都只是适当地投入一点点闲置算力计算区块，所以比特币体系运行的成本并不高。但因为"挖矿"的"内卷"，大量算力进入比特币网络，带来了高能耗，记的却是同样数量的账，它们消耗的电力成本都应该视作比特币网络的"交易费用"。2022 年，比特币网络的年耗电量约为 1 000 亿千瓦时，相当于荷兰、巴基斯坦、哈萨克斯坦这类国家的年耗电量。比特币网络每天大约 30 万笔交易，1 年交易量约 1 亿笔，每笔交易耗电量约为 1 000 千瓦时，按我国民用电来算得好几百元人民币——当然，比特币"挖矿"节点用的电要比民用零售电便宜很多，但几十元人民币总是逃不过的；除此之外，迭代较快的比特币"矿机"也有大量的折旧成本。

目前，比特币节点通过耗电，每年能"挖"到约 $6.25 \times 144 \times 365 = 328\,500$ 个比特币，单个比特币的能耗约为 30 万千瓦时，而售价可以到 1.5 万—2 万美元，在能获得廉价电力的情况下，节点仍然是"合算"的，所以，能耗成本和设备折旧的成本都不会要比特币交易的提交者直接支付。可以理解为，全球比特币的大量买家在用真金白银支撑比特币的价格，间接地为比特币网络的运行成本买单。

然而，交易者不需要付钱，并不意味着交易成本就不存在了。比特币交易、购买电、设备，这些只是人和人之间的资金转手，但电能、生产"挖矿"设备的芯片产能都有比特币之外的大量其他用途，它们被比特币网络占用了，对全社会来说就是一部分资源耗散了——更重要的是，因为法币及其支付系统的存在，不使用比特币，也足以高效地完成所有合法的经济交易。所以，对全社会而言，比特币网络的所有运行成本都是徒增的，都应该算作比特币的"交易成本"。

(三) 使用比特币作为交易媒介的特定场景

由于比特币交易的匿名性，在一些需要隐藏交易身份的特定场景下会使用比特币。譬如，贩毒、军火买卖等典型违法交易、"暗网"里的灰色隐私数据交易（如网站注册用户的个人身份信息、联系方式等数据）、病毒勒索（如 2017 年的 WannaCry 病毒在加密感染者本地文件后，会要求感染者向某个比特币地址支付一定数量的比特币，以获得本地文件的解密密钥）等。

虚拟货币在匿名交易方面的效果是无法替代的，比特币作为目前市场最大、流动性最好的虚拟货币，成为匿名交易的首选币种。把古典的货币数量论略作调整，可以得到"一段时间内匿名交易的美元价值总量＝比特币价格×在匿名交易领域流通的比特币数量×比特币的流通速度"，所以，只要匿名交易以比特币为主流，且匿名交易长期存在，比特币的价格就很难重新跌到极低的水平，这意外地成为比特币价格的"压舱石"。

三、比特币及其体系下的金融活动

当前现实世界的金融活动，可以按是否存在信用中介分为间接金融活动和直接金融活动。间接金融活动以银行存贷款为代表，直接金融活动以股票、债券等金融产品的发行、交易为代表。目前的间接金融活动和直接金融活动使用的基本上都是法定货币，如果大家都使用比特币，能否在比特币网络和周边支持环境下照常开展金融活动呢？

首先看间接金融活动。当代的间接金融活动依托商业银行，资金供给者将法币交给商业银行，银行持有准备金，并以记账方式为资金需求者提供贷款。在商业银行存贷款活动中，有一本全社会的账，是"现金＋准备金"，也就是基础货币的账，这笔账的总量外生由央行决定，可以类比为比特币的总量；现金在谁手里，完全看谁能拿出现金来，准备金在谁手里，看央行怎么记录，这两点在比特币账本中都可以实现（银行有多少比特币、其他人有多少比特币）。然而，每家商业银行自己也有一本账，记录了每个客户在本行的存款、贷款规模，这本账在比特币账本中是没法记的，不是因为账本容量不够，而是因为这个账必须是大家"信任"的银行这样的"中心"记了，且这个中心拥有与众不同的地位才有用，才能基于这本账开展间接金融活动，而"信任中心"是比特币"去中心化"设计思路所排斥的东西。

当然，如果铁了心放弃"去中心化"和比特币的全部机制，只保留其"资产"属性，认可"向银行指定地址转一定数量比特币后，银行承认对我负债"、"在承认我对银行负债的情况下，获得要求银行向某指定地址转一定数量比特币的权利"、"银行在自身持有较少比特币的情况下，承诺可以支付给客户较多比特币"、"银行承认的比特币支付请求权，视作是客户自己持有的比特币，可以被他人接受"这些行为①，也可以说比特币能开展银行金融活动，但这就过于刻意了。

---

① 建议读者自己思考这四点内容相当于商业银行的什么活动。

再看直接金融活动。直接金融无非就是一方付钱、一方给出金融活动的凭证。如果使用比特币作为"钱",支付本身问题不大;但金融凭证的产权认定当前多数是通过中心化的方式记录的,少数不完全依赖于中心(可流通的证券由证券登记机构记录,不可流通的股权依靠企业工商注册登记,民间借贷活动有合同,不需要中心化记录,但往往依靠银行交易记录来佐证)。因为比特币区块里面的记录只有地址资金来去,没有产权记录,所以,如果追求纯粹的"去中心",比特币系统不能独立完成直接金融活动,但可以另外搞一条区块链来记录产权来去,(后文的"'去中心化'金融"解决的就是比特币功能单一的问题);如果对"去中心化"没有那么强的执念,用比特币支付,配合现有的产权记录也能实现直接金融。

四、比特币"去中心化"的现状

虽然比特币一直以"去中心化"自诩,在原始的制度设计上也确实做到了"去中心化",但随着比特币网络的持续运行,尤其是比特币价格的暴涨,在实践中,比特币"去中心化"的初心也在逐渐变色。

首先,比特币网络的实际拓扑架构已经不是"去中心"的了。在点对点架构设计下,全功能的比特币节点需要下载并存储主链的"总账本",由此知道每个地址的比特币数量,并直接尝试给全网记账。到 2023 年年初,比特币的区块总容量已经接近 500 GB,非常庞大,而且个人用户除了查账之外,也不可能用比特币节点记账(根本竞争不过专业矿池)。因此,人们主要依靠一类被称作"轻钱包"的程序来使用比特币。"轻钱包"只存储管理用户自己的地址私钥,对地址余额的查询同步依赖于比特币节点上的其他全功能节点,如果要发生交易,也是直接将交易请求发送到全功能节点,自己不尝试记录——"轻钱包"发出请求,全功能节点响应请求,发回反馈,这本质上就是客户端/服务器架构的关系,比特币全网目前的数千个全功能节点相当于服务器,成为比特币网络中的若干个"中心"。

其次,在支付环节,比特币大量的支付交易已经半中心化甚至全中心化了。比特币原生设计的点对点支付,存在手续费较高、记账拥堵、确认较慢等问题,随着交易所及其配套软件的完善,客户将自己的比特币一次性汇入交易所的地址,建立交易所余额,在需要支付的时候,将支付请求发给交易所,交易所收集若干个客户的支付请求,向比特币网络发送"1个地址(交易所自己的地址)付,若干个地址收"的批量指令(半中心化的交易);甚至,收款对象和付款对象可以都在交易所开立账户,交易时,直接在交易所账户内收付比特币(全中心化的交易),只有充值和提款时,才涉及自己的地址和交易所地址之间真正上的区块链交易。这样做能够相对节约手续费,减少比特币的记账拥堵,交易双方对交易所的信任程度较高,也愿意较早确认交易,支付体验较好。

最后,在记账环节,比特币的记账已经实质中心化了。因为矿机专业化,全网的算力高度集中在若干个大矿池手中;这不但意味着普通用户不可能自己挖到比特币,更意味着比特币账本的记账权已经高度集中在大矿池的手里,大矿池及其背后的资本所有者,就是比特币网络实质上的记账中心。

> **案例和拓展 4-8**
>
> **金本位制是如何从"去中心"走向"中心"的?**
>
> 比特币通常被人用来和黄金对比,称为数字时代的黄金。然而,在历史上的金本位制实际运行期间,黄金这种不需要额外设计就能天然"去中心"(不需要任何中心记载,靠自身证明自身的物理存在)的货币,能不能坚持"去中心"呢?
>
> 事实上,在金本位制下,黄金本身也是从"去中心化"向"中心化"演变的。首先,在大多数国家,黄金的流通形式是有形制的金币,金币是权威(如领主、国王)铸造的,铸币者本身就有"中心"的含义在;其次,黄金的交易并不方便,记账结算的效率不足,等到商业银行出现后,大量的交易依托商业银行的存款转移(支票、汇票等),依赖商业银行这样的"中心"开展;最后,因为黄金数量的不足,金本位制国家后期实际流通的货币,本质上是一种中央银行使用不足额黄金准备创造的货币,正是因为有"中央银行-商业银行体系"这套"中心",才能将有限的黄金腾挪起来,实现多倍的货币创造,币材不足、通货紧缩的矛盾得到暂时掩盖,延缓了金本位制的崩溃。
>
> 所以,一个货币并不是技术上设计成"去中心",再配上几句"去中心化"的理念,就能自然地维持"去中心"的,无论是天然"去中心"的黄金,还是通过比较精巧的设计"去中心"的比特币,最后都奔赴了"中心"化,这对未来货币制度可能的设计演变多少能有一点启示。

第四节 其他典型虚拟货币介绍

在理解了区块链结构,并较为深入地学习了比特币的机制,分析了比特币的经济效果后,我们对虚拟货币的认识已经基本上够用了。不过,我们不妨再多观察一些区块链世界的具体产品,相对于"经典"的比特币,它们往往更有"卖点",能引发更多话题和想象,同时也更值得反思。

一、以太坊和"智能合约"

(一) 以太坊的起因

比特币的区块中记载的是比特币这个单位的支付信息(包括收付地址、数量、验证等),

比特币节点做的工作，就是记录、验证收付信息和记账。这样的区块内容，就货币来说刚好够用。在比特币出现后的几年，大多数仿照比特币的虚拟货币，区块里面记录的同样只是"记账"所需内容，差别只是"记账"所需的 Hash 算法差异和记账证明方式差异（使用工作量证明还是权益证明）而已。

2013 年，原比特币网络社区的程序员 Vitalik Buterin（通常被加密币买家称作"V 神"）提出，比特币平台应该要有个更完善的程序开发语言，让人能够在区块里面"开发程序"，但未得到核心开发人员的同意。故而，Vitalik Buterin 决定另起炉灶，开发一个新的平台，他在 2013 年写下了《以太坊：下一代智能合约和去中心化应用平台》(Ethereum: A Next-Generation Smart Contract and Decentralized Application Platform)〔又称《以太坊白皮书》〕，说明了建立去中心化程序的目标，在 2014 年在网上公开募集开发资金，到 2015 年 7 月 30 日，以太坊（Ethereum）的公共区块链启动，同时出现了以太坊网络上通用的虚拟货币以太币（英语同样称作 Ethereum，可以用缩写 ETH 表示）。以太币作为以太坊支付 gas 的货币，目前是市值第二的虚拟货币，以 2023 年 11 月 4 日为例，市值约为 2 350 亿美元，不到比特币的一半。和比特币相比，以太币并没有"改变货币体系"的想法，只是希望随着以太坊的发展，因其指定 gas 货币的地位而获利，所以，其自身的发行总量、证明机制等都还在不断调整。

以太坊还处在开发演进阶段，本书对其技术细节不作讨论，主要介绍其核心功能并讨论其局限。

（二）智能合约的含义和功能举例

以太坊与比特币式的区块链应用的主要区别，在于以太坊不限定区块记载的内容，除了单纯的地址来去外，以太坊区块中还可以加入程序语言（如 Solidity）写的脚本，实现判断分支、循环等功能。以太坊区块中记录的各种脚本，就是所谓的智能合约。

和比特币相比，"智能合约"仍然能够让所有信息都得到见证，同时，它能实现的功能会增加。任何开发者都可以创建智能合约，这种智能合约被称作"去中心化应用"（Decentralized Application，DApp）。并将智能合约写入主链（写入后就不可篡改），其他节点读取到该区块的智能合约时，就会执行合约中的脚本，在新的区块中，将合约执行的结果写进去。将合约写入主链的开发者，需要为合约的执行支付一定的费用（gas，统一用以太币来支付），即便是中文世界，也使用 gas 来指代以太坊体系内的付费，所以，本书直接使用这一英语说法。如果把比特币主链比作一本账本，以太坊主链就可以比作一台计算机，写入智能合约并支付 gas 的行为，就相当于是租用一部分计算机的算力并付费。

下面举例说明一些常见的以太坊智能合约所能实现的功能：

（1）直接的账务记录。譬如，ETH 币种，ADDa＋1，ADDb－1，这就是和比特币等"货币"应用一样的记账，这个交易一次性写入后，以后其他区块就不需要再处理了，所以只需要支付极少的 gas。

(2) 自定义支付形式的账务记录。譬如，ETH 币种，ADDx＋100，ADDy－100，然后每隔 1 年，ADDz＋10，ADDy－10。这个记录可以想象的用途之一，是某位长者（ADDx 的所有人）想交给自己的继承人（ADDz 的所有人）一定数量的 ETH，但又怕他挥霍，所以，先将 100 个 ETH 交给某个托管人（ADDy 的所有人），然后由 ADDy 每年交给 ADDz 10 个 ETH；也就是说，使单纯的交易变得更丰富。

(3) 自定义标识的账务记录。譬如，某种账务记录标识名为"LQQ"，并记录某些地址收入若干 LQQ，某些地址支出若干 LQQ 等。这类记录通常用于发行和交易以太坊框架下的新虚拟货币（称为代币或通证，token），这些代币和以太币不同，每种代币有一个自己的标识，只是相当于把账本都挂在以太坊链上。以太坊为代币发行专门设计了称作 ERC-20 的协议，所有人都可以轻松地定制该协议，发行自己的代币。

(4) 带有条件判断的账务记录。譬如，在区块链里记录，2023 年 1 月 30 日起，ADDa 最少保留 100 ETH（会使得 ADDa 的 ETH 数量小于 100 的交易，全部节点将拒绝），同时，ADDm 支付 ADDa 500 LQQ 代币；到 2024 年 1 月 30 日，ADDa 支付 ADDm 550 LQQ 代币，同时，解除 ADDa 最少保留 100 ETH 的限定；2024 年 1 月 30 日，如果 ADDa 因余额不足而无法支付 ADDm 550 LQQ 代币，则 ADDa 支付 ADDm 100 ETH，同时也解除解除 ADDa 最少保留 100 ETH 的限定。读者不难看出，这条记录反映的是 ADDa 的拥有者以 100 ETH 为抵押，向 ADDm 的拥有者借入 500 LQQ，并约定 1 年后归还 550 LQQ，这就是一笔发生在区块链上所有节点都见证且会自动执行的金融交易。

因为智能合约本身的编程功能是完整的（计算机专业工作者称之为图灵完备），所以，开发者理论上可以构建和部署任意的复杂应用程序任务，如电子商务、金融工具、游戏等，并建立"去中心化自治组织"（Decentralized Autonomous Organization，DAO）来对这些复杂活动进行自我管理。

(三) 智能合约的局限性

从原理上说，各种智能合约都是通过把代码提交到主链让全网节点见证来实现的。这导致一个结果，就是各种各样的 DApp（如代币发行、金融交易等）都在竞争主链的区块容量，好比一台 CPU 占用始终 100％ 的电脑，还在不断地打开新程序，主链有点不堪重负[①]，记录需要等待较长的时间，支付较多的 gas。因此，以太坊网络出现了分层，DApp 选择把最重要的、最需要见证的信息记上主链（往往是一些交易抵押物信息，或是以太币等"硬通货"的支付信息），而把交易细节记到 DApp 自行开发的"侧链"上，自行寻找节点来运行侧链，通过降低安全性换取经济性和灵活性。

虽然理论上智能合约可以实现现有计算机软件的任意功能，但主链容量、侧链信任度、

[①] 2023 年 11 月时，以太坊主链约 12 秒就能出一个区块，区块大小约 160 KB，1 天约有 100 万笔"交易"，约为比特币的 3 倍。但这些"交易"对应的是以太坊主链上挂的多种代币交易和 DApp 的数据，记录需求比比特币单纯的账目交易多太多。

分布式记账的效率等都限制了实际上的应用程序开发自由,多数智能合约实现的还是"记复杂的账"的功能。"币圈"参与者喜欢讨论智能合约的发展前景,但站在局外首先要问的问题是,如果没有特别的信仰和偏好,我们为什么需要用DApp和DAO来代替现有社会(不只是互联网)的商业架构。

二、Ripple

Ripple(中文名是瑞波,但很少有人这样说,故下文仍均用其英文名称)是一个基于互联网进行支付、汇兑的项目,它最早出现在2004年,但并不成功;2012年开始,OpenCoin公司开始接手Ripple项目,并于2013年正式推出新版本,逐渐得到了认可。

Ripple项目内有一个通用的货币单位,称作瑞波币(XRP),其本身只是Ripple设计的一部分,用于支付汇款手续费,并没有取代现有货币的打算。以2023年11月4日的情况为例,瑞波币的市值已达到250亿美元左右,在所有虚拟货币中排名第三,但与第二位以太币的市值(2 350亿美元左右)有数量级的差距。

在Ripple诞生的年代,大多数虚拟货币都是比特币的模仿者,号称自己想要和比特币一样,成为现有货币的"去中心化"代替品,而Ripple与它们不同,自始至终,Ripple都强调自身整体是一个开放的支付网络,做的事情是国际支付和汇款,对"去中心"、交易加密等并不强调,但Ripple的概念营销还是借用了虚拟货币上涨的势头。本书不介绍Ripple的实现技术,而是主要讨论其机制设计和经济含义。

(一) Ripple的交易机制

Ripple最初的交易设计是纯粹点对点、"去中心"的,但效果不佳,在此不作介绍。2013年后的Ripple引入了网关,它和之前所述银行网关支付的"网关"的含义不同,指的是一种沟通Ripple网络内外,能够通过银行收付资金的节点。我们不妨举一例来说明Ripple如何使用网关来实现汇兑。

譬如,中国的Ripple用户a想按当时汇率将自己的600元人民币兑换成100美元,交给美国的Ripple用户b。首先,用户a将600元人民币从自己的银行账户转给位于中国的网关A的银行账户;然后,网关A联系美国的网关B,因为网关A和B相互信任,所以,网关A和网关B可以直接兑换货币,即网关A记录自己对网关B负债600元人民币,同时,网关B从自己的美国银行账户中转100美元给用户b的银行账户①。这样操作,虽然a的汇兑要求得到了实现,但网关B实际在美国垫付了100美元,而网关A在中国收到了600元人民币,各自有了头寸;网关A倒是好办,收钱不会嫌多,可网关B垫付的资金怎么解

---

① 实际操作中,网关B先记录自己对用户b负债100美元,告知用户b,接着用户b提取这100美元,网关B才会进行银行转账,就和第三方支付收款流程相似,但这些流程不影响最终资金来去,所以简化叙述了。

决呢？

这种"中国人用人民币换美元"的交易通常不会持续单向发生，只要 Ripple 网络的参与者足够多，就很快会有一个美国用户 x 要用 100 美元兑换 600 元人民币，交给中国的用户 y，它将 100 美元从自己的银行账户转给位于美国的网关 B 的银行账户，网关 B 通知网关 A 动用网关 A 欠网关 B 的 600 元人民币，要求网关 A 在中国转账 600 元到 y 的银行账户。这笔交易完成后，网关 A 和网关 B 各自的头寸就回到了两笔交易之前，没有任何垫付和欠款。

读者可能会问，Ripple 上各国的网关都不止一个，中国网关 A 为什么那么巧地找到一个很快就有用户 x 来兑换美元的美国网关 B 来合作呢？事实上，网关 B 和网关 A 的合作并不是凑巧的，而是 Ripple 匹配的：Ripple 网络查知到中国网关 A 收到了一笔"用人民币兑换美元"的交易请求，而美国网关 B 在差不多的时刻收到一笔"用美元兑换人民币"的请求，所以，自动地把网关 A 和 B 匹配到一起。甚至，如果在这一时刻，并不存在一个单独的在美国用 100 美元兑换 600 元人民币的请求，只是在全球有好几笔用美元兑换人民币的请求，合计为 100 美元，分别发生在不同的网关，Ripple 网络也能自动地实现匹配。

综上所述，整个 Ripple 网络就是一个零散的客户之间，通过网关进行外汇收付和交易的市场，网络提供的服务就是迅速发现、匹配交易，而网关就是 Ripple 交易的中心（所以，Ripple 不强调"去中心化"）。Ripple 网络对汇款收费非常低廉，但网关会根据自身的实际情况，对客户收取一定的费用（往往呈现为提现费）。

（二）Ripple 的问题和风险

Ripple 整体的设计比较精巧，用户体验也不错，但其实隐含了不小的风险，在这里，我们仍然以之前"中国 a 客户在 Ripple 网关 A 上用人民币兑换美元，并汇给美国 b 客户；美国客户 x 在 Ripple 网关 B 上用美元兑换人民币，汇给中国客户 y；两笔交易相互平衡"为例分析。

（1）Ripple 的汇兑依赖于网关的诚信。汇兑流程的起点是客户 a 在中国支付人民币给网关 A，不管最后结果如何，这都是一条无条件的、不可撤回的转账请求。如果网关 A 欺诈，收了客户 a 的人民币后就消失了，a 就会直接受损；如果网关 B 欺诈，利用网关 A 的信任，让网关 A 在中国支付了人民币，但在美国不向 b 支付美元，网关 A 就会受损（可能会不做任何举动，把损失转嫁给 a；也可能自己承担损失，主动把人民币退还给 a），交易仍然无法完成。

（2）Ripple 的交易平衡需要各种货币供求总量平衡。a 客户汇兑所形成的 A、B 网关头寸，需要即时配对的 x、y 客户汇兑来对冲，但如果在一段时间内，整个 Ripple 网络出现单边市，譬如，用人民币购买美元的数量远远多于用美元购买人民币的数量①，A 网关就会持有

---

① 单从逻辑上说，因为 Ripple 没有汇率管制，这种情况会因为 Ripple 网络内美元大量升值而消失，但实际上人民币和美元的汇率主要还是受现实外汇市场的汇率影响。

大量人民币多头头寸，B网关有大量美元空头头寸，同时，A网关欠B网关大量美元，需要A网关在现实银行体系中用人民币购美元并支付给B网关，才能最终了结头寸，但这样的现实交易受到资本管制政策的约束，还面临一些汇率风险。

（3）Ripple的交易机制存在政策风险。本书以全知视角叙述了汇兑的例子，a、b、x、y用户和A、B网关的目的都明确，所以，读者自然地认为这是两笔汇兑。但在银行体系和监管当局眼中能看到的，只是在中国有a向A付款，A向y付款的两笔人民币转账交易，在美国有x向B付款，B向b付款的两笔美元转账交易，这些"背对背"的国内转账，隐藏了交易的汇兑实质。这其实就是线下广泛存在的、逃避外汇监管的地下钱庄运行模式。因此，Ripple很难在一个金融监管较为严格的国家长期、广泛、公开地开展业务，顶多就是初期打打擦边球，我国曾经规模较大的网关，如RippleChina、RippleFox，目前都已经关闭了。

（4）Ripple的授信机制有引发欺诈的可能。Ripple的初始设计是点对点的，非网关用户之间也可以相互信任，Ripple运行早期，有一些非网关用户诱骗其他用户授信，用自制货币符号换走其他用户法币的事情发生，在此不作细述，读者可以结合后文案例拓展中所介绍的"信任"概念自行推演。

（三）Ripple中的瑞波币

瑞波币是Ripple里的原生货币，但本身只是为了完成汇兑功能而创造出来的。瑞波币对汇兑的支持包括两方面：第一，瑞波币是Ripple所有节点都支持兑换交易的货币，可以充当兑换的中介货币，有它为中介，能够让每个需要购汇的节点都能和所有希望售汇（即便是不同汇种）的节点匹配上；第二，每笔汇兑交易都需要支付（实际上是"销毁"，因为只有付款方，没有收款方）少量的瑞波币，对正常交易来说，这点瑞波币的价值微不足道，但它能为交易设置一个门槛，防止有人以提交海量无意义交易的方式恶意攻击Ripple网络。

Ripple总共创造了1000亿瑞波币，这1000亿瑞波币不需要"挖"，在Ripple网络开始运行时，就已经全部创造出来了，然后以社区赠送的方式逐步对外发放，同时，瑞波币还可以在市场上交易。事实上，虽然Ripple本身主打汇兑，但多数Ripple社区所热衷的，还是和其他"币"社区一样，讨论如何用新故事炒热Ripple和瑞波币的概念，从而把老用户手中的瑞波币高价卖给新用户。

作为汇兑辅助工具的瑞波币，在被充当虚拟货币交易时，有一个巨大的先天不足：它的存量高度集中，1000亿中的800亿分给了公司，剩下的200亿则由三位创始人瓜分。虽然后来Ripple基金会用各种方式约束了公司和几位创始人卖币套现的速度和行为，但相对于市场中的交易量，Ripple平台和创始人持有的可售瑞波币仍然具有压倒优势，像是所有其他用户头顶的一盆水，随时可能倒下来。任何投资瑞波币的行为，从稍长的时段内看，都无异于给Ripple公司和创始人上贡。事实上，虚拟货币市场本就是这样的非理性。

案例和拓展 4-9

"信任"和 Ripple 的野心

在举例说明 Ripple 如何实现汇兑时,本书提到过,"网关 A 和 B 相互'信任'",在这里出现的"信任"(trust)是 Ripple 的重要概念,可以说是 Ripple 客户、网关之间开展交易的基础,同时,它也承载了 Ripple 这个产品的思想和野心。

"信任"指的是一种授信额度,即最高允许对方欠款的数量。以"B 信任 A 100 美元/600 元人民币"这个判断为例,这意味着 A 和 B 的经济来往中,B 最高接受持有 100 美元/600 元人民币的 A 的债权(或者说,B 相信 A 能还得出 100 美元/600 元人民币)。这种"信任"在不同的场景下可以实现不同的基础效果。

(1) 如果 A 和 B 都是网关,当客户 a 想要通过网关 A 换 600 元人民币,汇 100 美元给 b 时,A 会通知 B,并告知可以替 B 付 600 元人民币,让 B 可以把找 B 兑换人民币的客户撮合过来,B 会同意 A 的请求,并愿意向 b 付 100 美元。

(2) 如果 A 是普通客户,B 是网关,就意味着,客户 B 最多愿意将现实中的 100 美元交给网关 A,变成网关 A 记录的 100 美元(网关 A 的负债),并通过网关 A 去兑换。

(3) 如果 A 和 B 都是普通用户,就说明客户 B 最多愿意借给客户 A 100 美元(通过其他渠道借了),并在 Ripple 上获得 A 记录的 100 美元债权。

在 Ripple 中,客户之所以可以交易,是因为客户对网关设置了较高(一般是无限)的信任,所以,才能把银行存款交给网关,请求交易;汇兑之所以方便,就在于所有网关之间相互"信任",所以,全网的兑换请求能够迅速拆分、匹配。

如果把"信任"想得更远一点,会推理出一些有趣的现象。

首先,如果有客户 a、b、c,a 和 c 相互"信任",b 和 c 相互"信任",但 a 和 b 彼此不认识。现在 a 想借钱(银行存款),b 有钱,c 就可以作为 a、b 的通道:b 付钱给 c,c 再把钱借给 a。这样 b 持有对 c 的债权,c 持有对 a 的债权,间接地实现 a 向 b 借钱,c 在 Ripple 体系内,扮演银行的信用中介功能(b 对 c 的债权相当于存款,c 对 a 的债权相当于贷款)。

其次,如果所有客户都信任节点 X(可以是网关,也可以只是一般客户),愿意接受对节点 X 的债权,认为只要在节点 X 上有美元债权,就一定能从节点 X 那里拿到美元银行存款。节点 X 的客户发生交易时,就会拿节点 X 的债权结算,如果有一个客户 a 想买客户 b 的东西,但没有银行存款,也没有节点 X 的余额,他就可能向节点 X "借"债权,节点 X 给客户 a 记一定的债权,客户 a 将债权转交给客户 b,客户 b 可能会继续周转使用该债权和其他客户交易,也可能要求节点 X 偿债,获得银行存款。如果客户不将全部债权都提取走,节点 X 只要持有一定数量的银行存款,就能应付部分债权支取的要求,并通过发放债权贷款,支撑起若干倍的债权来。此时的 Ripple,就在现有的

"中央银行——商业银行"体系之下,又格外套了一层类似于银行能够实现货币创造的结构:节点 X 就相当于是一家在 Ripple 体系内能够实现货币扩张的银行,现实中的银行存款相当于是 Ripple 体系的准备金,Ripple 体系相当于一个没有中央银行的①、复古的商业银行体系。

最后,往最远的说,每个节点都可以发行自己的任意债务符号,譬如 LQQ,如果所有客户都信任该节点,使用该节点发行的债务符号往来结算,每个节点的债务符号甚至可以脱离现实世界的银行存款而存在。这其实就是哈耶克的货币非国家化思想:由私有银行竞争性地发行货币,私有银行根据其货币发行收益以及过量发行货币带来的信誉下降,权衡货币发行数量,使得货币发行数量适合,避免通胀。

从这些角度去想,可以感觉到,Ripple 有点"所图甚大"的意思。比特币只是"复刻"了黄金,Ripple 则是想"复刻"整个银行和货币体系。不过,它们终究只是各种经济思想的数码复刻而已,正如凯恩斯所说:"经济学家和政治哲学家的思想,不论正确还是错误,都比人们通常认为的更具影响力。其实,统治世界的除了这些人的思想之外,几乎别无其他。讲究实际的人自以为完全不受知识界的影响,其实,他们通常是某位已故经济学家的奴隶"。

三、稳定币

稳定币(Stablecoin)是一类虚拟货币的统称,指的是依靠分布式账本记录,但价值与某种资产(通常是美元)挂钩的虚拟货币。譬如,泰达币(USD Tether,USDT)是较早发行的稳定币,大型虚拟货币交易所 Coinbase、Binance 各自也有自己的稳定币 USD Coin(USDC)和 Binance USD(BUSD),它们都以和美元 1∶1 兑换为稳定目标。

稳定币的实现原理是储备支持。如果稳定币持有者能够按固定的兑换率,找发行方将稳定币换回储备资产(或发行方按固定兑换率用储备资产敞开收购稳定币),当稳定币供大于求,价格偏低(低于稳定币所能兑换的储备资产的价格)时,就会有人买入稳定币,将其换成储备资产以套利,从而提高稳定币的价格。按照储备资产的不同,稳定币可大致分为法币稳定币和算法稳定币。

法币稳定币一般都承诺,每在链上发行一枚稳定币,就会在相应的银行账户存入固定数量的法币(一般是 1∶1),从而保证所有发行的稳定币都可以固定比率重新兑回法币。从

---

① 因为现实中的商业银行不能主动调整 Ripple 节点在银行存款的数量,所以不大适合将其类比为 Ripple 世界的中央银行;现实中商业银行的存款更像是 Ripple 体系里的"黄金",而不是"央行发行的货币"。

逻辑上说，法币稳定币的稳定性是毋庸置疑的，然而现实中有两个疑问：第一，法币稳定币究竟有没有存放足够的法币（而且还不能只是单个时点足量，而是要始终足量）；第二，法币是不是以流动性、安全性较高的形式存在①。目前看来，尚在运行的法币稳定币，如USDT、USDC等，虽然曾被多次质疑过储备足量问题，但持有的法币资产总量还是充足的，公布的资产结构和流动性都还充足。不过，部分法币稳定币的储备，会存到一些专门针对这类新兴金融业务的银行（利率和服务更好），这些银行自己会用流动性较差的方式去投资，这些"银行存款"实质上就存在一些流动性风险。例如，2023年3月9日，美国的Silvergate银行倒闭，发行USDC的Circle公司在这家银行就存放一定数量的USDC准备金。

算法稳定币的储备资产是另一种有市价的虚拟货币。其典型机制在稍后的案例拓展中有介绍。和法币稳定币相比，算法稳定币价值的稳定基于另一种虚拟货币价值的稳定，算法稳定币声称，通过算法自动干预和抵押物来保持这个稳定，听着好像很精巧，但其实高度依赖市场情绪，更像是"左脚踩右脚飞天"这样的神话。

和其他虚拟货币不同，稳定币更多地被当作一种匿名且价值稳定的交易媒介使用②。稳定币能够像比特币一样，不依赖于银行且匿名地实现线上交易，而且因为价值稳定（至少在短期内），所以不需要考虑交易的汇率风险，在不合法或灰色交易中使用较多③。另外，Facebook曾经提出过发行名为Libra的稳定币，以此为中介实现跨国汇兑，但树大招风，很快就被各国金融监管部门否定了。

> 📄 **案例和拓展 4-10**
>
> **"算法稳定币"和 UST 的崩盘**
>
> TerraUSD（简称UST）是区块链公链Terra中的一个通过算法挂钩美元的稳定币。区块链公链Terra系统中的代币Luna与UST形成了双代币模式。2022年年初，UST是全球第三大稳定币，也是唯一接近成功的算法稳定币，市值在200亿美元附近。
>
> UST的稳定机制是这样的：如果在Terra区块链里销毁市价1美元的Luna，就能得到1 UST；反之，亦然。所以，如果UST币值低于1美元，就交出1 UST拿到价值1美元的Luna，将Luna卖掉即可获利，从而，对UST的需求也会增加，导致UST价格回升到1美元。在这个机制中，Luna不是稳定币，按市场价交易；不是依靠等量同币保持稳定，而是依靠异币种、同等价值保持稳定。

---

① 稳定币实际做的事情和第三方支付差不多（法币兑换稳定币，在稳定币体系内完成需要交易后，提取法币），但第三方支付会对交易收费，稳定币却几乎不收费。所以，如果同时做到足额准备、高流动性，稳定币就很难获利了。
② 因为稳定币声称价值稳定，所以其最好的价格也不过是实现了稳定，没有什么盈利空间，不大适合像其他虚拟货币一样，被当作一种"投资品"。在稳定币价格跌破锚定水平的时候"捡漏"的行为，因为风险很大，盈利有限，参与的人也极少。
③ 泰达币（USDT）是目前我国居民去国外虚拟货币交易所开展交易的主要媒介，以至于部分研究直接以泰达币交易量作为我国居民虚拟货币交易量的代理变量。

要维持和某种货币的固定兑换比率,确实不需要完全等量存储同种货币,只要存储的各类货币合计价值和目标货币一样,也能大致保持稳定。譬如,在我国香港地区执行的联系汇率制度中,虽然港元和美元是按照1∶7.8绑定的,但商业银行要发行7.8港元时,不一定要向香港金管局交1美元,而是可以交等值1美元的其他货币,如英镑、欧元、日元等。从这个角度说,UST的稳定机制好像也是可行的。

然而,再思考一下会发现,在港元联系汇率制度中,交的其他货币都是世界主流货币,每一种都有自己相对稳定的需求、用途和价值基础;所以,如果港元因为市场供求相对于美元贬值,香港金管局只需要将之前收的各类其他货币卖出,就能兑换到美元,进而提供美元,稳定市场。在此过程中,其他货币虽然被香港金管局卖出,但因为自身有价值基础,所以不会贬值太多,金管局基本能保持"当时收等值1美元,现在卖出得到1美元"的交易。

但是,Luna是一种虚拟货币(还不是虚拟货币中的前几位),其价值完全依靠市场情绪。如果有人大幅抛售UST,UST的价格大幅下跌,引发大量的人销毁UST,获得Luna,再将Luna抛售,Luna的价格也会大幅下跌,销毁1 UST的人无法因得到1美元而获利(反而可能受损更大),UST的需求也不会因此增加,甚至,原来观望的人也会因为Luna价格下跌而对UST失去信心,进一步抛售UST,最后形成螺旋式的下降。

虽然上述内容看起来有一点点绕,但对于市场实际参与者来说,看穿并不难;为了让Luna和UST的双簧唱得久一点,Luna基金会(Luna和UST的创设机构)又设计了一个只有UST才能参与的应用Anchor,其实就是把UST借给Anchor,获得接近20%的年利率,以此吸引人拿着UST不要抛售。然而,Anchor开展的在线放贷业务并无法支撑20%的资金成本,本质上是一个庞氏骗局,看穿这个也不难。

2022年5月9日,一个新地址突然抛售高达8 400万美元的UST,引发市场恐慌,没多久市场开始接连卖出上亿美元的UST,造成UST的价格暴跌。其后,Luna基金会出售了储备的比特币和以太币,注入Anchor的资金池,想让市场相信,Anchor有能力继续支付利息,投资者可以继续持有UST以获利。但显然此时人们相比于20%的年利率,更担心的是UST本身价值的暴跌,所以,对UST的抛售并未停止,最终,Luna的币值从近68美元暴跌至0.000 17美元,到2023年1月时,价格约1美元,市值蒸发逾300亿美元,而UST的价格已彻底归零,不再交易。

第五节 虚拟货币和区块链的其他话题

随着虚拟货币价格的上涨，和虚拟货币有关的生意都变得有利可图。围绕着虚拟货币、区块链技术，出现了一些周边话题和产品，它们既是利用虚拟货币牟利的途径，又推动着虚拟货币市场的发展。

一、虚拟货币交易所

（一）功能和基本操作

虚拟货币因为是"去中心"、点对点的，所以交易不需要平台，交易者自行寻找交易对手、自行询价完成资产交割即可，也就是通常所说的场外交易（Over the Counter，OTC）。但在实际操作中，纯粹的场外交易有一些问题：首先是交易信任问题，自行交割的两方谁先完成应付货币的支付，谁就面临赫斯塔特风险[①]，交易双方的风险不平衡，难以建立信任，虚拟货币交易"上链"速度慢，进一步加剧了这个矛盾；其次是交易匹配问题，纯粹点对点的交易，交易双方很难自行找到交易对手。

众多的虚拟货币交易所为这两个问题带来了解决方案。通常来说，客户在虚拟货币交易所网站注册后，就将自己想要交易的各种资产都注入交易所提供的对应账户（譬如，各类法币转账到交易所的银行账户，各类虚拟货币分别汇给交易所指定的地址，通常称作入金），从而在交易所获得各类资产的余额记录；接着，客户在交易所和一般的证券交易一样挂单交易，如果两个用户的价格数量能够匹配，交易所会自动地撮合成交，交易所按照交易价格和数量，改记两个用户在交易所的余额记录，并收取一定数量的佣金，同时公布最新成交的价格供其他用户参考；最后，如果客户想要提取具体资产，就发送请求给交易所，交易所会将各类资产按对应的方式汇回到客户指定银行账户或虚拟货币地址（通常称作出金）[②]。在稳定币出现后，虚拟货币交易所通常就以稳定币（如泰达币）代替法币开展交易了。

[①] 赫斯塔特风险（Herstatt Risk）是外汇业务中的术语。1974 年，德国赫斯塔特银行在欧洲市场上购买德国马克。因为时区原因，西欧的时间比北美早，赫斯塔特银行的交易对手已在欧洲市场支付了德国马克，此后，赫斯塔特银行被西德当局直接关闭，赫斯塔特银行已无法在美国市场支付美元，交易对手受损。后来人们就把收付款时间落差之间产生的风险称作赫斯塔特风险。赫斯塔特风险可以通过引入中央对手方交易或提高技术实现实时结算来化解。

[②] 除了这种模式外，还有一种模式，就是客户在交易所注册后，不将资产汇入交易所，只是在交易所发布交易请求、交易地址，交易双方在交易所看到请求后自行交割，这种模式被称为场外交易所，能够解决交易匹配问题，但无法解决交易信任问题。

虚拟货币交易所的实质，就是充当交易中介和信息中介，把用户和用户之间点对点的信任关系，变成所有用户对交易所的共同信任（所有资产都给了交易所），把用户和用户之间的茫茫搜寻，变成交易所对所内交易的自动撮合。

（二）优势和发展情况

和点对点交易相比，因为交易所用户预先把资产交给了交易所，所以，交易所的无杠杆交易理论上是不可能违约的（有多少资产，才发动多少交易）；而且交易所后台是中心式记账，批量提交银行或区块链处理，成交确认速度更快，交易成本更低。

因为交易都靠记账实现，不再受加密资产本身功能的限制；同时，早期金融监管部门对交易所的关注也较少。因此，虚拟货币交易所可以轻松地将线下金融产品交易所的功能在虚拟货币领域实现，如融资、融币等杠杆操作以及虚拟货币期权、期货等衍生品交易，客户能够得到非常丰富的交易体验。

随着以太坊的建立和大量代币发行（ICO），交易所的地位变得比以前更为重要：只有把新发行的币放到交易所上交易，才能换手变现，获得流动性，并增加知名度，因此，大交易所的平台意义更加明显，币安（Binance）是目前全球排名第一的虚拟货币交易所，2023年1月，每天在币安上交易的比特币金额约为120亿美元，这个数字比比特币网络实际记账传递的比特币价值还要高几十亿美元，说明比特币交易大量都是交易所场内交易，并不提现。币安的创始人曾一度被认为是全球华人首富。此外，还有很多小交易者热衷于在不同的平台之间，利用平台深度有限的特点，买卖不同价格的同种虚拟货币以套利，他们将其称作"搬砖"。

（三）交易所的实际操作和隐患

理论上说，交易所应该是不介入客户之间交易的，客户如果能达成交易，一定意味着有另外一位客户是他的对手方，交易所自己不承担风险（融资、融币交易也有客户的保证金支持）。但在现实中，交易所仿佛是一个资金的黑箱，其面临的硬约束只是客户在交易所账上的余额，要能够按照客户要求成功提现，除此之外，客户只能看到自己的资产进去又出来，如何实际处理客户的交易，如何管理客户存入的各类资产，都没有透明的披露要求。

交易所这样的业务模式是有隐患的。尤其是一些小交易所，客户数量不多，不一定能够迅速匹配客户，就可能采用"对赌"的模式开展交易。譬如，一位客户在某个交易所内存有200万美元，希望购买200个比特币，但此时交易所其他客户并无力卖出这么多比特币，交易暂时无法达成；交易所为了让客户尽快成交，就在没有交易对手的情况下，直接将客户账上的200万美元记录改成了200个比特币。此后，如果比特币价格下跌到8 000美元1个，客户卖出200个比特币，账面上就只剩160万美元，客户取款，体验为"存入200万美元，自己炒亏了，只能拿回160万美元"，而交易所啥都没干，客户拿回去的就比存进来的少了40万美元，全到了交易所手里；如果比特币价格上涨到12 000美元1个，客户卖出

200个比特币，账面上就有了240万美元，客户取款，体验为"自己炒赚了40万美元"，而交易所净损失了40万美元。也就是说，如果交易所在不存在对手的情况下就给客户记录交易成功，那么交易所自己就是客户的对手，客户赚钱，交易所就亏钱，反之亦然，客户和交易所在"对赌"①。这样的"对赌"交易，加上杠杆后，就可能让交易所背上大量的头寸。

从表面上看，交易所开展"对赌"式的交易风险很大，其实在市场相对平稳的时候，并没有那么危险。主要原因有这么几点：首先，市场上不会出现长期单边交易，也就是说，一个买家出现，交易所"对赌"一笔空头后，很快就会有一个卖家出现，交易所又会"对赌"一笔多头，自然对冲多数风险；其次，交易所会对交易收取佣金，"对赌"式交易的成交速度快、佣金比较低（这里是指和真正去外部做对冲的交易所收取的佣金相比），从而客户交易热情较高，金融市场的普遍经验是，在存在佣金的情况下，大多数散户因为交易水平一般，往往"一顿操作猛如虎"而亏损离场，反言之，大多数情况下交易所最终都能盈利；最后，反正"对赌"式的交易所已经不可能零风险地纯中介交易了，那它就会索性挪用客户存入的各种交易用资产进行投资，譬如用法币去买自己觉得会上涨的虚拟货币，等等，只要保证在客户提取资产时，有足够的流动性应付提款即可（可以通过保留一部分准备以及发展新客户吸引新资金进入来实现，这就和银行做的事情有点相似）。

然而，在虚拟货币价格大幅波动期间，与客户"对赌"、挪用客户资金的交易所，就会首先面临流动性困难（挪用的资金无法变现），宣布提现暂停，最终遭遇大幅亏损乃至破产。和一般企业直接宣布经营失败不同，很多虚拟货币交易所会声称交易所遭遇了黑客攻击，客户资金丢失，如虚拟货币发展初期的著名交易所MtGox。2022年11月，一度排名全球第2、估值曾高达300多亿美元的虚拟货币交易所FTX Trading破产，原因是该交易所挪用了客户的大量资金，去支持交易所自己发行的代币FTT的价格，并通过吸引新客户的资金来应付旧客户提现②。

此外，即便是业务较为规范的交易所，它们也可能集中将资金存放到专门针对新兴金融业务的银行，如之前所述的Silvergate银行就是著名的"加密友好银行"，有很多虚拟货币交易所的法币资金存放在其中，这家银行的风险也就成了各虚拟货币交易所的风险。

二、去"中心化"金融

本书之前已分析了，比特币这种单一的区块链货币记账系统，无法独立支持金融活动

---

① 交易所也可以同时真的去更大的交易所，用客户存放的200万美元买200个比特币，自己持有。如果比特币的价格真的涨了，客户账面上赚钱了，交易所真持有的比特币也赚钱了，两者对冲，交易所就没有风险了。但这样做的话，交易所就无法自由支配客户存入的美元，而且还要将交易费用交给其他交易所。
② 如果虚拟货币市场火爆，FTT最终可能不需要FTX挪用资金托盘就能自己涨起来，FTX就能回收资金获得流动性；然而，2022年，美国货币当局多次加息，包括美国股市在内的资产价格都有所下跌，虚拟货币更是表现不佳，FTX的资金被套牢在FTT上，又无法吸引到足够多的新客户进入（市场行情不佳，大家都不愿意加入），最后问题就集中暴露了。

的记录。但在以太坊这样的智能合约下,金融活动还是有可能记录的,这就是所谓的"去中心化"金融(Decentralized Finance,DEFI)。"去中心化"金融是最近几年出现的概念,其内涵和外延尚在演进中,在这里简单介绍其中的两类典型产品。

(一)"去中心化"的借款

"去中心化"借款的基本机制,就是如前文所述的智能合约的例子④"带有条件判断的账务记录"(读者可自行回顾)。在那个例子中,借入的是 LQQ 币,ETH 则是抵押物,这正是"去中心化"借款的常见搭配:以通用的、价值比较稳定的虚拟货币(如 ETH)为抵押,借入小众的其他虚拟货币。一般来说,被抵押货币的总价值要超过借入货币的总价值,即超额抵押。当被抵押货币的总价值跌破某阈值时,就会触发清算机制,强行卖出被抵押货币,保证借出者的安全①。

超额抵押的借贷行为看着有点不自然:既然借入者手头有这么多价值的资产,为什么还要借款呢?学过金融学基础课程的人应该能很快理解,这其实和货币市场的"回购"产品是一样的逻辑。一般来说,这样操作的目的,是为了在不出售手头资产(抵押物)的情况下获取流动性,但在虚拟货币市场中,这样操作更可能是想做空借入的虚拟货币。

"去中心化"借贷只能实现加密币和加密币之间的"抵押—借贷"关系,而不涉及法币,因为法币的结算无法去中心;另一方面,"去中心化"借贷也必须有所抵押,不能单方面借某种虚拟货币,因为区块链地址本身是匿名的,如果没有抵押物,对违约就毫无制约措施。

虽然"去中心化"借贷的原理比较清晰,但现实中的"去中心化"借款都是通过一些"去中心化"应用(DApp)实现的。DApp 通常会将抵押物存放到某些集中的地址,虽然借款记账是分散的,但资金实际还是有中心的,如果智能合约设计时为了实现一些额外的功能,出现了逻辑漏洞,导致指定地址存放的资产被人挪用,就没办法了,甚至这有时候"不是漏洞,而是功能",DApp 可以通过设计合约获得资金的控制权。有趣的是,多数借入人和借出人其实也并不怎么关心资产挪用等问题,他们更关心的是借入货币所能实现的短期投机和借出货币获得的高利率。

(二)去中心化交易所

"去中心化"交易所(Decentralized Exchange,DEX)是"去中心化"金融的另一类产品。它试图将原来中心化的虚拟货币交易所以"去中心化"的方式实现,其大致思路有两类。

一类"去中心化"交易所的实现方式是"订单簿",其实就是利用以太坊等智能合约可以在区块里面记多种内容的特性,一次性地将交易双方的内容都写到区块里面去。交易的订单可以在以太坊主链上发布、主链上结算,这种模式因为要两次上主链,所以特别慢;也可以在侧链上发布交易需求并撮合,在主链上结算,这种方式更快一些(如果撮合阶段彻底不

---

① 这种强行平仓机制加剧了 ETH 等常见被抵押货币的价格波动。

"上链",中心化匹配,那会更快,但也就和一般虚拟货币交易所的场外交易一样了)。

另一类"去中心化"交易所的实现方式是由算法提供自动做市商(Automatic Market Maker,AMM)。首先,不交易的持币人把各种虚拟货币注入各个指定地址,构建出"流动性池子",并根据注入金额和时间收取利息(所谓的流动性挖矿,利息实际来自交易手续费),这个池子的意义是为各种货币都提供一些存量,使得币价不至于因为少量交易而产生大幅波动;然后,要交易的人往流动性池子里面输入自己要卖的币,拿走要买的币,交易"上链",同时,池子根据币的数量变化自动计算出池内新的各种币的相对价格;当池子内某个币大量减少时,价格就会提高,超过外部其他交易所的价格,投资者就可以从外部买入该币,注入交易所的池子,平抑币价,直到它等于外部价格;如果外部某币涨价,池子内的币价尚未变动,投资者就可以从池子中买走某币,使得池子内的该币价格也上涨。流动性池子里面的币量、价格和价格变动算法,都在公链上可查,透明公开,但整套实现方式仍然无法解决"上链"速度慢的问题;另一方面,为了减少价格大幅波动,流动性池子相对于交易规模来说越大越好,但这时摊到每份投入上的交易手续费(利息)就会较少,无法形成正向激励。

三、首次代币发行(ICO)和 Web3

首次代币发行(Initial Coin Offering,ICO)和 Web3 是近年来"币圈""链圈"的最热门话题,也是问题和骗局最多的领域。

(一) 首次代币发行

比特币出现后不久,市场上就有了各种跟风的"山寨币",典型产品如"莱特币",这些"山寨币"基本上都沿袭比特币的思路,想占据比特币的生态位,代替现实世界的货币。和比特币一样,"山寨币"通过长链来保证安全,并在产生区块的过程中创造币,因此,"山寨币"也会声称有一些开发和初始挖矿成本,希望投资者能够支持这些成本,等挖出足够多区块和币后,可以将这些币分给支持的投资者(按总支持资金/产出币数计算出结算价,每个支持者按自己支持的资金和结算价获得一定数量的币),并让币上市交易。这个过程就和股票首次上市(IPO)前,投资者预先认购股票,等上市后在二级市场上交易的流程相仿,所以称作首次代币发行,"山寨币"的创始者往往会宣称,在上市前支持买币,等到上市交易了卖出,能获得巨额收益。不过,整个虚拟货币市场当时还不是太兴旺,"山寨币"往往要先上市交易,营销一段时间才会有人买,上市前就通过 ICO 销售的并不多。

以太坊和智能合约概念出现后,"币"发行变得更简单了:只要遵循以太坊的 ERC-20 协议,将协议的自定义字段填写满,支付 gas,将协议放到以太坊公链上运行,因为以太坊本身链已经很长了,所以也不需要额外等待挖矿,可以直接分配。以太坊下的"币"自称为代币或通证,它们往往不以取代现实货币为目标,而声称自己是某种智能合约产品中使用的计价和支付媒介(就像在电子游乐场里投的游戏币一样)。因为以太坊代币发行较为容易,且可以通过智能合约讲故事,把"币"包装起来,所以,代币ICO也就比较常见。和IPO的公司需要实际出让经济利益才能获得现金不同,ICO项目的创始人只需要给投资者记录一些凭空创设的"代币"所有权,就能从他们手中获得现金。在2017年比特币价格达到历史高点、虚拟货币市场火热的时候,一度产生了很多"创富"神话——给自己的"币"起一个厉害的名字,按照模板写一个"白皮书"(可以外包)①,然后设法找到一些虚拟货币交易所,搞定"币"的上市日程,再找人写点宣传公关文稿,就可以筹款了。

在2018年比特币价格下跌,整个虚拟货币市场疲软时,大量ICO的神话都破灭了。我国在2017年9月就直接宣布了ICO的非法,"代币发行融资是指融资主体通过代币的违规发售、流通,向投资者筹集比特币、以太币等所谓的'虚拟货币',本质上是一种未经批准非法公开融资的行为,涉嫌非法发售代币票券、非法发行证券以及非法集资、金融诈骗、传销等违法犯罪活动"②,这一表态并没有彻底否定"代币"作为资产的意义(但同一通知中,也禁止了代币交易平台),但通过ICO来直接"圈钱"的行为被否定了。

(二) Web3

Web3是关于Web迭代,人们比较有共识的是从Web 1.0(万维网WWW普及,工作人员生产内容)到Web 2.0(社交网站广泛出现,用户生产内容)的演变,这种演变着重于内容本身。与区块链有关的Web3概念由以太坊联合创始人Gavin Wood于2014年提出,并在2020年后成为区块链圈子最热门的主题。与Web 1.0、Web 2.0的划代依据不同,Web3所注重的并不是内容,而是内容的存在形式:过去的Web内容都依靠中心化的服务器存储和分发,而Web3下,包括用户、内容等在内的所有信息都在区块链上分布式存储③。

Web3较为完美地继承了比特币开创的"中心=邪恶"的宣传定式,宣称现有的互联网大企业(中心)已经全方面地渗入了人们的日常行为,威胁着人们的隐私,所以,要通过分布式的内容存储和分发,实现权力下放,打破大企业的信息垄断。

从逻辑上说,Web3所提倡的分布式网络结构确实能够达到它宣称的打破信息垄断的目的,但所谓"无利不起早",组织者又怎样通过Web3获利呢?Web3提出,内容可以分发、可以用户创造,但内容本身需要付费购买。

于是又产生了一个问题,人们愿意为什么内容付费?其实,大多数人并不在乎内容由什么网络拓扑结构提供,只关心内容质量,如果中心化的网站能提供好的服务,就给中心化网站付费;如果"去中心化"网络能够提供好内容,当然也可以付费,但不能在没有好内容的

---

① 华尔街日报曾在2018年比较了1 450份白皮书,发现其中有111份在产品路线图、安全问题、技术特征等关键方面的整段内容全部一样,有124份没有公布团队姓名或团队人员信息为杜撰、冒用,有48份没有可用的网站,有25份直接宣扬固定回报。
② 《中国人民银行 中央网信办 工业和信息化部 工商总局 银监会 证监会 保监会关于防范代币发行融资风险的公告》,2017年9月4日。
③ 正因为演进的方向不同,所以,有人会争论说Web3不应称作Web 3.0。当然,如果努力去理解"Web3为什么不叫Web 3.0",就已经陷入到Web3的营销语境中去了。

情况下纯粹为"去中心化"的"情怀"付费①。

为此，Web3又提出了一个新叙事：元宇宙（Metaverse）——"Web3实施'去中心化'的不同规则和指导方针，将提高用户对用户体验和数据身份的'去中心化'控制的信任。元宇宙是一个虚空间，Web3为'去中心化'互联网提供了机会，并且可以为元宇宙中的连接提供基础元素之一。数字身份的数据保管和保护成为一个重要问题。元宇宙领域的新玩家可以作为与元宇宙未来愿景相关的信息。此外，元宇宙中的创造者经济概念将为补充Web3在创建具有'去中心化'解决方案的金融生态系统方面的愿景提供理想的途径。向'去中心化'Web3的过渡也意味着弥合虚拟世界和物理世界之间的鸿沟。"

是不是没看懂？对，就是看不懂的。在网上搜索"什么是Web3和元宇宙"，你就会找到大量这类文字。如果Web3无法提供那些看得见摸得着的"内容"，就往"虚拟""玄学"的角度深化，听着比较高级，当真拿不出内容的时候，还可以归结于"技术不足"。如果你碰巧相信这些愿景，请购买各家的代币吧，这是进入各个元宇宙世界的门票。

所以，兜兜转转，Web3最后的落脚点还在"发币"上，当然，这次的"币"名字可能会更加复杂，如非同质化代币（Non-Fungible Token，NFT）。过去ICO白皮书发"币"过于直接，容易被看穿；Web3则先把"内容"说出来，扯上反垄断的大旗，然后慢慢过渡到发币，含蓄一些，也可以避开已经有点臭名昭著的ICO。2020年后的Web3和2018年前的ICO，针对的其实是同一组目标群体，反映的也是同样的网络生态。

从"去中心化"金融开始，读者可能会发现，出现的英文缩写和"术语"越来越多。DEFI、ICO、Web3等领域的各种名词日新月异，形成了一个特别的语言场，你看到的已经是本书尽可能克制筛选的结果，对它们的解释力争浅显，但可能也仍有矛盾。然而，这么多新概念，这么多让人眼花缭乱的"新技术"，相对于现有的中心化金融和支付体系，给我们的生活带来哪些新体验？如果一个东西从根上就并不适合用于某些工作，却有人充满热情地推广它，把它包装成复杂晦涩而又不断翻新的故事，你需要做的不一定是努力地去进入和理解这些故事，而是去揣测一下讲故事的人（以及信故事的人）的动机。

> **案例和拓展 4-11**
>
> **非同质化代币简介**
>
> 非同质化代币（NFT）是区块链代币的一种。所谓非同质化，是指每个NFT代币可以代表一个独特的数码数据（一般的代币则是同质化的，即每个代币都可以代表一份相同的购买力），作为某件特定虚拟商品所有权的电子凭证。
>
> 典型的NFT产品是所谓的加密艺术品。当你买下一个NFT艺术作品时，你不

---

① 事实上，网络上早有"去中心"传递的产品，如bt下载等，它们都不是自己产生内容，而是主要传递盗版内容，虽然本身不收费，近年来也在不断式微。

但会得到一份艺术作品的数字版,更重要的是,会在区块链里写下一笔记录,告诉别人这个艺术品属于你。数字版的艺术作品是可以复制和传播的,但无论如何传播,只要去查证,别人就会知道这是属于你的艺术品,相当于是你给藏品盖了一个私章,然后继续展览给人看。

NFT的概念早在2012年就出现了,但直到以太坊的智能合约走向实用,才真正有了成规模的产品。2021年和2022年的NFT市场非常火热,2022年NFT的总交易量为555亿美元,环比增长175%,相较2020年则增长了390倍。全球目前最大的NFT交易平台是Opensea。我国也有很多公司成立了NFT平台,和文化艺术行业合作,发行了大量NFT产品(在我国被称作数字藏品),这些NFT产品主要采用联盟链实现,哪家公司主导的NFT平台,哪家公司就主导维护该链。

虽然说NFT的产权是记在区块链上的,但如果区块链是联盟链,到了交易平台自己无利可图且打算退出市场时,这些NFT的存续就可能面临问题。譬如,2022年8月,腾讯的"幻核"平台关闭,为用户提供了原价退款和继续保留藏品两种选择,后者其实就依赖于腾讯长期投入资金,维护一个基本量的区块链,但即便能继续持有藏品,藏品的场内二级市场交易已经不存在了(场外交易也几乎不可能存在)。

其实,NFT所标榜的"独一无二""不可分割""权属证明""流动互通""全程追溯"等特质,都不是NFT独有的,都可以通过中心化的记录实现,NFT唯一的不同,是它能够利用"去中心化"和Web3这些热门话题的热度(Web3讲的是"去中心化"存储分发的"内容",而NFT就负责"内容"中关于艺术的那个领域),获得高估值和高销量。

NFT这么大的交易量,出现的直接问题就是"艺术品不够多",在数字世界里这个问题倒是不乏简单粗暴的解决办法。一个办法是用人工智能批量生成大同小异的"艺术品",譬如2021年4月的"无聊猿赛艇俱乐部"(Bored Ape Yacht Club,BAYC)项目,就发行了10 000只各不相同的"无聊猿"的NFT;还有一个办法更直接,就是同一份艺术品发行若干份,譬如蚂蚁集团的"鲸探"平台,就经常用每份18元的价格,一次性发售10 000份一样的产品。

在我国,2010—2011年,以天津文化产权交易所为代表,曾推出过"艺术品份额交易",将一份艺术品的产权分为若干份额,拆零出售,并建立艺术品份额的二级市场。当时,这些艺术品份额的交易非常红火,第一批购入艺术品份额的人都能赚钱,我国其他地方也纷纷跟风成立文化产权交易所。购入艺术品份额的人,并不在乎艺术品的收藏,甚至不在乎艺术品自身整体价值有多少,只是希望在二级市场价格上涨时获益,把一切都像股票那样炒。2011年11月,我国发布了《国务院关于清理整顿各类交易场所切实防范金融风险的决定》,叫停了艺术品份额交易,各文化产权交易所的份额二级市场随之关闭,购入价格远远高于对应艺术品价值的那些份额,就成了当时投资者的损失。抛开"去中心化"、Web3等装饰,单从交易性质、参与者心态、产品价格泡沫和交易渠道风险等方面来说,现在的NFT交易和当时的艺术品份额交易是非常相似的,日光之下,并无新事。

四、私有链和联盟链产品

之前介绍的各种区块链产品多为公共链(Public Blockchain),它们既采用区块链的方式存储信息,而且链本身分布存储,记账权分散竞争,所有节点都可以直接加入。如前所述,这样的分布式系统很难同时实现数据同步和高效率记账。在需要较快反应速度、对资质有一定要求的行业,区块链经常以私有链(Private Blockchain)或联盟链(Consortium Blockchain,或称行业链)的形式出现。

私有链是对单独个人或组织开放的区块链系统,仅在私有组织内部使用,信息不公开;联盟链只针对特定某个群体的成员和有限的第三方开放,内部指定若干预选的节点为记账人,其他接入节点可以参与交易,但不过问记账过程,第三方可以通过区块链开放的API进行限定查询。

相比于公共区块链,联盟区块链和私有区块链在效率、安全和灵活性上更有优势,主要体现为:①交易更快,只需几个受信的高算力节点验证,无需全网确认;②节点有限,软硬件都容易维护;③通过对节点设置不同的记账、交易、读取权限,可以提高数据的安全性;④区块链规则修改和数据调整都容易完成(只需要参与节点达成共识)。

私有链和联盟链的主要使用场景有两类。一类是DEFI、NFT等"圈内"业务,这些业务在吸引了大量参与者、交易频繁后,如果继续使用公链,效率太低,费用太高;如果采用中心化模式,又担心失去卖点,于是就会使用"公链托管关键账目和资产,私有链或联盟链记录日常业务"的模式,而后,私有链和联盟链的概念又被它们当作营销的一部分,好像多几个"链"的名词就能更加高科技一点,对此本书也不再作过多分析。

另一类私有链、联盟链的使用者,是原有的金融业、大型企业供应链、部分政府机关。这些组织早在区块链流行前就已经完成了业务网络化,现在希望利用区块链进一步提高业务的公信力、树立创新形象,但同时又希望继续保持处理效率和数据安全。譬如,近年来深圳市税务局建立了"税务链",在上面布置了"深圳四部门信息情报交换平台""自然人信息共享智慧平台""税务—产业联盟链"和"区块链破产实务办理联动云平台"等内容;湖北省依托武汉大学和湖北邮电规划设计有限公司,成功地搭建了以隐私计算为特色的企业级联盟链基础设施,满足供应链金融、物流、存证溯源、物联网及慈善行业等多种应用场景。

案例和拓展 4-12

传统单位业务"上链"的案例和反思

对传统单位业务"上链"有一个疑问，就是"链"是否必要，"上链"的公信力真的来源于"链"本身吗？下面以某银行推出的"应收款链平台"为例作简单的分析。以下都是该银行对这套"应收款链平台"的介绍原文：

"应收款链平台"是本行利用互联网、区块链等技术，创新开发的专门用于办理应收款的签发、承兑、保兑、转让、质押、兑付等业务，记录应收款状态的交易处理系统和技术平台。

企业应用价值：

1. 盘活应收账款：将企业账面的应收账款转化为区块链应收款，可以随时用于对外偿付或融资。

2. 减少现金流出：企业使用区块链应收款对外进行偿付。

3. 增加财务收入：企业可用临时性资金买入、卖出自己签发承兑的应收款，获得持有期间的贴现收入和利差。

4. 降低负债率：企业通过减少账面应收账款的方式对外进行偿付，可以减少新的负债形成，降低负债率。

付款企业在平台上向供应商签发区块链应收款，银行可以作为增信机构，在授信额度内进行保兑，供应商收到区块链应收款后，可以对外偿付和转让变现，或申请入池质押融资，利于缓解企业尤其是中小企业融资难融资贵问题。

如何开通应收款链平台：

企业加入"应收款链平台"应具备以下条件：任意银行开立的结算账户（电子商圈账户）、任意银行核发的 CFCA 认证的标准电子签名证书。

步骤一：供应链核心企业构建商圈

1. 具备签发区块链应收款的真实交易背景，企业提出申请，本行进行审核；
2. 审核通过，并取得本行相关授信后，开通"应收款链平台"功能；
3. 供应链核心企业通过"应收款链平台"注册成为平台用户。

步骤二：供应链上下游企业加入商圈

1. 由供应链核心企业在"应收款链平台"预设用户信息。
2. 上下游企业通过"应收款链平台"注册成为平台用户。

有一点财务金融知识的读者在读完这些介绍应该就能明白，这其实是供应链金融和应收账款融资的内容。不过因为按条款描述，看着有一点复杂，这里再作一些解释。

譬如，A 企业赊销给 B 企业 100 万元商品，从而拥有对 B 企业的应收账款 100 万元,A 企业再向 C 企业购货,C 企业说:"我不付给你现金了,B 企业欠我钱,你去问 B 企业要,好么?"企业肯定不会同意,因为 B 企业不一定能还出来,这就是一笔三角债。

但假设企业 B 是一家大企业,还获得了银行授信,成为上述"应收款链平台"中所谓的供应链核心企业,它组建了一个商圈,把 A、C 企业都加进去了。然后,A 企业卖货给 B,B 就在"应收款链平台"上记录,A 企业持有 B 企业的 100 万应收款,银行为这 100 万保兑;当 A 企业需要对 C 企业付款时,就可以直接将 100 万对 B 企业的应收款转交给 C,代替现金,以后,C 企业向 B 企业要钱,因为如果 B 付不出来,银行也会保兑,所以,C 企业愿意接受这种应收账款作为支付媒介。

看"应收款链平台"的介绍叙述,好像只要把应收账记上链,就能作为商圈内部的交易媒介,然而,如果 B 的偿付能力不足,又没有得到银行保兑,单纯记录应收账款到区块链,C 不可能同意用应收账款抵账;如果银行保兑了 B,不管这笔账是记在链上还是用合同保证,或者只是银行帮着记录,C 都愿意接受对 B 的应收账款。所以,决定交易成功的是 B 企业的大企业资质和银行授信。应收款链本身只是一个应收账款关系的记录形式,不影响交易实质,如果该银行用一个中心化的服务器代替"应收款链平台"来记录应收账款,业务同样能够照常开展(企业和银行之间没有利益冲突,不会怀疑银行胡乱记账),多这条链不多,少这条链不少。

上述案例反映的就是现在很多传统单位业务"上链"的普遍问题:从营销角度看,"上链"能树立该单位积极拥抱科技创新的形象,但其实这些单位业务流程的可行性、结果的可靠性都不依赖于区块链这种记录方式,而直接来源于客户资质和单位本身的权威,盲目"上链",难免叠床架屋,徒增成本。

第六节│数字人民币浅析

法定数字货币(或称数字法币)是随着比特币等虚拟货币的流行而出现在社会公众面前的议题。对数字人民币和其他数字法币,居民、媒体、研究者在不同的时期都有过不同的猜测和期待,"币圈"更是时不时地用数字法币为虚拟货币造势,这些都在互联网上留下了大量的痕迹,内容庞杂、观点不一、包含大量错误和臆想。

中国人民银行重视数字人民币的研究开发,先后于 2014 年、2016 年成立了法定数字货币研究小组和数字货币研究所;2017 年年末,中国人民银行组织商业机构共同开展数字人民币研发试验,在部分有代表性的地区开展了试点测试。本书对数字人民币的介绍,主要来自中国人民银行数字人民币研发工作组2021年7月发布的《中国数字人民币的研发进展白皮书》,对其中一些不易理解的部分添加了解释,酌情补充了一些该时点以后的进展情况,并运用金融学知识,对数字法币整体发展前景和应用情景作一些展望和讨论。需要额外说明的是,包括数字人民币在内的各种数字法币均由货币当局依法发行,在经济含义上和虚拟货币有着本质区别,把它放在本章内介绍,仅仅是因为叙述和内容对比的方便。

一、数字人民币的定义和定位

数字人民币是中国人民银行发行的数字形式的法定货币,由指定运营机构参与运营,以广义账户体系为基础,支持银行账户松耦合功能,与实物人民币等价,具有价值特征和法偿性。其主要含义是:

第一,数字人民币是央行发行的法定货币。一是数字人民币具备货币的价值尺度、交易媒介、价值贮藏等基本功能,与实物人民币一样是法定货币。二是数字人民币是法定货币的数字形式。从货币发展和改革的历程看,货币形态随着科技进步、经济活动发展不断演变,实物、金属铸币、纸币均是相应历史时期发展进步的产物。数字人民币发行、流通管理机制与实物人民币一致,但以数字形式实现价值转移。三是数字人民币是央行对公众的负债,以国家信用为支撑,具有法偿性。

第二,数字人民币采取中心化管理、双层运营。数字人民币发行权属于国家,中国人民银行在数字人民币运营体系中处于中心地位,负责向作为指定运营机构的商业银行发行数字人民币并进行全生命周期管理,指定运营机构及相关商业机构负责向社会公众提供数字人民币兑换和流通服务。

第三,数字人民币主要定位于现金类支付凭证(M_0),将与实物人民币长期并存。数字人民币与实物人民币都是央行对公众的负债,具有同等法律地位和经济价值。数字人民币将与实物人民币并行发行,中国人民银行会对二者共同统计、协同分析、统筹管理。

第四,数字人民币是一种零售型央行数字货币,主要用于满足国内零售支付需求。其推出将立足国内支付系统的现代化,充分满足公众的日常支付需要,进一步提高零售支付系统的效能,降低全社会零售支付的成本。

第五,在未来的数字化零售支付体系中,数字人民币和指定运营机构的电子账户资金具有通用性,共同构成现金类支付工具。商业银行和持牌非银行支付机构在全面持续遵守合规及风险监管的要求,且获央行认可支持的情况下可以参与数字人民币支付服务体系,并充分发挥现有支付等基础设施作用,为客户提供数字化零售支付服务。

从数字人民币的定义中可以看到:首先,数字人民币的法律地位不低,定位在M_0,和实物人民币现金一样,是央行的直接负债,比银行活期存款这种派生货币要"高"一个级别,但与此同时,央行也并不期待它实现比目前实物人民币现金更多的功能,数字人民币是拿来零售支付的;其次,在技术上,数字人民币并没有引入"去中心化"、区块链等时髦概念,直接声明了中心化管理；最后，数字人民币要在日常生活中使用，可以和银行、非银行支付机构合作。所以，数字人民币其实是一个说不出什么财富故事，但身段放得较低、有亲和力的产品。

二、数字人民币的使用体验

目前，很多线下和网络支付都开始支持数字人民币支付了，譬如，美团就可以直接选择任意银行的数字人民币钱包支付；支付宝、微信在开通了指定银行的数字人民币钱包后，也可以使用数字人民币支付。

当客户在某商业银行有存款时，可以向商业银行申请，将存款兑换为数字人民币，此时的数字人民币，其实是存放在一个个人"账户"里的余额，可以通过手机银行或"数字人民币"App 中的"数字人民币钱包"查看，也可以在受支持的付款渠道使用。虽然数字人民币反映在"银行"里，但它是无法获得利息的。手机 App 中的数字人民币钱包被称作软钱包，软钱包基于移动支付 App、软件开发工具包（SDK）、应用程序接口（API）等为用户提供服务。

早期的软钱包使用较为繁琐，需要手动申请存款兑换。2022 年 8 月，数字人民币支付服务升级后，软钱包开始支持存款自动兑换，即当遇到付款请求而软钱包余额不足时，自动从这个软钱包对应的银行卡存款余额中兑换所需的数字人民币，完成支付；同时，各家银行纷纷推出了数字人民币钱包智能转存功能，可以将软钱包中存储的数字人民币自动转为存款，获取利息。

如果客户的手机支持 NFC 或客户另外有其他 NFC 设备（IC 卡、可穿戴设备、物联网设备等），就可以将数字人民币钱包中的人民币账户余额转为硬件上的记录，这些 NFC 设备被称作数字人民币硬钱包。硬钱包用到的其实就是本书第三章所述的电子现金技术，可以实现单脱机或双脱机交易，使用场景更加丰富，但也有电子现金技术的共同缺点，丢失后无法找回。

数字人民币钱包根据实名验证程度差异分为不同等级，每个等级的支付权限都不同，最低等级（四类）的钱包可以匿名支付，详情如表 4-1 所示。不过，大多数用户都是通过已有的银行卡来开通数字人民币钱包的，起点就已经是二级了。

平心而论，使用软钱包的数字人民币使用体验，相对于支付宝、微信支付等第三方支付，或者 Apple Pay 等基于银行卡的支付来说并无优势。首先，要用数字人民币，相对于一般的第三方支付来说，得多一步自行开通对应银行数字人民币钱包的手续；其次，支付流程上，它和使用银行卡支付一样，甚至更麻烦一点（常见应用都会将数字人民币选项朝后放，要主动去选出来，如果有多个银行的数字人民币钱包，还得再选是哪家银行的，跟选哪家银行的存款账户一样）；最后，数字人民币从原理上说"支付即结算"，只要收到就不存在结算失败或等待的问题，但这到底怎么落实还得看平台和商家之间的协议，而且现在银行卡支付,第三方支付的结算效率也不低。因此,近年来数字人民币的推广效果并不强,需要提供各类优惠活动才能带来使用量,而优惠过后,人们往往又会回到习惯的支付方式上去。近年来的数字人民币往往伴随着各地的"消费红包"一起出现,即各地以数字人民币的形式将鼓励消费的财政资金发给群众,并促使居民体验数字人民币消费①。

表 4-1 各类数字人民币钱包的开通要求和支付权限

		一类钱包	二类钱包	三类钱包	四类钱包(非实名)
办理要求		手机号 有效身份证件 个人银行账户 运营机构现场面签	手机号 有效身份证件 个人银行账户	手机号 有效身份证件	手机号
交易限制	余额上限	无	50万元	2万元	1万元
	单笔支付限额上限		5万元	5 000元	2 000元
	日累计支付限额上限		10万元	1万元	5 000元
	年累计支付限额上限		无	无	5万元

说明:各类钱包交易限制不但受数字人民币本身规定约束,而且还受运营机构约束,后者往往较为严格。譬如,2023年11月时,各银行的一类钱包,单笔消费限额也只有2万元,日累计消费限额5万元,但网商银行(支付宝)和微众银行(微信支付)对一类钱包均不设任何上限。

另外,如果客户开通了数字人民币钱包自动充值,平时保持钱包为空,支付的时候现充对应的金额,而商家也开通了数字人民币自动转存,那其实就是资金从银行存款到数字人民币过了一道手续,又重新变成了银行存款,和银行卡支付相比,在经济意义上也没有本质区别,徒增了处理交易的成本。

三、数字人民币的后台处理

数字人民币采用双层运营模式,在实际操作中,意味着数字人民币的使用者不直接和数字人民币的发行者(人民银行)发生关系,而是通过商业银行办理数字人民币业务。事实上,目前的数字人民币和本章提到的虚拟货币关系不大,更接近于一种电子支付手段。

当 a 客户向 A 银行要求将存款 10 000 元转成数字人民币时,A 银行给 a 客户"A 银行数字人民币钱包"的账户上记录数字 10 000,同时,A 银行需要将 10 000 元准备金交还给央行,即 A 银行资产减少 10 000 元在央行的准备金,负债减少 10 000 元 a 的存款。同时,央行的负债中,"其他存款性公司存款"(存款准备金)减少 10 000 元,"货币发行"增加 10 000 元。

---

① 注意,这时的数字人民币并不是央行为了"消费红包"而新发的,完全是财政资金转变来的,居民获得数字人民币时,全社会的货币量并没增加,只是从各地政府的手中到了居民的手中。

兑换数字人民币和提取现金交易,对商业银行和央行的影响是相似的,当你在银行提取现金时,你得到现金,银行的准备金最终会等额减少,而央行的现金发行量增加[①]。

后来,客户 a 用这 10 000 元数字人民币消费了,给了商家 b,商家 b 的数字人民币钱包收到 10 000 元,商家 b 的数字人民币钱包是 B 银行的。在此过程中,银行 A 和银行 B 还需要通信,银行 A 告知银行 B,客户 a 在银行 A 的钱包余额能够支付,交易可行,最后减少 a 的钱包余额,银行 B 增加客户 b 的钱包余额。这笔交易完成前后,银行 A、B 在央行的准备金金额都没有变化,改变的只是 a、b 各自的钱包余额,这也和现金交易类似:你用现金消费,钱不会影响到你的银行存款,只会从你的口袋到商家的口袋。

最后,商家 b 将数字人民币 10 000 元存入它在 B 银行的存款账户,B 银行减少客户 b 的钱包余额 10 000 元,并告知央行;B 银行资产增加 10 000 元在央行的准备金,负债增加 10 000 元 b 的存款;央行负债减少 10 000 元货币发行,增加 10 000 元银行存款准备金。这和你去银行存现金时,社会流通现金减少、银行准备金最终增加是一样的道理。

四、数字人民币对货币的影响

数字人民币在会计处理和经济实质上都和现金相似,当人们兑换数字人民币时,有货币扩张能力的存款准备金变成了无扩张能力的数字人民币现金,这其实就是货币银行学中所说的现金漏损,即货币被提取出了银行体系并直接流通。在基础货币(存款准备金与现金之和)不变的情况下,数字人民币兑换增加,会降低银行体系的信贷能力,降低货币乘数和社会货币数量。

另一方面,数字人民币的转手能力可能会比现金更强一些(因为转手更方便),从而相同数量的数字人民币,虽然也是"现金",但能支撑起的经济活动数量会不一样,以往所总结的那些"经济增长——货币增长"的数量关系可能需要重新估计系数。

有观点认为,央行数字货币作为最安全的资产,在危机时可能会加剧商业银行挤兑问题——居民和企业可以便利地将个别或全部银行的存款转换为数字货币,导致金融中介规模收缩,金融波动性增大。但也有观点指出,现有的电子支付体系已经实现银行间的资金快速转移,央行数字货币并不会产生较大的影响,如果发生银行危机甚至经济危机(如货币危机或主权债务危机),资金将从包括央行数字货币在内的所有本国资产中撤离,而非仅从商业银行存款转移至数字货币。

为引导数字人民币应用于零售业务场景、降低对存款的挤出效应、避免套利和压力环境下的顺周期效应,防范银行挤兑快速蔓延,央行的对策是数字人民币钱包分级分类设计,分别设置交易金额和钱包余额的上限。

[①] 商业银行首先减少库存现金,当天营业结束后,为补足库存现金,商业银行就会去当地央行现金库中提取等额现金,并减少在央行的存款(准备金)。如果是存入现金,商业银行把多余的现金交给央行现金库,换取准备金。

案例和拓展 4-13

数字人民币和第三方支付的对比

表面上看,数字人民币和第三方支付的层次相差很远,一个是最高信用等级的央行支付手段,一个是通过非金融机构完成的支付,其实,在当前的监管政策下,它们有很大的相似之处。

我们比较三个情景:①将银行存款转为数字人民币和从银行向第三方支付账户充值;②使用数字人民币消费和使用第三方支付余额消费;③将数字人民币存入银行和将第三方支付账户余额提现。这三个情景下,几个交易相关方的资产负债变化情况如表4-2所示。

表 4-2 数字人民币和第三方支付在三个典型情景下的对比

		使用数字人民币	使用第三方支付
取现/"充值"	客户	数字人民币钱包余额增加	第三方支付账户余额增加
	商业银行	存款减少,准备金减少	存款减少,准备金减少
	中央银行	准备金减少,流通现金增加,基础货币不变	准备金减少,非金融机构存款增加,基础货币不变
消费	客户	数字人民币钱包余额减少	第三方支付账户余额减少
	商家	数字人民币钱包余额增加	第三方支付账户余额增加
存款/"提现"	客户	数字人民币钱包余额减少	第三方支付账户余额减少
	商业银行	存款增加,准备金增加	存款增加,准备金增加
	中央银行	准备金增加,流通现金减少,基础货币不变	准备金增加,非金融机构存款减少,基础货币不变

可以看出,在这些交易中使用数字人民币和第三方支付,客户的数字人民币钱包余额和第三方支付账户余额的变化方向始终是一样的;对商业银行的影响也都一样;对中央银行的影响略有不同,但都是基础货币不变,准备金和现金或非金融机构存款(第三方支付存放央行的备付金)的比例会一样变化,无论是现金还是非金融机构存款,都不具备货币派生能力。因此,使用数字人民币和第三方支付对社会货币总量的影响是完全一样的。在体验上,客户的数字人民币钱包余额和第三方支付账户余额也可以类比。之所以数字人民币和第三方支付这么相似,是因为数字人民币在设计时就以零售支付用途为目标,把第三方支付视为隐隐的竞争对象。

虽然数字人民币尚未全面使用,但除了"危机时银行挤兑"这个问题无法模拟外,数字人民币的经济效果已经可以通过第三方支付的广泛使用来观察了;或者说,数字人民币如果能广泛使用,现在的经济运行和货币数量之间的关系不会发生明显变化。

第四章 区块链技术和虚拟货币

> 另一方面，既然第三方支付已经有了庞大的用户基础，也不排除未来央行直接将支付机构安排成为数字人民币的兑换服务提供者，将所有的第三方支付交易无缝变成数字人民币支付，支付机构只作为最基础的交易入口，不承担资金收付管理的职责。当然，这样做涉及的利益方过多，可能性也不大。

五、关于数字法币的思考

《中国数字人民币的研发进展白皮书》中提到，数字人民币的目标是："中国研发数字人民币体系，旨在创建一种以满足数字经济条件下公众现金需求为目的、数字形式的新型人民币，配以支持零售支付领域可靠稳健、快速高效、持续创新、开放竞争的金融基础设施，支撑中国数字经济发展，提升普惠金融发展水平，提高货币及支付体系运行效率。"

上述白皮书中也提到了关于数字人民币的发展愿景，大意是说，随着数字技术及电子支付的发展，现金在零售支付领域的使用日益减少，但央行仍然要保证法定货币能直接参与数字交易，防止零售支付领域被一般电子支付工具（银行卡、第三方支付等）垄断，对人们关注的跨境支付，则只是提到具备技术条件，但目前还没用上。

通过之前的产品分析，我们可以看到，当前数字人民币的应用方案与央行给数字人民币的定位是匹配的，但央行对数字人民币的定位和社会、媒体对数字人民币的期待存在一点的差距。数字人民币在技术上没有"上链"，没有"去中心化"；交易溯源（反洗钱）、货币流向可控（譬如，央行给特定银行增加放贷，并要求该银行将这笔资金用于小微企业贷款）等看着比较"高端"的功能也没有落地；在机制设计上，目前也没有便利国际流通的机制，并不是人民币国际化、"打破美元霸权"的途径。

这些期待的差距其实多数都不是数字人民币的问题。首先，在技术和逻辑上，因为法定货币发行主权和金融秩序的原因，发行和记账权必然集中在央行，也不必担心记账是不是篡改等问题了，直接使用高效率的传统中心化存储和记录方式，无需考虑"去中心"、区块链等问题了。

其次，人们设想的那些数字人民币的功能，需要人们坚持用数字人民币完成所有交易，在资金换手的时候始终保持数字人民币的形态，但人们又不可能放弃银行体系提供的各类结算、信贷便利，而只要中途某个环节资金进入银行体系，以银行转账的方式继续流转，货币就从 M_0 变成了派生货币，附加在数字人民币上的功能就失效了。

最后，人们希望数字人民币推动人民币国际化，实际上是希望数字人民币能够提供一种不依靠现有国际银行体系就能流通转移的方案。问题是，如果能让各国愿意接受人民币作为交易货币和储备货币，作为自己发行的货币，中国总有办法搞出一套不受干扰的人民币结算系统,数字不数字的并不重要①,反之,如果各国不愿意持有人民币,也无法通过结算便利来吸引他们。

其实,中国的数字人民币进程已经是领先世界了,数字法币这个产品,全世界研发进展普遍都是"雷声大,雨点小"。从利益的角度来看,这个事情不难理解:私人部门可能有技术和动机去推动等效于现金的东西,但如果它希望取代法币,就很容易被央行扑灭(而且,往往这些有技术的人的动机并不纯粹)。央行可以组织技术力量研制数字货币,代替现金的部分功能,但是,央行有动机去研发能颠覆现有银行结算系统的数字货币吗?不大可能,因为每种货币的权力大部分都是通过货币发行国的央行和银行体系的记账权来实现的,想想"冻结银行资产"这样的制裁方式就能明白了。数字人民币研发的直接压力,其实来自对支付宝、微信支付等非金融机构在日常零售支付中过于垄断的地位;而发达国家数字法币的研发,很大程度上只是想传递出"我能跟上时代"这一公关信号。

---

① 国际汇兑就是靠银行记账实现的。我们经常说起的 SWIFT,其实只是一个信息传递系统,传递国际汇兑报文,实际的结算最终仍然需要各货币发行国国内的银行和央行支持。对人民币国际结算来说,只要中国央行和国内商业银行愿意接受某渠道发来的记账要求,这个渠道自然就是人民币的国际结算体系一部分,只要通信不彻底断绝,传递基础的记账要求总是相对简单的,并没有那么"高科技"。

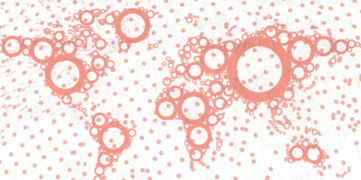

第五章

网络上的传统金融业务

和电子支付、加密货币等"科技"业务相比,传统的银行、证券、保险等金融业务,由于面临金融级别的监管要求,在发展深度、广度上并没有那么高歌猛进,更多反映为体验的改善和业务模式的改进。在21世纪20年代,这些改变大多数已经是我们习以为常的东西了,所以,本章尽量避免讨论"是什么、有什么意义、如何开展、有何问题、如何监管"等内容,而是介绍一些在技术或金融理论与现实结合上值得一提的知识点,必要的时候再添加讨论,学到这里,读者可以相对轻松一些,因为需要思辨和努力理解的东西比前几章少了很多。

第一节 银行业务和网络

一、网络银行的建立模式

网络银行有三种建立模式:一种是完全依赖于网络发展起来的纯网络银行,这类银行白手起家,几乎所有银行业务交易都依靠网络进行;一种是传统银行将原本线下才能办理的业务部分或全部放在网络上办理;最后一种介于纯网络银行和传统银行之间,是传统银行继续保留一定的品牌影响力,建立纯线上展业的新品牌,称作直销银行①。

(一) 纯网络银行

纯网络银行以独立身份注册,有自己的经营执照,独立开展业务,它没有传统银行业务的支撑,也完全没有分支机构和线下业务。由于没有既有业务和定价方式的限制,纯网络银行在经营品种、存贷款利率等方面具有特色。在互联网发展的早期,纯网络银行的建立模式曾被人们寄予厚望,因为它既节省了大量人力、场地费用,又能给人"高科技"的感觉。然而,纯网络银行的经营效果并不好,世界上第一家纯网络银行是美国的安全第一网络银行(Security First Network Bank, SFNB)它于1995年开始营业,到1998年就被加拿大皇家银行收购了;在美国2008年金融危机全面爆发前夕,美国最大的纯网络银行NetBank就先倒闭了,原因在于该银行获客有难度,只能提高利率、发放奖励来吸引存款,而为了弥补资金成本,它又将资金投入高收益的次级贷款业务,当市场上的次级贷款大量违约时,它的资金无法回收,只能破产。

NetBank的失败,是纯网络银行模式整体失败的一个缩影。主要原因在于网络上开展的金融业务和电子商务不同,电子商务一手交钱一手交货,只要当前卖家能够成功供货,买家就会买东西,不用怎么管未来,所以,电子商务容易从无到有地发展起来;而金融是和时间打交道的,需要持续运营,这对金融机构的信任度要求就会非常高,传统的银行有大量的

---

① 也有观点将直销银行视作传统银行开展网络业务的一个子模式,其实这就是归纳看法不同,没有本质差异。

线下基础设施和人员,至少天天在社会公众面前刷存在感,而网络上直接建立起来的银行没有信任加分,只靠价格竞争来弥补,就会走入"高成本吸储——高风险业务资金回笼困难——进一步高成本吸储"的恶性循环。

不过,如果居民因为某些原因,如银行业务准入难度高、受监管较严等,对"银行"本身而不是信誉好的大银行有着高度信任,纯网络银行或者银行纯网络展业就会变得相对简单了,在我国就有一些这样的情况,产生了一些特定的业务模式。

(二) 传统银行在网上投放业务

传统银行(有物理网点,线下办理各类业务)在互联网兴起后,也会逐渐将业务投放到互联网上。早期人们会讨论,传统银行是采用网络银行事业部方式还是相对独立的方式推出网络银行业务,但这种模式区别完了也没有什么其他用处,所以本书也就不再细说了。

传统银行的网络业务,其实就是逐渐将线下办理的业务在保证安全和效率的情况下,设计出线上办的方式、渠道。如在线查询、转账、贷款申请、金融产品购买、企业供应链金融等业务,目前都能在网上办理或至少完成一部分前置环节。通常来说,主打零售业务的银行,更愿意将业务网络化,因为这能够节约大量零售业务的人力,又因为零售业务的规模较小,不至于让人产生"不正式"的感觉。

目前,除了现金业务外,其他业务在网络上办理都没有技术门槛了,但根据监管和营销策略,可能还会把一些业务留在线下:譬如,监管方面要求强身份认证的业务,如个人开办Ⅰ类、Ⅱ类银行账户要真人现场验证身份、企业开办账户需要提交物理印鉴等,这些业务本身可以找到对应的远程验证或电子签名方法,但受到监管和使用习惯(如企业习惯使用物理印鉴)等方面的约束,就要现场办理;又如,针对高端客户的私人银行业务,虽然资产配置、策略介绍都可以通过互联网进行,但仍然要为高端客户保留真人沟通的渠道,让客户感到有专属服务。

(三) 直销银行

直销银行是一种新型的银行运作模式,在这一经营模式下,银行没有营业网点,不发放实体银行卡,客户主要通过电脑、电子邮件、手机、电话等远程渠道获取银行产品和服务。和白手起家的纯网络银行不同的是,直销银行会背靠某家传统银行,借用传统银行的信用、业务许可和品牌价值。

在我国,直销银行通过远程开户,发展理财、金融产品购买、借贷、信用卡等业务,并借用其他银行的高权限银行卡,作为身份验证和资金进出的通道。多数直销银行是传统银行的二级部门,但可能会使用一些专门的品牌,如光大银行的直销银行业务称作阳光银行,也有一些直销银行是独立法人(直销银行子公司),如百度和中信银行合作的百信银行(中信占股70%)、邮储银行直销银行子公司中邮邮惠万家银行。

直销银行 2014 年在我国刚推出时,大量银行都跟进设立直销银行部门;但后来银行普遍发现,直销银行的获客效果不明显,而功能相对于银行本体的手机 App 却有限,所以,很多银行后来都将直销银行的层级降低,不再享有专门名称或 App。譬如,中国工商银行曾经推出融 e 行品牌作为直销银行,但后来发现,这个品牌的认知度根本比不上工商银行自己;又如,广发银行、恒丰银行的直销银行 App 均已下架停止服务。京东集团原来要和招商银行合作成立独立法人的直销银行招商拓扑银行,筹备数年后也最终取消。在全球看来,通过多年收购,在各国建立起大量直销业务的荷兰国际集团(ING)的直销业务(ING Direct)也早已停止了服务。出现这一现象的原因,可能是到 21 世纪 20 年代的时候,随着智能手机的彻底推广,人们普遍的观念就是互联网可以直接成为所有业务的基础载体,把互联网专门划出来设立直销的思路已经落后了。

二、我国互联网银行的一些业务

我国银行业务向网络迁移的趋势很明显,近年来,银行裁撤线下网点的新闻层出不穷。本书不打算介绍一般银行业务的网络化,只介绍两类近年来我国银行利用互联网开展的比较有特色的业务。在这些故事里,我们会看到,居民有对大平台、对银行的信任,金融机构有对银行同业的信任,而部分互联网平台可能还有一种"我们和那些古板的金融机构不一样"的自信,它们希望能够避开监管,自行定价,却又无法摆脱资金成本、风险的客观约束,这几年的信任与自信终究还是错付了。

(一)互联网银行贷款

互联网贷款是我国商业银行最近几年一度风行的业务。在中国银保监会 2020 年 4 月颁布的《商业银行互联网贷款管理暂行办法》中,对互联网贷款的定义是:"商业银行运用互联网和移动通信等信息通信技术,基于风险数据和风险模型进行交叉验证和风险管理,线上自动受理贷款申请及开展风险评估,并完成授信审批、合同签订、贷款支付、贷后管理等核心业务环节操作,为符合条件的借款人提供的用于消费、日常生产经营周转等的个人贷款和流动资金贷款。"为了和互联网金融中常见的、非银行机构(小额贷款公司)发放的网络贷款,以及民间金融的所谓 P2P 网贷相区别,在这里称银行发放的网络贷款为互联网银行贷款。

在实践中,互联网银行贷款往往表现为两种常见形式:一种是在商业银行自身网银、手机银行中办理的个人信用贷款,往往利率较低、授信金额较高、期限可以稍长,对信用要求较严;另一种是在各类互联网金融平台(如支付宝、微信钱包、度小满、京东金融等处)申请的个人信用贷款,利率较高、金额较小、期限较短。

直接向商业银行申请的贷款,虽然通过互联网传递申请,但主要的审批思路和流程还是商业银行的传统模式,依靠央行征信、个人社保缴费、所得税纳税记录等粗线条数据来授信,银行不但出资,而且主导贷款流程。这类贷款的互联网含量其实不高,人们习惯将它看作银行产品,利率水平一般就在同期贷款市场报价利率(LPR)基础上加一定比例(如20%),这类产品比较保守,合规程度较高。

通过互联网平台申请的贷款,在形式上更多地强调自己的"互联网"、"金融科技"特征,相对淡化银行,如支付宝的借呗、京东的金条、微信的微粒贷、百度的有钱花等,客户实际不在意资金到底来自商业银行还是小额贷款公司。这些贷款的实际运作模式更接近民间借贷,利率较高,可以达到LPR的2—4倍,并可能采用更灵活、更隐蔽的方式付息,如等额本息、分期付款等。它授信时对金融科技、互联网大数据的依赖更多,实际判断贷款是否可以做、定价多少的,是金融科技公司或微众、网商这样的互联网银行。

金融科技公司的工作是通过互联网应用发现客户,利用大数据判断客户的授信额度,并将客户介绍给银行(被称作助贷),一些小型的金融科技公司本身就是民间借贷转变而来的[①],往往金融科技公司和出资的银行还会另有一些协议,当客户违约时,金融科技公司会在一定范围内垫付资金归还给银行(所谓兜底);微众、网商这样的银行则是自己利用平台优势挖掘客户,然后找到一些其他商业银行(往往是一些小型的农村商业银行或城市商业银行),和这些商业银行联合出资给客户放款(有点像银团贷款),并利用自身是银行的身份,提升合作银行的信任度。

这类贷款的实质,是金融科技公司或互联网银行自行发展识别客户,并负责从授信到贷款日常维护再到贷款催收的业务全流程,而一般商业银行只扮演出资方的角色,让金融科技公司获得资金,或让互联网银行给自己的资金加杠杆。与一般民间借贷不同的是,因为互联网银行贷款形式上仍是银行发放的,所以,银行可以向我国央行征信系统报送客户违约信息,客户违约意愿就会低一些,后续的资金追讨也更容易得到法律支持。

我国监管当局逐渐认识到商业银行在互联网平台上发布贷款存在的问题,于2020年7月发布了《商业银行互联网贷款管理暂行办法》;2021年,又发布了《关于进一步规范商业银行互联网贷款业务的通知》,明确要求商业银行强化风险控制主体的责任,独立开展互联网贷款风险管理,自主完成对贷款风险评估和风险控制具有重要影响的风控环节,严禁将关键环节外包;同时,明确三项定量指标,包括(1)出资比例(商业银行与合作机构共同出资发放贷款,单笔贷款中合作方的出资比例不得低于30%);(2)集中度指标(即商业银行与单一合作方发放的本行贷款余额不得超过一级资本净额的25%);(3)限额指标(即商业银行与全部合作机构共同出资发放的互联网贷款余额,不得超过全部贷款余额的50%)。这三点定量要求被称作"三条红线";严控跨区域经营,明确地方法人银行不得跨注册地辖区开展互联网贷款业务;商业银行不得接受无担保资质和不符合信用保险和保证保险经营资质监管要求的合作机构提供的直接或变相增信服务,与有担保资质和符合信用保险和保证保险

---

① 在我国P2P网贷兴盛的时候,这些公司往往就扮演资产端的角色。参见本书第六章第一节。

经营资质监管要求的合作机构合作时应当充分考虑上述机构的增信能力和集中度风险,商业银行不得因引入担保增信放松对贷款质量的管控,不得委托有暴力催收等违法违规记录的第三方机构进行贷款清收。

2020年7月,监管部门在提出管理办法的同时,要求银行按照管理办法内的要求,对现有互联网贷款存量业务进行整改,原定整改期为2年,但新冠疫情反复和经济环境等因素对互联网银行贷款业务整改进程造成一定的影响,2022年7月,银保监会明确互联网银行贷款存量业务过渡期延长到2023年6月30日。

从我国监管当局制定的管理措施可以反推出这种互联网平台上发放的银行贷款的问题:形式和实质不匹配,互联网平台借助入口和流量优势,左手获取各类信用信息、右手获取廉价合作资金;出资的中小银行自身未能对风险负责,寄希望于金融科技公司或互联网银行的兜底和合作;具体展业的金融科技公司或互联网银行的杠杆过大,风险承担能力不足;贷款客户承受的利率过高,不利于社会风气。

(二) 互联网存款

字面上看,互联网存款就是通过互联网渠道办理手续的存款。在实践中,互联网存款主要指那些并没有线下展业,直接通过互联网渠道发展客户,通过互联网验证客户身份、收付资金的存款产品。这些存款产品通常在一些大型互联网平台或互联网金融平台上出售,如京东金融、度小满、陆金所等,提供存款的是一些不知名的城市商业银行或农村商业银行,利率较一般大银行或本地线下银行的同期利率略高,产品营销时突出利率、商标等信息,对银行本身的信息不直接提及。

互联网存款出现的背景有几点:①我国从2015年10月后,不再设置存款利率上限,银行价格竞争的空间扩大(但仍然存在市场利率定价自律机制);②2015年5月起,存款保险制度开始实施,无论大小银行,个人存款均享受50万元以内的存款保险,所以,对存款者来说,大小银行的风险差距抹平了许多;③2016年12月起,银行卡分为Ⅰ类、Ⅱ类、Ⅲ类,远程最多只能开立Ⅱ类账户,Ⅱ类账户已不存在转入资金金额和存款金额的限制;④互联网平台的出现,使得那些缺少资金、愿意用高利率吸引资金的银行,能够在互联网上吸引全国的资金,且互联网平台的营销技巧也比银行更高。

互联网存款虽然能让存款者获得更高的利率,但也有一些明显的问题。首先,互联网存款往往是小银行跨地区吸收的,小银行本身风险管理能力有限,限制它跨地开展业务就自然地将其规模限制在风险管理能力范围之内①,但当它通过互联网向全国吸收资金时,能力和责任就产生了脱节,再加上用高利率吸收资金,自然还得寻找更高利率的资金用途,那就进一步增加了这些银行业务的风险;其次,部分小银行用互联网平台吸收的存款代替同业拆借业务,弥补了流动性缺口,甚至当作长期资金来源使用,但互联网平台存款的稳定性

---

① 进一步来说,就算风险管理能力还是不行,但就它能在当地吸收到的存款规模,出了问题,存款保险也能兜住。

要低于普通存款(纯粹为利率而来,到期不易续存),银行流动性压力延后但反而增长了;最后,互联网存款通过互联网平台发展客户,资金结算有时候会通过第三方支付平台进行,而提供存款的小银行甚至还无法直接接入我国央行的支付系统,要通过其他银行间接接入,资金辗转环节越多,违规挪用的可能就越大。

因此,我国监管当局在2021年1月发布了《关于规范商业银行通过互联网开展个人存款业务有关事项的通知》,要求商业银行不得通过非自营网络平台开展定期存款和定活两便存款业务,地方性法人商业银行要坚守发展定位,确保通过互联网开展的存款业务立足于服务已设立机构所在区域的客户,通知印发前,商业银行已经开展的存量业务到期自然结清。这一通知实质上叫停了通过互联网平台吸收存款的业务,诸如支付宝、京东金融、陆金所等头部互联网均很快下线了互联网存款业务。

然而,过去积累的问题并未消失,而且还有很多小型平台(主要是由早期P2P网贷平台转型来的互联网金融平台)继续提供互联网存款业务,终于在2022年上半年,爆发了河南村镇银行系列事件,在此本书不作详细展开,读者可自行搜索新闻了解。

上述两个我国互联网银行业务的例子,一个是贷款,一个是存款,都是最基础的业务,都从互联网平台产品"百花齐放"出发,到监管部门限制或叫停结束。它们共同的特点,就是把"银行"这种原来在我国金融体系里面最安全、监管最严格的金融机构,放到互联网平台上,利用监管部门对互联网的暂时盲区[①],绕开了"利率自律""本地经营"等监管要求,同时继续享受同业、普通居民对"同业信誉好""银行存款低风险""存款保险保障"等良好印象,一度拓出了庞大的市场,甚至在刚被叫停时还有所不服。在监管不全面、信息不对称和人们逐利的逻辑下自发产生的就是这种互联网金融的监管套利。

第二节 证券业务和网络

当代证券业务本身就不涉及现金,对"记账"的依赖又很高,所以,本来就适合网络化。发展至今,网上交易证券已经成为人们的基本共识,很多内容无需赘述。本书将证券业务分为发行(一级市场)和交易(二级市场)两类,分别介绍这些业务中网络的作用,并展开介绍一些证券周边业务和网络的关系。

---

① 这种盲区体现为三部分:第一,对小银行来说,对口监管部门更注重本地线下业务;第二,即便对互联网业务有监管,管的也是银行自己的网银、手机银行业务,对银行将自己的存款产品放到多个互联网金融平台上销售很难全面注意到;第三,在2021年前,我国对基金、保险等理财类产品的互联网销售均设置了资质要求,需要持牌销售,但对存款产品没有设置要求,能销售存款的互联网金融平台数量繁多。

一、证券发行环节的网络业务

(一) 网络路演

路演是证券发行商发行证券前针对机构投资者的推介活动,在推介会上,公司向投资者就公司的业绩、产品、发展方向等作详细介绍,阐述公司的投资价值,回答投资者关心的问题。网络路演能够使路演不受时间、地域的限制,早在 2001 年 1 月,中国证监会就颁布了《关于新股发行公司通过互联网进行公司推介的通知》,明确规定新股发行公司在新股发行前,必须通过互联网,采用网上直播(至少包括图像直播和文字直播)的方式向投资者进行公司推介。中国证券网有专门的网络路演频道,内容包括首发新股、上市仪式、业绩说明会、再融资、其他路演等,的确会随着新股发行而不断更新,但路演页面非常简陋,基本上就是 21 世纪初的风格(真的只包括图像和文字,连视频都没有)。之所以出现这种情况,是因为路演的对象其实是机构投资者,而机构投资者如果有想要关心的问题,会直接去路演现场提问,或者和承销商私下沟通,而散户对网络路演并不关心,发行者也只是走走形式。

(二) 网络 IPO 竞价

网络 IPO 竞价曾是被人津津乐道的互联网改变金融市场规则的案例。2004 年,Google 采用的"网上荷兰式拍卖"方式给 IPO 定价,投资者需要在同 Google IPO 相关的银行开设账户,同时提交购买订单,订单上需要标明以何种价格购买多少股股票。随后,Google 根据拍卖的情况确定一个出清价(Clearing Price),出价等于或高于这一价格的投资者都有机会购买该公司的股票。理论上说,将价格从高到低排下来,到出清价时,累计的购买量应等于 Google 希望发行的股票数量。拍卖式竞价能够反映投资者对公司价值的真实看法,不过,以往的竞价参与者只有机构投资者,而 Google 能让小型投资者有机会参与竞价,显得定价更加"民主",也和 Google 当时互联网新锐的形象相匹配(拍卖也是当时 Google 在自己的网站上销售广告的运作模式)。这次网上 IPO 竞价的最终结果是,Google 的实际发行价格为 85 美元,比竞价产生的出清价更低一些。在 Google 的网络 IPO 竞价后,很少有公司继续采用类似的方式定价,一方面是因为这样定价给承销商的报酬较低,损害了承销商的利益,而且多数企业也不像 Google 一样有明星效应,值得承销商为它们另设流程;另一方面,Google 的结果证明,看上去很美的网络拍卖,定价效率并不高:在上市首日,Google 的股价上涨 18%,3 个月内一度上涨到 201 美元,从反面说明竞价结果偏低,损害了 Google 原有股东的利益。

(三) 证券网上发行

证券发行的付款目前都是通过银行进行的,证券归属也由证券登记公司后台记录,所以，证券发行在网上完成好像是理所当然的事情。然而在我国，证券分网下发行和网上发行两种。如果投资者持有深市或沪市不少于 1 000 万元市值的非限售股份（往往意味着投资者被视作机构投资者），就可以申请参加深市或沪市的新股网下发行（通过营业部自助交易系统申购，其实信息最终还是通过互联网传递的）；如果达不到持股门槛（一般个人投资者），就只能参与网上发行，通过证券交易所的网上交易系统进行申购（包括电话申购等，都属于网上发行）。网下发行和网上发行的股票池相互独立，分别产生中签率，往往网下发行的中签率高一些。这里的网上发行和一般意义上的网络证券业务没啥关系，它主要说的不是交易渠道，而是投资资质和股票池划分，网下反而要比网上更高级一点。

二、网络证券交易

（一）网络证券交易的优势和影响

和银行业务相比，证券交易业务因为不涉及现金，所以，可以全程在网络上进行。20 世纪 90 年代到 21 世纪初，我国证券市场发展早期，因为计算机、网络普及程度较低，人们还习惯于去证券公司的营业部现场询问行情、提交交易订单，或者通过声讯电话交易，只有"大户"才能使用证券公司营业部的计算机和专用网络交易。到 2005 年后，家庭宽带逐渐普及，2015 年后，智能手机普及，加之早期那些不习惯使用网络交易的证券交易者因为年纪过大自然停止了交易，所以，目前绝大多数的证券交易都是通过网络进行的，依靠网络进行证券交易已成为共识。在美国，有一些券商已完全依托互联网开展经纪业务，如嘉信理财（Charles Schwab Corporation）、Robinhood 等，它们的佣金费率极低（很多券商为 0），收入主要来自融资融券收入、咨询服务收入等。

网络证券交易有明显的优势。它对信息的传递、复制几乎没有成本，速度很快，内容丰富，还能连接计算机实现程序化交易；它能节约物理营业场所建设成本和人力服务成本；通过智能手机进行的证券交易能让人在任意空间完成操作；在需要时，只要更新服务器和客户端，就能实现业务品种的增加。网络交易对券商运营模式的影响也很明显，以往券商的运营需要深入社区、广铺摊子、在较低水平上拉客户，现在网络交易降低了营业部的占地和窗口人员的数量，传统的营业部调整精简，IT 业务集中，证券公司的人员需求朝着技术、研究、交易、高端营销等方面发展，层次提高。

（二）网络证券交易的模式

网络证券交易时，客户实际做的是两件事：一件是利用网络，查看证券行情和基本面等信息；另一件是利用网络，将自己的交易指令发送给证券公司。对客户来说，前者是信息下行，要求信息比较及时、内容丰富；后者是信息上行，要求信息高度安全保密、快速传输。

为满足客户的需要，我国证券公司目前通常采用的交易运行模式，是把行情和基本面信息外包给专业的信息软件公司(如大智慧、同花顺),公司自行编写传递交易指令的软件,并将交易指令软件和信息软件用定制的方式整合起来,客户可以在查看证券信息时直接启动交易。在电脑端,证券公司甚至还可以将自己的交易指令软件和多种信息软件分别整合(如大智慧××证券专用版、同花顺××证券专用版等),为不同习惯的客户提供不同的选择。

在上述交易模式里,证券信息的获取、交易指令的传输都是客户自行通过软件的用户界面进行的,处理信息和作出决策的都是客户自己。证券公司还提供另外一种交易模式,就是证券信息软件和交易指令软件各自向客户提供应用程序的编程接口(Application Programming Interface,API),客户可以自行编写程序,利用API与证券信息软件、交易指令软件通信,譬如利用证券信息软件的API,批量导出证券行情数据,在客户自己的计算机上处理后,形成投资策略,再通过交易指令软件的API,将复杂的投资策略自动发送给证券公司,实现自动化的交易。

案例和拓展 5—1

量化投资和算法交易

量化投资和算法交易是金融科技多年来持续深耕的领域。

量化投资(Quantitative Investment)是一种根据交易行情、财务报表、经济数据、非结构化数据等,通过定量研究来生成价格或投资策略的活动。量化投资的思路本身历史较长,但因为需要处理大量数据,所以,在计算机广泛使用后才真正实用。在金融行业从事量化投资工作的人被称作"Quant"(中文有时会音译为"宽客")。量化投资技术几乎覆盖了投资的全过程,包括量化选股、量化择时、金融产品定价、衍生品定价和套利、风险对冲等,使用统计/实证金融或数学金融、行为金融、自然语言处理和机器学习等各种方法建立模型,找出合适的定价或投资策略。建立量化投资策略往往需要将历史数据分成两部分(样本外和样本内),利用样本内数据找出模型的最优参数,然后使用样本外的数据对模型参数进行回测,避免过度拟合(过于紧密或精确地匹配了样本内数据,以至于无法良好地拟合样本外数据或预测未来)。

算法交易(Algorithmic trading)也称程序化交易、自动交易,是指运用自动化的计算机程序,根据预设的算法进行投资和买卖的行为。目前在股票、金融衍生品、外汇、加密货币等交易领域,算法交易已经占了相当大的比重(尤其在短线交易中),算法支持的高频交易(High-frequency Trading,HFT)能从人们过去无法抓住的、极为短暂的市场情景(譬如某种证券买入价和卖出价差价的微小变化,或者某只股票在不同交易所之间的微小价差)中,自动地找到获利机会,这种交易速度快、次数多,单笔收益率很低,但总体收益稳定,最重要的是,高度依赖对市场数据的超低延迟访问,以至于有些交易机构将自己的服务器安置到交易所的服务器一墙之隔的地方,以缩短信息和指令的传播用时。

量化投资和算法交易的关系非常紧密,经常一起出现。算法交易的算法是由量化投资策略给出的;频率较高、交易次数较多的量化投资策略,往往通过算法交易实现。以量化投资中最简单的统计套利为例,它运用统计分析工具对一组相关联价格的历史数据进行分析,研究该关系在历史上的稳定性,并估计其概率分布,确定该分布中的极端区域(否定域),当真实市场上的价格关系进入否定域时,则认为该种价格关系不可长久维持,套利者有较高成功的概率进场套利。譬如,豆粕与豆油同属于大豆的下游产品,通过分析芝加哥商品交易所大豆、豆油和豆粕在过去20年的历史比价数据,会发现它们之间的价格关系有稳定的相关性,如果其中某种商品的价格相对于另外两种商品的偏离超出了正常波动(如2个标准差)范围,就可以认为,这种商品的价格不合理,很快就会向均值回归,此时,应根据预测回归方向建立头寸。要实现这个投资策略,需要让计算机程序不断地从行情软件中获取三种产品的价格,当价格波动触及某个阈值时自动发出交易指令,然后持续盯市,当价格回归时及时自动平仓,这就是交易的算法。

三、其他证券相关业务

证券交易通常都要通过经纪商进行,如果经纪商纯粹在网络上展业,通过网络转账接受客户资金的进入和提取,证券业务在外表上看,就只呈现为几笔资金在客户银行账户和经纪商银行账户之间的进出,实际业务在"黑箱"里发生,外部监管部门对交易内容很难全面、及时地掌握,只能事后跟踪追查。在我国就出现了一些不受监管的和证券相关或类似于证券交易的业务。

(一) 跨境证券交易

根据我国《外汇管理条例》的规定,经常项目的外汇支付不受限制,但境内外机构和个人从事跨境证券业务需要按照国务院外汇管理部门的规定办理登记,事实上,除了通过QDII、QFII和深(沪)港通,境内(外)个人投资者无法买卖境外(内)证券。

然而,如富途控股、老虎证券这样的互联网券商,可以为我国境内居民提供美国、中国香港、新加坡、澳大利亚等地的股票交易经纪业务,并利用港股通机制,为境外居民提供A股交易业务。它们提供的经纪业务均支持融资融券(保证金交易)。

我国客户如果要通过这样的券商参与境外股票交易,就需要通过银行汇款,将外汇汇到券商指定的海外账户(称作入金)。我国客户的外汇需要自行获取,券商不提供从人民币到美元等外汇的兑换业务。等到客户想要收回资金时，就要向券商申请提取资金（称作出金），券商会将客户可提取的资金汇到客户指定银行的账户，但受我国外汇管理政策的约束，如果客户要将外汇汇入自己的国内银行账户，可能需要面临银行的询问，说明资金来源，否则，会被退回。

因为这类跨境券商不提供外汇兑换，只接受境内客户已经"兑换"成功的外汇，且在形式上是接受客户汇入资金，所以它的业务并不是明显非法，只是处于"灰色"地带。然而，境外的保证金交易机制和股市高波动的特征，可能会给经验不足的投资者带来超出预期的损失；而且，跨境交易的实质，是在我国目前的资本和金融账户有序开放的防火墙上多开了一扇后门，最终还会加大我国的资本外逃风险。

随着业务规模的扩大，监管部门逐渐注意到了这类跨境券商。从 2021 年 10 月起，中国证监会就不断吹风表示跨境券商业务需要规范。2022 年 12 月 30 日，证监会宣布，推进富途控股、老虎证券非法跨境展业整治工作，按照"有效遏制增量，有序化解存量"的思路，禁止未在境内持牌的境外机构违规招揽境内投资者，并不得为其开立新账户；同时仍允许存量境内投资者继续通过原境外机构开展交易，但存量投资者向境外账户转入增量资金时应当严格遵守我国外汇管理的有关规定。2023 年 1 月 13 日，证监会正式发布《证券经纪业务管理办法》，将境外证券经营机构在境内开展的业务纳入监管范围。

（二）类证券交易

如果采用和网络证券交易一样"入金—交易—出金"的流程，但交易标的物变成期货（非我国合法设立的交易所）、贵金属现货、外汇、加密货币等其他产品，那就形成了各种类似于网络证券的交易业务，它们的共同特征是：支持保证金交易和加杠杆；支持做多做空双向交易；交易频繁（T+0）；交易价格往往直接跟随全球市场。

类证券交易的"交易所"往往规模有限，是如何保证"交易迅速成交，价格紧跟全球市场"的市场深度的呢？答案是，多数类证券交易都先和客户做"对赌"式的交易①，然后再酌情将部分交易真送到外部市场上成交，对冲一些风险。因为需要实时处理的都是"对赌"式交易，外部交易可以另外处理，所以，类证券交易的前后台系统都比较简单（只需要从外部引入行情信息，交易信息只管收和本地记录，无需送出），通常会使用 MetaTrader 4/5（MT4/MT5）系统这种通用的交易平台，各种交易千人一面，差异只体现在营销上。

类证券交易的交易模式风险很大，内容不透明，部分平台涉及诈骗（或者是从普通平台开始，但因为采用"对赌"模式，在市场大幅波动期间大额亏损，被迫跑路），在我国这些业务均为非法，切勿参与。

---

① 关于"对赌"式交易的相关知识，可以参见本书第四章对加密货币交易所的介绍。

(三) 场外配资

在我国,客户目前可以通过证券公司开展融资买入业务,实现加杠杆,但融资买入对客户有净值要求(各券商自定,早期多为50万元以上,后来逐渐下降)、标的物范围有限(早期仅数百只股票,后来逐渐扩大,到2022年年末,融资标的范围有2 200只股票)、杠杆率有限(1∶1)。部分交易者会设法寻找更激进的融资方式,互联网场外配资就是其中的一种。

所谓场外配资,是指未纳入监管的证券融资交易①,其实就是借钱买股票。具体实现方式包括伞形信托和民间配资。

伞形信托就是信托公司发行的某种信托产品。其本质就是信托产品一次性募集资金后,分散给多个融资客户,让这些客户分别自行购买证券,为融入的资金支付利息,然后自负盈亏(在法律意义上较为复杂,不作展开)。伞形信托的资金主要来自认购信托的银行理财产品,杠杆可高达3倍;投资者可以通过向开户的证券公司申请,通过伞形信托融资。

民间配资门槛相对较低(有一些门槛低的产品线)、杠杆率较高(最高可以达到5倍)、标的物不受限制。场外配资可以在线下进行,配资者(一般称配资公司,是民间金融提供者)用自己线下组织的资金来支持配资;也可以通过互联网进行。

互联网场外民间配资,就是由股票投资者在线提出配资申请,互联网平台帮其融资扩大操作资金,资金来源则是网络另一端的P2P投资者,P2P投资者的收益约为年化10%—15%,期限以1、2个月居多,最长一般不超过6个月,互联网平台以服务费、开户费、管理费等名目收取约3%的费用,配资申请人获得资金的总成本普遍在13%—18%。通常来说,互联网平台不会真的逐点对接一笔融资需求和一个投资者,而是将融资需求和投资资金先汇总到平台,然后再统一分配。

无论是伞形信托、线下场外民间配资,还是互联网场外民间配资,它们都有高杠杆率和强行平仓的制度,股市稍有波动,就容易触发强行平仓②;场外配资的资金,往往用于投机性较强的交易,集中在少数股票上,当强行平仓发生时,少数股票的价格就会大幅下跌,然后引发更多的强行平仓,产生踩踏式下跌。

2015年上半年,我国股市曾出现过一波"股灾",据部分证券公司估计,股灾发生前,场外配资的规模约为1—2万亿元,超过了证券公司的正规融资余额(1万亿元左右)。2015年7月,证监会公布了《关于清理整顿违法从事证券业务活动的意见》,虽然没有直接提及场外配资活动,但"严禁账户持有人通过证券账户下设子账户、分账户、虚拟账户等方式违规进

---

① 被监管的配资(场内配资)包括券商融资业务和分级基金B类。券商融资业务不再赘述。分级基金是指同一个基金产品分为A级和B级,B级基金募集的资金用于给A级基金加杠杆,A级基金的风险和收益放大,杠杆约为2倍,B级基金获取固定收益,风险较小,获取固定收益。

② 对于1∶5的杠杆倍数,场外配资的平仓线一般在110%,即总资产余额相当于配资的110%时,就会触发平仓。以投资10 000元,5倍杠杆配资,购买60 000元的股票为例,当股票价值变为55 000(即配资50 000元的110%时),就会触发平仓,而此时相当于买入价格,亏损仅8.33%,一个跌停板都不到。

行证券交易","对通过外部接入信息系统买卖证券情形,证券公司应当严格审查客户身份的真实性、交易账户及交易操作的合规性,防范任何机构或者个人借用本公司证券交易通道违法从事交易活动"。这在技术上杜绝了大多数场外配资的可能(因为场外配资多数都是通过专门的子账户和分仓信息系统来实现资金分配、交易、平仓之类操作的)。2015年9月,证监会发布《关于继续做好清理整顿违法从事证券业务活动的通知》,明确提出"确保场外配资清理整顿工作有序开展"。到2016年时,包括互联网场外配资在内的大多数场外配资业务已经消失了,剩下的多是一些民间自行组织的、不利用知名软件系统开展的配资活动,一旦被发现,将会面临法律惩处。

第三节 保险业务和网络

一、保险业务的特征

虽然保险和银行、证券都是传统金融行业,但从产品性质、业务流程、销售渠道等方面看,保险和银行、证券有较多差异,从而保险业务"上网"的方式也和银行、证券不同。

从产品性质上看,保险产品具有较为明显的"商品、服务"性质,尤其是纯保障型保险,客户购买保险后,本来就不期待得到稳定的回报;而银行、证券业务都具有较强的投融资性质①。

从业务流程上看,保险不需要明显的"回馈"和"交易"。网络保险的销售是单方面的,只要依托电商平台完成资金结算,并在保险公司后台形成记录,就完成了销售。销售完成后,如果不发生理赔或给付,客户和保险公司就无须有后续联系;而网络保险的理赔受客观条件的限制,又不一定都能网络化、流程统一化,如车险需要定损、寿险需要健康证明和死亡证明等。因为要实现的功能少,所以,网络保险所需的软硬件系统要比银行、证券简单很多。

从销售渠道上看,保险长期依靠保险代理人、保险经纪人等渠道销售,对面对面交流的依赖较高,各种优惠、礼品、"人情味"之类的因素,在网络上难以完全透明地表达出来;而银行、证券业务大量依靠金融机构展开营销,营销手段受监管较多。

因为保险的上述特征,所以,传统的人身、财产等保险网络化的程度比证券、银行等要低一些,2021年,互联网人身、财产保险业务渗透率(互联网人身、财产保险业务保费与保险

---

① 保险业的金融性质主要体现在保险公司整体层面。保险公司整体资金呈现"先收入资金,后支出资金,收支基本平衡,略有盈余"的特征,而且,保险公司需要使用各种金融工具对收到的保费进行投资管理,并接受金融级别的业务监管要求和税收待遇。

公司全渠道业务保费的比值）分别为 8.8% 和 6.3%①。在我国互联网金融的高速发展期间，互联网保险公司这种纯粹依托网络展业、不设立实体分支机构的公司曾受到过人们的关注。2013 年，平安集团、腾讯集团、阿里巴巴集团这三家保险业和互联网业的"顶流"企业合作成立了第一家互联网保险公司众安保险，2015 年 5 月底，保监会又在一周内通过了易安财产保险公司、安心财产保险公司和泰康在线财产保险公司三家互联网保险公司的筹建申请，不过此后互联网保险公司就不再增加了，至今仍然只有四家，经营效果也呈现分化。

二、互联网上的保险业务

互联网上的保险业务大致分为两类：一类是依托网络开展的保险营销和代销，销售的是传统保险产品，后续业务流程也是由传统保险公司接手；另一类是纯互联网保险公司，它们不设实体分支机构，专门从事与互联网交易直接相关的货运保险、责任保险、信用保证保险等业务。

（一）依托网络开展的保险代销和营销

依托网络开展的保险代销和营销活动，典型的包括意外健康险、车险等传统产品的销售、第三方互联网经纪公司的"保险超市"和"筹款＋互助＋保险"的新型保险营销等。

在意外健康险中，航空意外险是我国互联网保险最早获得销售资格的产品。2012 年 2 月，我国共有 5 家保险经纪公司的 19 家网站首次获批网上保险销售资格，其中的多数都是航空公司。这是因为航空公司的机票较早地实现了网络销售，而人们往往在购买机票时顺便购买航空意外险。航空意外险的购买资格和身份认定可以和机票购买绑定，技术上容易实现；而航空意外险本身的金融性质弱，商品服务性质强，所以，监管部门批准销售的顾虑也很小。伴随着火车票网络销售的普及，铁路意外险的网络销售也全面展开了。由于支付宝等大型平台主推"百万医疗险"等短期健康险和重疾险，所以，它们的销售额增长很快。

目前，各保险公司的车险都可以在网络上购买。车险网络购买的便利条件，是我国建立了全国通用的车辆保险查询系统，一辆车全生命周期的保险历史，任何保险公司都可以查到，而基础定价和折扣率也是全行业统一的，各个保险公司只需要自行设定一点网络购买保险的优惠即可。不过，和传统的线下销售相比，车险网络报价的优惠幅度比较透明，实际拿到的优惠不一定比得上线下销售；车险对网络的应用更多体现在支付通道和出险初步报案方面。

第三方互联网保险经纪公司，如慧择保险经纪有限公司（"慧择网"）、向日葵保险经纪有限公司（"向日葵保险网"）等，会和多个保险公司合作，将网站定位为保险综合销售平台，为各个保险公司的产品提供对比、咨询、购买的入口。在 PC 时代，这样的网站经营成效不

---

① 中国保险行业协会《2021 年度人身险公司互联网保险业务经营情况分析报告》、《2021 年互联网财产保险发展分析报告》。

错,但到了移动互联网时代,因为微信、支付宝等大平台入口和"水滴筹"之类的竞品,这类老一代的互联网保险经纪公司逐渐衰退了。

随着智能手机和社交媒体的普及,"筹款+互助+保险"一体的新型保险营销模式近年来获得了很大成功。水滴公司是这类营销模式的代表。水滴公司最知名的产品是"水滴筹",它自定义为"国内领先的个人大病求助平台",大病患者将自己的情况在"水滴筹"上发布,然后请亲友在微信等社交媒体转发,形成逐层转发链,并利用微信便利的支付功能收款,开展众筹。由于"水滴筹"名声大噪,许多人将水滴公司看作公益机构,实际上,水滴公司是一家有着保险经纪、保险代理、保险公估三类牌照的商业公司,在IPO的招股书中自称为全国最大的独立第三方保险平台。通过大病众筹,"水滴筹"能够吸引大量流量,而在访问者对大病患者感同身受并引发对自己健康的担忧时,水滴公司旗下的"水滴保"会提供保险购买页面,获取保险销售佣金,此外,水滴公司还联合保险公司开发一些特色短期重疾险项目,如水滴蓝海系列重疾险等。截至2022年9月30日,水滴保平台上提供了536种保险产品,2022年第3季度,水滴公司的净营收为7.72亿元,其中,保险相关收入为6.94亿元,是收入的最主要来源。

案例和拓展 5-2

"网络互助计划"的兴衰

"网络互助计划"是一种类似于重疾保险的网络产品。会员以互帮互助为目的加入网络计划,如果罹患重疾,可以按照"一人患病,众人均摊"的既定规则获得一笔最高若干万元的健康互助金,这笔互助金来自同期其他会员的小额支付,所谓"花小钱,治大病"。"夸克联盟"是我国最早出现的网络互助计划,其原名夸克大病互助基金成立于2015年3月;"水滴互助"是早期出现的规模较大的互助计划,成立于2016年5月,但当时引发的关注有限。

支付宝进入互助计划市场后,情况开始发生了变化:2018年9月6日,信美人寿向银保监会报备信美人寿相互保险社相互保团体重症疾病保险产品,该产品的运作模式和"网络互助计划"是一样的,但自定义为保险,10月16日,信美人寿相互保险社联手支付宝以"相互保大病互助计划"的形式推出"相互保"并上线支付宝App,该产品依托支付宝平台,上线一周左右,已经有超过1000万用户参与,隐隐然将成为新的现象级产品。同年11月27日,信美人寿相互保险社就发布公告,称监管要求停止以"相互保大病互助计划"为名销售信美人寿相互保险社相互保团体重症疾病保险,支付宝也发布公告,称即日起将"相互保"升级为"相互宝",且"相互宝"不再由信美人寿承保,改为蚂蚁金服独立运营,该项服务不再具有保险属性,变为基于互联网的互助计划。此后,各大平台纷纷推出类似的互助计划,美团于2019年6月上线美团互助,360于2019年6月上线360互助,百度于2019年11月上线灯火互助。

从现金流来看,"网络互助计划"相当于一个现收现付制的保险,它没有法人实体承办,会员之间通过协议承诺承担彼此的风险损失,和国外的"相互保险"非常相似。为了吸引客户,"网络互助计划"往往会对个体支付的金额设置上限,如"单次互助金不超过3元""年支付上限不超过188元"之类,在计划开始之初,每月每人的摊付金额甚至只有几分钱。因为每一笔赔付都需要会员真的掏钱出来,所以,对于赔付范围、赔付额度等经常有争议,如"相互宝"就引入了"赔审团"制度,并根据实际赔付情况,调整过轻度甲状腺癌的赔付金额(5万元)等。

到2020年时,曾经火热的"网络互助计划"已经慢慢退烧了。这些计划面临的主要问题包括:为了吸引更多客户,计划参加的审核条件较为宽松,导致逆向选择,加入计划的人往往健康条件较差,赔付率比一般重疾险更高;因为是现收现付的,而刚加入时有赔付等待期,参与者又以喜欢尝试新鲜事物的年轻人为主,所以,计划刚开始运行时的人均分摊金额很低,等到赔付等待期结束、参与者范围变广后,重症几率逐渐显露出来,分摊金额逐渐增加,健康程度较好的会员对自己的健康有信心,觉得自己只有分摊,不大可能拿到赔付,于是会退出计划,剩下来的会员分摊量会进一步提高,甚至有人直接宣扬这些互助计划是骗局;互助计划的管理方(互联网平台)为了推广计划,收取的管理费用偏低,甚至还要准备在分摊上限达到后自行补贴互助计划,这在经济上也不合算(主要是没找到除互助计划管理费之外利用客户参与和信息获利的方法);各地政府纷纷通过一定的财政补贴,和保险公司合作,推出了类似的低门槛重疾险,如苏州市和东吴人寿保险公司合作,推出了名为城市定制化商业补充医疗保险的"苏惠保",首年只需49元就可以参保,也挤压了互助计划的空间。

监管部门对"网络互助计划"不甚支持。早在"网络互助计划"刚出现不久,2016年12月31日,保监会就发布了《中国保监会关于开展以网络互助计划形式非法从事保险业务专项整治工作的通知》,实质上彻底禁止了互助计划以保险名义进行,但并未禁止互助计划本身。2020年9月,银保监会网站发布了一篇《非法商业保险活动分析及对策建议研究》的论文,提到"相互宝、水滴互助等网络互助平台会员数量庞大,属于非持牌经营,涉众风险不容忽视,部分前置收费模式平台形成沉淀资金,存在跑路风险,如果处理不当、管理不到位,还可能引发社会风险""要加大对借助互联网手段开展的新型非法商业保险活动的打击力度,要把网络互助平台纳入监管"。虽然这篇论文并不是银保监会的官方态度,但出现在银保监会网站上,也含有一定的褒贬看法。

2021年,诸多网络互助平台先后关闭。2021年12月28日,"相互宝"发布公告,表示将于2022年1月28日停止运行,至此,一度红火的"网络互助计划"在我国完全消失了。

(二) 纯网络保险产品举例

纯粹在网络上办理业务的保险产品，往往赔付验证流程简单，内容争议和免赔条件较少。退货运费险、网络消费贷款信用保证险就是两种常见的纯网络保险产品。

退货运费险是指在电子商务交易中，买卖双方发生了退货事件后，保险公司根据投保人提供的订单号，对所退货物产生的单程运费提供资金赔偿的保险。以淘宝运费险为例，运费险投保与主商品订单捆绑，必须和主商品购买一起完成（可以买家自行购买，也可以卖家赠送），买家确认收货前发起退货，商家收到退货商品后，由商家输入物流订单，赔付金额是根据收发货双方所在地间测算的快递最低首重运价（并非实际发生的运费），一旦买家确认收货，或运费险一次赔付完毕，则运费险保障结束。退货运费险的购买赔付流程完全和电子商务流程绑定，需要商品购买记录、退货记录、物流订单号，且最终由商家录入物流订单，这就能在流程上避免骗保①，保费高低还可以根据商品和卖家以往的退货记录而动态调整（容易退货的商品，收较高的保费费率）。退货运费险有效地提升了电子商务体验，机制设计也比较合理，是纯网络保险的经典产品，很多客户就是从运费险开始首次体验了网络保险。

网络消费贷款信用保证险是伴随着网络消费贷款产品而产生的保险。网络消费贷款通过纯网络申请，对申请者的信用要求较低，违约率相应较高。提供贷款的金融机构或点对点借出人为了控制风险，会要求贷款人同时购买一份信用保证险，当贷款人违约时，保险公司先行赔付，然后再向贷款人代位求偿。购买信用保证险的费用包含在贷款人支付的总费用里面，是贷款金额的一定比例（如每年5%之类），一般是在贷款一揽子合同中一并确认，形式上是贷款人自行购买的。在我国P2P网贷发展的高峰期，网络消费贷信用保证险的增长非常迅速，不过当时，网贷平台为了"风控良好"的声誉，不一定会将所有的违约借款人都申请保险赔付，而是自行消化一部分，而且分期偿付的消费贷款违约也是慢慢才暴露的，所以保险赔付率不高。2018年后，我国网贷行业整顿清退，大量借款人违约，网络贷款信用保证险出现大面积亏损，业务全面收缩，直到现在也没有完全恢复。网络消费贷款信用保证险从流程设计上来说确实适合互联网办理，但它的保险标的物风险过大，难以合理定价，这是它衰落的根本原因。

在网络保险出现的早期，出于营销目的，一些网站会联合保险公司推出一些内容"奇葩"的保险，如"中秋赏月险""车辆贴条险""股票跌停险"，这些保险往往以一个纯保费极低的保险（如人身意外险）为基础，附加一些类似于对赌的条款，依靠附加条款实现标榜的目的。2015年颁布的《互联网保险业务监管暂行办法》限制了第三方网站与保险公司的合作，这些"奇葩"保险也就销声匿迹了。

---

① 但如果买家大量购买商品并退货，和快递点商定一个较低的运费（低于运费险系统计算出的运费），仍然可以骗取运费和保费的差价。

三、理财式的网络保险

因为保险的"商品、服务"性较强,所以,保险网上展业在我国所面临的监管强度也比证券、银行要小一些;这种对网络保险金融性的低估,导致以"寿险"为名的理财型网络保险曾非常红火,又一度出现乱象。

理财型保险指集保险保障及投资功能于一身的保险产品,主要包括分红险、投资连结险、万能险和年金险,而其基础产品都是人寿保险。因为网络保险销售资格发放较早,互联网平台就利用保险销售资格,通过销售理财型保险,变相实现"理财"产品销售。譬如,2012年,淘宝网推出了"淘宝理财"频道,刚开始的时候销售的都是理财类保险产品。不过,理财类保险开始的时候网络销量并不高,在2013年余额宝成功吸引大量客户后,人们对互联网理财的认可度提高,理财类保险开始收获客户。

当时,在互联网上销售的理财类保险常见的特征包括:

(1) 强化商标名(如"X康灵动二号""X华理财宝")和预期收益率,淡化保险实质,这其实也是余额宝走红后,互联网金融产品"泛理财"化的普遍表现。

(2) 保险功能极弱,虽然基础是寿险,但身故保险金只和总保费基本相当,也就是说,保费的主体都是用于理财结算的现金价值,纯保费占比低。

(3) 宣传预期收益率或结算利率,淡化收益的不确定性。常见的互联网理财类保险都是投资连结险或万能险。网销投资连结险通过投资固定收益的产品,实现较为稳定的收益,但不承诺保本或最低利率;万能险有最低结算利率,销售时的结算利率高于最低,以后保险公司有权自发下调。

(4) 通过"长期限产品+一段时间后无条件退保"来构建各种期限的理财产品,譬如,一份产品的合同本身为5年期保险,但规定6个月后无条件退保,其实就是引导投资者将其用作6个月期的理财。

在淘宝"理财频道"销售理财类保险的,主要是小型人寿保险公司,如富德生命人寿、前海人寿、珠江人寿、昆仑人寿等,它们的线下销售渠道较弱,只能和互联网平台加强合作。网销理财类保险的流行,和2014年后保险资金大幅进军金融市场的节奏是一致的,各保险公司通过大量销售理财类保险(尤其是万能险)筹集资金,开展包括股权收购在内的多元化长期投资①,但网销理财类保险到期后随时退保的设计,加大了产品的期限错配和流动性风险。

2015年7月,保监会颁布了《互联网保险业务监管暂行办法》,规定分红险、投连险、万能险等"新型产品"不允许在没有设立分公司的地域通过网络展业,这实际上意味着禁止小型寿险公司通过互联网销售理财类保险。该办法还要求,对于这些"新型产品",严禁片面

---

① 譬如,在淘宝"理财频道"销售产品的某人寿保险公司,用险资购买其实际控制人旗下另一集团的房地产,以及在证券市场举牌某知名房地产企业,意图获取该企业实际控制权,在2015年曾引发大量争议。

使用预期收益率等描述产品利益的宣传语句,须以不小于产品名称字号的黑体字标注收益的不确定性。这对理财类保险的网络销售施加了很多限制,此后,理财类保险虽然还在各类网络平台上出现,但销售高潮已经过去了。2021年10月,银保监会颁布《关于进一步规范保险机构互联网人身保险业务有关事项的通知》,明确保险公司可通过互联网开展的人身保险业务范围包括"意外险、健康险(除护理险)、定期寿险、十年期及以上普通型人寿保险和十年期及以上普通型年金保险及中国银保监会规定的其他产品",也就是说,以"理财"为用途的人身保险已经彻底不允许通过互联网办理了。

第六章

新兴网络金融活动的得失教训

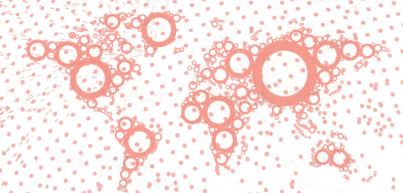

互联网金融在 2010 年后兴起时，P2P 网络贷款和网络众筹都被人们给予了厚望，前者代表互联网债权融资，后者可以朝着互联网股权融资的方向发展，正好是金融两大类产品在互联网下的实现。然而，到了 21 世纪 20 年代，这两项业务并未如人们当时所想的那样成为互联网金融的代表，而是要么留下一地鸡毛，要么发展得不温不火。本章对这两类业务做一些介绍，总结其兴衰教训。

第一节 P2P 网络贷款业务

P2P 网络贷款是我国 2013—2020 年互联网金融最热门的话题，曾经一度被视作巨大的金融创新和理财机会，吸引了大量的民间投资者，后来又大面积爆雷，给投资者带来了惨痛的损失。到 2020 年 11 月，我国的 P2P 网络贷款平台已经全部清零，但其司法处理尚未全部完成，大量坏账仍然无从收回。本节讨论我国 P2P 网络贷款的运行模式、风险漏洞和监管，希望读者能够从中体会民间金融活动的组织形式、网络营销手段以及和监管之间的博弈历程，获得一些教训。

一、P2P 网络贷款的内涵

P2P 网络贷款是借出人和借入人之间点对点（Peer to Peer，P2P）匹配，借出人的资金直接提供给借入人，借入人还贷的资金直接给借入人，如果借入人违约，则借出人无法收回本息。美国的 Prosper、Lending Club 等早期 P2P 网络贷款平台刚出现时，其运行模式大致就是这样，借入人在贷款平台上发布贷款需要，借出人通过贷款平台看到信息，将资金由贷款平台转交给借入人。在此过程中，P2P 网络贷款平台提供信息中介（信息披露、贷款利率评估、用户撮合等）服务，收取服务费，不承担信用中介（保证还款）的职责，平台不用开展线下尽职调查，而是直接使用美国社会普遍使用的征信评分作为信息披露重点。

然而，在监管和市场的压力下，Prosper、Lending Club 的业务模式现在都变成了资产证券化：给借款人的贷款，先由第三方银行提供，再转让给贷款平台，贷款平台遵循美国证券法规，将贷款收益权注入池子，制作成收益权凭证，供投资人购买，投资人和借款人之间不存在直接的债权债务关系，如果借款人对贷款违约，证券持有人就会收不到证券本息（和一般的资产证券化一样，平台会通过自持劣后级证券等方式，为证券持有人提供适当增信）。

资产证券化模式运行的 P2P 网贷业务，其网络性目前只反映在贷款申请、审核和还款等环节的网络化上，而技术含量主要在贷款营销、贷款定价等方面，Lending Club 也将业务定义成在线个人贷款和全功能银行服务，而不再是 P2P。对这类网络贷款的监管以证券监管为主，监管重点是信息披露，而非 P2P 网贷平台的运营情况或贷款质量高低。事实上，这样的 P2P 网贷平台并没有突出的表现，Lending Club 作为美国最大的 P2P 网贷平台，2014 年 12 月上市，筹资 9 亿美元，是 2014 年美国排名前列的技术企业 IPO，上市首日收盘时市值为 85 亿美元，到 2023 年 11 月时，市值仅为 7 亿美元左右。

我国的 P2P 网络贷款早期常以 Lending Club 为对标品，然而，无论是早期真正的 P2P 模式，还是后来的资产证券化模式，美国的网络借贷和我国 2020 年前流行的绝大多数 P2P 网络贷款，除了名字相似之外，基本上没有其他相似之处[①]。

我国的 P2P 网络贷款，资金借出人访问网络上发布网贷信息的网站（P2P 网贷平台），将资金交由 P2P 网贷平台调度，这些资金最终大多都会流入我国的各类民间金融渠道，形成底层资产。不同的民间金融活动，会带来不同的资产收益率、风险和期限，并反过来决定 P2P 网络贷款的运营方式和产品设计。我国的 P2P 网络贷款本质上是涉及网络的、非持牌机构开展的民间金融活动，它并不一定真是"点对点"进行的，但在这里仍约定俗成称之 P2P 网贷。

民间金融活动历史悠久、模式成熟，所以，它一旦"上网"后，就能利用网络的支付和宣传便利，借着金融创新的名义在全国范围内吸收资金、发展客户，获得超速的发展；而 P2P 网贷的参与者更多的是将其理解为高利率投资产品，不在乎业务实质。

考虑到我国"P2P 网贷"的运行实质和参与者认知的实际情况，本节对我国"P2P 网贷"的介绍和分析，不使用所谓"金融科技"的视角，而使用比较草根的、民间的视角，讨论民间金融活动是如何通过产品设计、分工、网络营销、用户体验，将底层资产打包成吸引眼球的"P2P 网贷"，并吸引大批用户，在全国流行开来的。在分析这些问题时，本书多数时候会按照当时 P2P 网贷的习惯，将借出资金的客户称作"投资者"，将信息发布者和资金管理者称为"平台"，将投资者投资的对象称为"产品"。

二、民间金融活动和 P2P 网贷底层资产

民间金融活动形式多变，很多细节只有深入行业才能了解，下面介绍部分和 P2P 网贷相关的常见活动，说明其基本流程、风险点以及和 P2P 网贷的结合点，也让多数时候生活在校园环境中的读者从侧面了解一些我国民间金融的运行现状。

（一）个人信用贷

个人信用贷是指个人不需要提供任何抵押物，靠自身信用获得的贷款，它本身是一种各类金融机构和准金融机构都会提供的贷款产品[②]，因为流程简单，所以，"草根"式的民间

---

① 我国有一部分网络金融产品和美国的网络借贷有相似之处。早期真正的 P2P 模式，我国的拍拍贷平台曾在主要产品线上使用过，市场反响一般；资产证券化在我国的门槛较高，支付宝借呗、京东金条、乐信等网络借贷产品曾使用这种方式筹资。
② 我国的银行会向资信较好的存款客户提供信用贷，利率大致比贷款基准利率高 100—200 BP，还会向信用卡客户以现金分期的形式提供信用贷，年化利率约为贷款基准利率的 4 倍；支付宝借呗、京东金条本质上都是个人信用贷，年化利率约为贷款基准利率的 4 倍。

金融机构也经常提供。有时候你会看到一些小广告,上面写"一张身份证就能放款",就是这类民间个人信用贷。

民间金融机构提供的个人信用贷的金额通常在10万元以下,期限一般在2—3年,等额本息方式还款,年化利率在40%左右。举例说明一下它的运行模式:借款人和放贷人签订一份借款合同,合同的名义本金80 000元,但放款时即刻收取20 000元服务费(也可以叫信用评估费之类,在行业内部俗称"砍头息"),所以,实际放款60 000元。贷款合同中的名义年利率为15%,以80 000元本金计算,36个月,每月等额本息还款2 773.23元,但因为实际收到的本金只有60 000元,真正的年利率为36.73%。这样的高利率、无抵押、长期限贷款,后期的违约风险很大,所以,一般都是线下办理,放贷人会安排业务员在线下定期回访借款人,跟踪其还款能力和意愿,有时还会以一些"灰色"的方式提醒其保持还款。

在原来的民间金融活动中,个人信用贷的"砍头息"并不是真正存在的资金,只能用来提高贷款的实际利率,但当个人信用贷放到P2P网贷平台上时,借出人看到的合同包括80 000元名义本金、2 773.23元的还款金额和15%的年利率,他们要为这笔合同提供足额的80 000元,其中,60 000元实际发放,20 000元立刻被P2P网贷平台拿走,可以确认为当期收入。所以,平台只要不断放贷,就能不断获得新的"砍头息",维持当下的现金流或直接作为利润分配,加大了平台滥发贷款的动机。另一方面,因为借入人实际收到的资金只有60 000元,实际年利率过高,一旦违约,法律不会支持2 733×36的全额偿还。

通常,个人信用贷的申请名义都是个人消费,但实际用途并无限制,可以用于经营资金周转,也有很多人借钱后用于赌博等高风险活动。农村居民的"三农贷"从实质上看也是一种个人信用贷,少数P2P网贷平台会开展这项业务,如"翼龙贷""短融网"[①]。

在我国2016年对P2P网贷施加单笔金额上限监管要求后[②],个人信用贷成为很多大型P2P网贷平台的主流底层资产,如"陆金所""桔子理财"。因为个人信用贷偿还周期较长,所以,P2P网贷平台的上架资产期限也逐渐延长。

现金贷是一类特殊的个人信用贷,它期限很短(往往是1—2周),利率极高(考虑服务费的年化利率普遍超过100%),金额相对较小(单笔数百到数千元),一般通过大量提前收取服务费的方式发放资金。这种业务因为利率超高,违约率也很高,所以,放贷人一般使用自有资金,在网络上接受申请和发放资金,不通过网络平台筹集资金。在我国对P2P网贷的整顿中,现金贷往往不是因为"非法吸收存款"之类的原因被查处的,而是因为利率过高和违法催收。

---

① 本书会列举一些当时影响较大或模式较为典型的P2P网络贷款平台的名字,这些平台网站大多数都已关闭,或者仅留存一个公告页面;有兴趣的读者可以通过搜索新闻了解当时的详情。
② 参见本节第五部分。

> **案例和拓展 6-1**
>
> **现金贷的伪装形式**
>
> 　　超高利率的现金贷有时候会伪装成其他服务。譬如，表面上看借款利率不高，但贷款提供方开设某个网络商城，要求先购买一件高价商品（价值几乎为0），然后才能获得借款资格，高价商品的溢价就相当于"砍头息"；或者，提供一个毫无游戏价值的网络游戏，声称"延期充值返现"，充值购买1 000元游戏币，立返750元，一周后"延期"支付1 000元人民币，则差价250元相当于是"砍头息"；又或者，声称是"手机回租"，先"买下"客户正在使用的手机，给客户1 000元现金，不用客户寄出手机，但客户需要每月付"租金"150元，持续一年，这就相当于一笔本金1 000元，每月150元，持续12个月的等额本息还款，内涵年利率为125%。

（二）抵押贷

　　抵押贷就是借款人以提供抵押物给放贷人为条件而获得的贷款，如果不能偿还，放贷人可以处置抵押物获得资金。民间金融常见的抵押物为汽车（车抵贷）和房产（房抵贷），但抵押逻辑和银行、消费金融公司的抵押逻辑不同。

　　就车抵贷来说，民间金融支持的一般是二手车抵押，对客户的资信要求极低，但对车的物理存在要求较高①。通常来说，借款人会选择押本不押车（车要开走，作为贷款客户的生产工具），需要签订抵押合同，提供机动车登记证（俗称"绿本"）、备用钥匙，并在汽车上安装GPS定位器，以便放贷者随时监控汽车的位置。

　　民间车抵贷的利率较高，一般带有"砍头息"，实际年化利率在30%以上，采用等额本息付款方式归还。如果借款人不能按期偿还本息，放贷者就会取走车辆，要求借款人提前一次性还清本息，并支付一笔不菲的"违约金"或"拖车费"，把车取回；如果借款人无力支付，放贷者就会将汽车卖掉。因为发放时扣除了"砍头息"，相当于抵押率低，而且即便违约，违约前往往已经还了几期贷款本息，所以，卖车所得很容易就能补偿未还本金，资金回收本身不困难，一度被视作P2P网贷、民间金融的"优质资产"。微贷网就是典型的以车贷为底层资产的P2P网贷平台。

　　然而，借款人还款违约时，一般都不会配合放贷者处置车辆，放贷者如果自行根据车辆GPS定位，找到车辆停放地，强行开走或拖走车辆，这是非法行为，将面临刑事处罚②；如果走正规法律途径申请处置抵押物，流程很长，而且因为贷款年化利率很高，往往也无法得到

---

① 银行和汽车金融公司提供的贷款多支持购买新车，对资信有一定的要求。
② 在民间车抵贷出现的早期，放贷者开走车辆，公安部门往往会因为有抵押合同，就认为是民事纠纷，不直接介入；在2018年后，随着"扫黑除恶"工作的进展落实，这类强行开车、拖车行为被确认为非法，很多车抵贷的从业者因为涉黑而获刑。

法律支持。此外,因为处置车辆或收取"拖车费"的收益,比直接获取贷款本息的收益还高,所以,部分车贷放贷人会设置一些条款,增加借入人按期还款的困难,争取直接处置车辆或收"拖车费"。这种不以借款人按约还款为目的,而是故意引导借入人违约,进而获取更多经济利益的行为,被称为"套路贷",也是我国法律严厉打击的对象。到 2019 年后我国 P2P 网贷平台整顿的末期,一些车抵贷提供者在资金链尚未断裂的情况下,就先因为黑恶行为遭到了法律制裁。

房抵贷是另外一类民间借贷的常见产品。一般来说,商品房是较为优质的抵押物,不难从银行获得抵押贷款。但向民间金融寻求抵押贷款的房产,主要是"二抵",也就是已经抵押过一次(如抵押给银行),然后民间放贷者评估这个房产的处置价格,减去现有抵押价格,将现有抵押未覆盖的价格再抵押一次,作为此次房抵贷的抵押物①。房抵贷的放贷金额通常是十万元到数十万元,期限 2—3 年,等额本息还款,年化利率也在 30% 左右。宜贷网就有大量的房抵贷底层资产。

如果二抵的房抵贷违约,放贷者处置房产面临的首要困难是,这个房产一次抵押处置权人如果不愿意处置房产,二次抵押就无权处置;一次抵押处置权往往在银行手里,银行不是特别在意处置速度,而在意流程合规性,二次抵押处置时间就会非常长。而且这种抵押处置也不能直接办理,还需要通过法院判决,法院不一定会支持房抵贷这样高利率的借款合同。在我国 P2P 网贷平台实务中,"网络借出人"是无法直接持有抵押权的,房产其实是抵押给了放贷人,往往是放贷人公司的员工分头持有抵押权,如果平台资金链断裂乃至于遭遇法律制裁,放贷人公司员工就会对这些民间借贷业务避之不及,并不会配合申请房产处置,这进一步增加了资金回收的难度。

(三) 企业贷

中小企业在需要流动资金又无法获得银行贷款时,会转向民间金融借款。为中小企业提供资金的民间金融机构包括小额贷款公司(小额贷款业务)、融资担保公司(委托贷款业务)和融资租赁公司(售后回租业务②),它们的公司名称和业务名称不同,但业务实质都是小额贷款,单个企业融资规模约为数十万元。传统上说,这些民间金融机构都在本地开展经营,用自有资金为本地的小企业提供资金周转。

出现互联网金融和 P2P 网贷平台后,民间金融机构就能够从网络筹集资金,给自己加杠杆。P2P 网贷平台将企业贷作为项目发布出来,P2P 网贷投资者将资金出借给企业(形式

---

① 如果是一抵,往往是这个房产产权上有不明晰之处(如小产权房),无法从银行获得抵押贷款,这种房产如果要作为抵押物处置,也有一些法律困难。
② 需要借款的中小企业,将自己的一些固定资产"出售"给融资租赁公司,获得数量为 X 的资金,但设备并不实际转移,继续由企业使用。此后,中小企业定期支付"租金"给融资租赁公司,相当于 X 按对应利率计算出的利息,一定时间之后,中小企业重新支付 X,"回购"固定资产。这个业务实质上是以固定资产为抵押物的借款,但因为法律形式上已经"出售"给了融资租赁公司,所以,当中小企业中途无力支付"租金"(利息)或无力"回购"(本金)时,融资租赁公司可以自由地处置固定资产,没有法律困难。

上可能是小额贷款或售后回租),而民间金融机构通常会为这些企业提供某些"增信"。譬如,小额贷款公司会承诺在企业违约时全额回购债权,融资担保公司会直接为企业贷款提供担保,融资租赁公司会在企业无法回购出租物时自行出资买下出租物。不过,实际上这些民间金融机构并没有足够的资金来保证贷款偿还,如果企业届时无法偿还本息,就会在P2P网贷平台上发布新项目,借新还旧;而且,即便企业运行状况正常,它也往往会通过偿付利息并循环发布短期项目的方式,以较低的成本实现长期借款。如果P2P网贷平台的投资者不继续投资这些企业贷新项目,企业就会面临资金链断裂。

除了一般的中小企业外,个别P2P网贷平台(如红岭创投)还曾经发布过多个小型房地产企业的开发融资项目(每个项目的规模可以达到数千万元),并按类似于银行的模式管理项目。另外,自融式的平台也可能通过虚构企业(或者是平台实控人自己的企业)借款来实现自融。

(四)票据垫资

银行承兑汇票贴现是一种近乎无风险的融资方式。部分P2P网贷平台会宣称自己平台上的"投资"项目是给承兑汇票贴现,风险极低,以此作为卖点。但事实上,常规的银行承兑汇票贴现流程不需要民间金融介入,直接找银行即可办理。民间金融办理的票据业务其实是一些脱离了商贸活动的灰色业务,一种常见的模式是:在高贴现率的地区收购票据,然后到低贴现率的地区为一些贸易企业付款,最后让实际用到的贸易企业还款,赚取贴现利差,民间金融机构需要为票据收购垫资,因为业务利润是按次计的,所以,只要周转快,短期垫资的年化收益率可以很高[①]。如果通过P2P网贷平台筹集资金,民间金融机构就不需要全额用自己的资金垫资,从而能扩大业务规模。在理想状态下,只要票据收购后能及时出手,资金就能回收并进行下一次垫资;即便票据难以出手,最差的情况就是等到承兑汇票自然兑付,同样能回收资金,两者都没有本金损失的风险。

然而,在现实中,可能会出现一些波折,如纸质汇票收到假票、票据转手过程中某个环节不符合要求、票据被挂失无法兑付等情形,这会影响资金回收;另外,这类所谓的票据业务,筹集的资金不可能和票据直接对应,都是进入资金池供民间金融机构循环取用,并按照资金数量和投资时长统一付息,民间机构很容易将资金用于票据垫资之外,往往最后演变为自融和庞氏骗局,不可收拾,如自称主打票据理财的票据宝平台在2018年就开始无法兑付了。

(五)自融

除了上述一些真的将资金借出的民间金融活动外,还有一类P2P网贷平台的常见运行模

---

① 譬如,100万元的承兑汇票,在A地区的贴现率是3%,在B地区的贴现率是4%,那么,可以去B地区以96万元的价格买入汇票,到A地区以97万元的价格出售给需用票支付的企业,企业以此支付100万元货款。如果从收购到卖出用时10天,垫付的96万元的年化收益率可以达到(97-96)/96/10×365=38%。只要能够资金不断循环、迅速周转不空置,收益率就能保持这样较高的水平,通过网络筹资,从收益中付一部分给网络投资者也就可行且合算了。

式:它表面上虚构了各种"借款人",但并没有真正把从互联网筹集的资金交给"借款人",而是由平台控制人自己支配,实质上就是平台自己通过网络向投资者融资,一般简称为自融。

自融资金的常见去向有两类:一类是用于金融产品、房地产等投资;另一类是流向控制人自己的企业。前者的话,平台控制人往往是一个纯投资者,融资后投资一些风险较高的股票或者房地产(如小城市的商品房或商业地产,价格很便宜,甚至可能是烂尾接盘,但比较难销售);后者的话,平台控制人通过网络给自己的企业借入运行所需的资金。

自融明显是非法活动,严重干扰了金融秩序,但它并不绝对是庞氏骗局:如果自融基础资产的收益能够覆盖 P2P 网贷的利率,本金能够正常回收,它有可能最后平安落地①。然而,自融基础资产的回收期往往较长、流动性较差(通过牺牲流动性来换取高收益),而 P2P 网贷产品通常期限较短,到期就要求一次性还本付息,这样的资产和负债就产生了期限错配,自融者往往需要再次虚构一些其他投资项目,吸引新资金,偿还旧债务,长此以往,就会对借新还旧产生依赖,甚至明知基础资产已经出现了很大风险,收益无法覆盖利息,仍然继续借新还旧,扩大负债规模,"靡不有初,鲜克有终",最后往往都会走向庞氏骗局和资金链断裂。

自融是我国互联网 P2P 网贷或理财早期的常见模式,有一部分自融平台直接就是将原来的民间线下集资搬到了网上,在 2013—2014 年间,大量自融平台的资金链断裂,受到查处;在此后的互联网 P2P 网贷最高潮期间,纯粹自融的多是一些小平台,但很多大平台也有一部分投资标的对应自融(如团贷网),用来借新还旧,垫付其他投资标的坏账,或用于平台实际控制人自己的投资;到 P2P 网贷高潮即将结束时,又出现了一些案例,它们收购原有的知名平台,发行大量自融新标的,尝试卷款脱逃,结果不一。

三、P2P 网贷平台的经营要素

各种各样期限不一、运营方式不同、地域分布广泛的民间金融业务,是如何变成"金融科技"产品,进而和全国投资者的资金对接的呢?这让人想起一句计算机行业的格言:"计算机科学领域的任何问题都可以通过增加一个间接的中间层来解决。"P2P 网贷平台就是这样一个"中间层",它用一系列较为成熟的"套路",把民间金融活动包装了起来。这里站在比较中性的立场上,简单介绍一下我国 P2P 网贷平台当时常见的经营要素。

(一)组织结构

在 P2P 网贷行业,开设网站,吸引客户,展示可投资标的物或投资产品、收付资金的活

---

① 就企业自融来说,因为平台是企业自己建立的,所以,不需要给平台额外的报酬,P2P 网贷给"投资人"的收益,大致就是企业借款的资金成本,如果年利率在 12% 左右,那和 2013—2020 年的民间金融相比,这个利率并不算高,甚至比小企业去银行借款的综合成本高不了多少。而在房地产价格高速上涨的时段内,个别自融"炒房"的 P2P 网贷平台,最终也靠出售涨价后的房产全额弥补了投资者的损失,减轻了刑事责任。

动往往被称作负债端,而民间金融活动被称作资产端。负债端和资产端所需的经营能力是不一样的,前者主要需要互联网营销能力,要使用一些时髦的营销手段、网络前端技术,可能还需要树立一些"人设",并打通支付渠道,而后者需要地面推广和贷后管理能力,比较"草根"。根据负债端和资产端的关系,可以将 P2P 网贷平台分为自营和合作两种模式。

所谓自营模式,就是负债端和资产端由同一人实际控制,P2P 网贷平台筹集资金后,直接供给自己经营的民间金融活动。这种 P2P 网贷平台要么是规模较大,有较多的人力可以兼顾网络营销和民间金融管理(譬如,团贷网和鸿特普惠就是同一实控人控制的负债端和资产端),要么就是自融活动,拿到资金后不需要考虑借给别人,按自己的意图直接使用。

所谓合作模式,就是负债端和资产端由不同的人实际控制,双方分工合作而非隶属。负债端负责网络营销和资金收付,在线上以各种方式发展投资客户,通过第三方支付建立收款渠道,将收到的资金交给资产端,并自行设计"产品",将资产端返还的资金按一定的方式交给投资者提取。而资产端从负债端获得资金,按照其习惯的方式发放出去,收回款项后再交给负债端。合作模式是我国 P2P 网贷发展到中期以后的常见模式,多数中小型平台和一部分大型平台都是合作模式运行的,或者是合作和自营兼有。

在合作模式下,P2P 网贷平台的"商标"一般对应负债端建立的网站,负债端同时也可能设立一些线下门店吸引投资者。资产端公司通过线下门店或线上 App 借出资金,借款人可能只知道自己借的是哪个资产端的钱,而不知道和 P2P 网贷平台的关系,如果线下放贷的话,资产端公司自身甚至都不暴露在互联网公众的视野内①。一个知名的负债端,可能会引入多个资产端,以提供多种不同标的、期限、收益率的资产,或满足更大规模的资金要求;一个较大规模的资产端,也可能和多个负债端合作,为它们提供底层资产。

P2P 网贷的资产风险控制由资产端负责,如果是合作模式,资产端公司还需要在一定的范围内承担风险(在贷款客户违约时,垫付资金,让 P2P 网贷平台的投资者拿到回款)。当资产端无法按计划收回资金时,负债端最终会违约,但可能会通过虚构新标的或滚动旧资产的方式来拖延时间。

(二)收入和费用

除了少数直接搞庞氏骗局的自融平台外,P2P 网贷平台的收入都来自底层资产业务的回报。对于合作方式经营的 P2P 网贷平台,资产端会经手所有的收入,归还投资者资金后,利润与负债端按约定分成。如果底层贷款使用收"砍头息"的方式发放,在不缺借款人的时候,每吸引一个投资者进入,就能马上提取一笔"砍头息",在短期内获得的收入会远远超过资产自身产生利润的速度。此外,在 P2P 网贷发展的高潮期,部分规模稍大、稍有"卖点"的 P2P 网贷平台还会尝试吸引风险投资的进入,这虽然不能产生利润,但足以带来扩张业务

---

① 这有一个副作用:资产端如果无力经营或受罚停业,后续的资金催收就无人负责了,资金借入人就会倾向于违约,而负债端往往并不掌握借入人的情况,即便持有一些债权凭证,催讨时也会被拒绝。

所需的现金流,甚至平台会走"吸引风投——让利争市场份额——吸引更多风投"的发展路线。

P2P网贷平台的资产和费用可以从资产端和负债端两头分析。资产端的自有资产往往稍"重",需要一些线下营业场所,雇佣较多的线下业务员。负债端的自有资产较"轻",主要就是一些办公电脑,雇佣一些客服和运营人员,而P2P网贷平台网站的建设,大平台可能考虑自建,小平台往往会外包给软件公司(在P2P网贷发展高潮期,平台建设需求高,有些软件公司开发了通用的P2P网贷业务解决方案,给诸多平台做外包);负债端往往搞一些营销、购买广告、公关文案,给投资者让利(加息)促销等,这也是它的主要费用。此外,P2P网贷平台可能还需要付出一部分资金用于兑付保证,如购买保险、担保等。

(三) 产品设计

从资产负债关系直接透明的角度来说,P2P网贷资金借出人持有的投资产品应该穿透到底层资产,根据底层产品的期限和还款现金流,收到投资产品的回款,这也是P2P的题中之义。然而,P2P网贷的各类底层资产的期限和资金回收方式不一:个人信用贷、抵押贷都是期限较长的等额本息还款;企业贷一般期限较短,一次性还本付息;票据垫资期限很短;自融则根本没有对应资产。如果要一一穿透,再考虑到投资分散,投资者就会持有各种期限不一、回款时间不一的资产,需要反复投资,而这是我国大多数投资者觉得"麻烦"的东西,他们更喜欢像银行存款一样"整存整取"的投资①。

P2P网贷平台通常用两种方法设计出"整存整取"的产品。一种就是简单的资金池:负债端只记录客户资金何时进入,应何时连本带息还款,不记录客户资金对应的资产;资产端收到一揽子的客户资金后,自行投资,不需要记录每一笔信贷的资金来自哪个投资者。在缺少监管的民间金融领域,资金池运作方式会使得资金运用更加无法跟踪,给自融和庞氏骗局留下了更多空间,所以,我国监管部门一直对资金池持禁止态度,但在P2P网贷行业往往难以彻底禁止②。

另一种设计"整存整取"产品的方式,是将自动分散投标和到期自动债转相结合,形成"投资计划"。譬如,平台提供的底层资产是年化收益率12%、期限3年的个人信用贷。投资者A,2015年1月投入50 000元,自动分散借给10个人,每个人借出5 000元,则每月将会收到每人还款166.07元,合计收到1 660.7元;2015年2月,收到1 660.7元回款,再将1 660.7元分散借给当天的可投资标的,形成若干个新的标的(仍然是年化收益率12%),而原来的10份借款,还剩35期回款,现值合计48 839.3元,所以,手中投资物的总价值为50 500

---

① 一般投资者都很难理解等额本息还款时的"内涵收益率"概念。如果投资10 000元,年利率12%,每月等额本息还款,期限1年,可以计算出每月应收回888.49元。然而,多数投资者都只会看到,12个月共收回10 661.85元,会觉得"年利率"只有6.62%,而不会想到资金在这过程中是逐步收回的,已经收回的资金还可以自行投资,没有还本的资金持续以12%的年利率在生息。

② 其实,资金池只是一种资金收付分离的一揽子账务处理方法,并不一定指向庞氏骗局或自融,本质上说商业银行存贷两条线的运行模式也是一种资金池,读者可以回想一下商业银行资产负债联合管理中的资金总库法。

元(即上升1％);到2015年3月,初始投的借款继续回款1 660.7元,而2月投资的标的又会回款55.16元,将这1 715.86元继续投资形成新标的,手中投资物的总价值为51 005元;以此类推,随着时间推移,投资者A实际持有的标的物会越来越多,也越来越分散,不过平台能自动管理汇总;因为每一笔借出资金都按照年化12％、每月一次的频率结息,所以,标的物的总价值以每月1％的复利在递增。

投资者A参与的投资计划,期限为1年,约定年收益率为11％(1年期和3年期的收益率显然会有区别)。到2016年1月时,计划到期,投资者A共持有标的物的价值为56 341元,自动发起资产转让,当时其他投资者的资金(包括当天新进入平台的投资者,以及计划未到期的投资者当天回款资金)自动认购这些转让的资产,支付56 341元。平台按照50 000元11％的年单利,支付55 500元给投资者A,差额841元则是平台额外的收入。

用"投资计划"的方式,理论上可以实现投资者持有的产品和底层资产的对应和穿透,信息较为透明。然而,这类"投资计划"的按期回款,主要依赖于计划到期时新进入P2P网贷平台的资金对底层资产的承接,如果投资者对P2P网贷兴趣下降,新进入资金减少,就存在计划到期底层资产却无法转让的"流动性风险",通常来说,这时候P2P网贷平台会酌情动用自己的流动资金暂时承接资产,保持平台"准时回款"的声誉,但如果持续较长的时间,就难以为继了。

更重要的是,如果"投资计划"持有的底层资产中途出现违约,最后的本息就无从偿付。在现实中,绝大多数投资者并不关心底层资产偿还情况,只关心"到期"能否拿到名义的本息和,而计划的投资又是自动的,所以,如果一笔底层资产出现了违约,中途还款停止,平台只需将应收金额继续保留在底层资产中,让底层资产的名义价值继续增长①,等投资计划到期时,将这笔已经违约了的底层资产,按照名义价值转让给新的投资者。理论上说,违约资产确实还有可能追回,卖给新投资者也可以,但不该继续按照未违约的价格出售;单从资金流上看,这就是在旧投资者资金无法收回时,完全依靠新投资者注入的资金,给旧投资者回款,和庞氏骗局无异。

此外,部分P2P网贷平台为了迎合投资者"高收益、灵活投资"的需要,还推出一些"活期"投资产品,这类产品要么采用资金池的方式运行,要么依赖于底层资产的按需转让,无论哪种方式,都对新增P2P网贷资金的要求非常高,一旦平台新增投资资金少于退出资金,产品即时偿付的资金链就会断裂。

(四) 资金来去

如果P2P网贷是彻底的"点对点"进行,P2P网贷平台是纯粹的信息中介,P2P网贷资金的来去也应该"场外"化,借出人资金直接进入借入人账户。但因为资产端和负债端需要

---

① 譬如,一笔5 000元、36期、年利率12％、等额本息还款的贷款,已经还了10期,则现值为3 785.63元,到第11期,应还166.07元未还,就将应还的利息加到贷款本金中,贷款现值为3 824.49元,下个月以3 824.49元的价值继续计算本息。

对接，以及"投资计划"中自动投标和自动转让功能的存在，借出人提供的资金客观上需要先交给 P2P 网贷平台（负债端）调度，要么交给资产端自动分散给若干个借入人（自动投新标），要么直接买下其他借出人到期转让的借款（自动转让），而产品到期前收回的资金也需要平台自动地重新借出。既然技术上，资金交给 P2P 网贷平台调度不可避免，那就需要防范一件事：平台收到资金后，任意挪用资金，或者将资金投放到给声称对象之外的地方（标的虚假）。

早期 P2P 网贷平台使用的办法，是第三方支付平台资金存管。每个投资者在第三方支付平台上有一个自己的账户，投资者向自己的账户"充值"，在投资者决定投资之前，资金始终在投资者自己的名下，P2P 网贷平台可以查知投资者的第三方支付平台账户余额，但无权动用[①]。当投资者选定标的物、确认投资后，授权 P2P 网贷平台动用其在第三方支付平台内存放的资金，转入指定账户（如资产端指定账户）；投资结束时，资金也直接进入投资者在第三方支付平台的账户。

第三方支付平台的资金存管，在形式上给资金的使用加了一把"第三方支付平台检查"的锁，投资者只有自己开始投资后，资金才能接受 P2P 网贷平台的调度，资金去向也可以有一些限定（要么进入资产端的指定账户最后分散为新标的，要么进入其他投资者的第三方支付平台账户，用来收购其他投资者的旧标的），防止投资者尚未投资资金就被挪用，或投资后资金被 P2P 网贷平台导向任意去处。但第三方支付作为非金融机构，其行为规范性偏低，尤其是小型第三方支付平台，可能会和规模较大的 P2P 网贷平台串通（P2P 网贷平台规模较大时，相对于小型第三方支付平台就是大客户了），放松对资金去向的检查。

2016 年 8 月出台的《网络借贷信息中介机构业务活动管理暂行办法》中，要求 P2P 网贷平台将客户资金存管在银行业金融机构中。这其实就是要通过将资金存管在监管较严格、利益纠葛较少的银行，来提高资金的安全性。此后，很多希望有所发展、获得备案的 P2P 网贷平台，都尝试将投资者资金存管到银行，但银行存管的成本、对接门槛都要比第三方支付平台存管高很多，银行还担心一旦 P2P 网贷平台出现违法行为或跑路会连累银行声誉，所以，开放这项业务的多是一些中小银行，如江西银行、上饶银行等。

然而，无论是第三方支付平台托管还是银行存管，都不能很好地解决资金挪用或标的物虚假等问题，因为 P2P 网贷的产品模式，决定了资金进入资产端的账户是"合理"的，而资产端的账户是一个黑箱，进入之前的资金再怎么存管妥当，也无法保证资产端不搞虚假标的或挪用。事实上，很多 P2P 网贷平台"爆雷"前都已经完成了资金的银行存管，但并无帮助。

此外，对小额资金（个人信用贷、抵押贷等）的借入人来说，他们的还款活动也需要依靠第三方支付平台进行。一般来说，资产端会要求资金借入人开通第三方支付的代收业务，

[①] 需要注意的是，第三方支付平台资金存管和使用第三方平台支付是两回事。后者只是使用第三方支付，让投资者的资金从银行卡出来，可以进入投资者自己独立的第三方支付账户，也可以进入平台自己的第三方支付或银行账户，甚至在后来银行存管资金时，也可以用第三方支付将资金导向银行存管账户。

每月定期自动地从指定银行卡上扣款,只要当时银行卡上有余额,就会按约定数量自动扣。这种方式能够被动提高资金借入人的还款率。到2019年12月,中国人民银行发布《关于规范代收业务的通知(征求意见稿)》,要求不得通过代收业务为P2P网络借贷办理支付,此后,P2P网贷还款的代收渠道就被关闭了,很多客户甚至不知道如何还款(他们本身也没有主动寻找还款渠道的积极性),这对当时已经大规模逾期的P2P网贷资产端带来又一次打击。

(五)兑付保证

按照我国曾经的监管要求,P2P网贷平台自己不能为平台上的"投资产品"提供兑付保证,如果底层资产违约,客户的投资就会受到损失,然而,绝大多数P2P网贷平台都会使用各种手段,实现投资产品的按时还本付息[①]。

最简单的兑付保证就是P2P网贷平台的实质兜底[②]。当底层资产违约后,P2P网贷平台用自己的资金先行垫付应付本息,然后自行处理违约资产,通过催收、变卖抵押物等方式收回一些资金,如果实在无法收回,就自行承担损失。如果是合作模式的平台,每个资产端通常会为自己提供的资产垫付一些资金,而负债端的垫付能力比较有限。需要注意的是,只要平台还能持续运行,继续吸引资金,发放新信贷,就能从新信贷中直接获取"砍头息",用于补偿垫付资金,所以,平台往往不会告知投资者发生过违约和垫付,而是悄悄垫付("暗兜底"),形式上仍显示底层正常还款,让投资者以为平台底层资产一切正常,继续投资,此时的兜底资金本质上还是来自投资者。部分P2P网贷平台为了表示经营透明性,会声称从投资收益中提取"风险准备金",以此垫付违约资金,但这种"风险准备金"本身是一笔糊涂账,有多少、用了多少,都是平台自己说了算,本质上还是平台减少了一些给投资者的收益,并自己兜底。

另一类兑付保证方式是寻求外部保证者,譬如为信贷资产购买责任保险,或由担保公司担保[③]。选择这类方式的平台往往规模稍大。最著名的"外部保证"平台就是平安集团投资创办的陆金所,它发放的个人信用贷款,前期是由平安集团的融资担保子公司担保,后期由平安集团的保险公司提供责任保险,担保或保险费率都较高,比贷款本身的利率还要高,这部分费用实质上也可以视作平安集团收取的贷款"利息"(贷款本身的名义利息全部由网络借出人获取)。陆金所的"外部保证"其实和"自我保证"的意义相差不大,因为提供担保或保险的公司和陆金所这个P2P网贷平台都是平安集团旗下的;因为平安集团是正规金融

---

① 个别平台如拍拍贷曾有过完全无兑付保证,投资者自担风险的产品,但市场反响不佳。
② 虽然监管方面禁止这样操作,但P2P网贷平台资金本身来去不透明,如果平台想要兜底,总是可以做到的。譬如,自营平台实控人另行设立一家担保公司,为平台上的资产提供担保,或者合作式平台直接和资产端达成协议,资产端都是汇总后回款的,要垫付资金时,将自有资金加入回款即可。
③ 指由第三方的担保公司担保。如果P2P网贷平台的产品是由某个融资担保公司介绍来的,通常会在条款中说明由该融资担保公司担保,但介绍来的融资担保公司本来就要实质承担兑付责任,这种担保条款并没有额外增加兑付能力,在P2P网贷业务早期,企业贷较多时,常见这种"假"担保。

机构,其担保、保险能力均足以支持全部个人信用贷款,所以,P2P网贷投资者其实是将陆金所的个人信用贷款视作一种以平安集团作为信用中介的投资产品的。诸如长安保险、渤海财险等保险公司,也曾经为P2P网贷平台的P2P网贷产品提供过产品责任保险,随着2018年后P2P网贷大面积"爆雷",这些产品责任保险亏损严重。因为"责任保险"这个兑付保证听起来很安全,但费用比较高,所以很多平台只会给部分资产购买保险并加强宣传,或者在资产少量违约时先自行垫付,避免理赔后提高后续保险费率。

在P2P网贷平台运行的绝大多数时间内,它都会努力用各种手段保持"刚性兑付"。如果平台宣布"刚性兑付"结束,资产"底层穿透",即底层资产违约率透明,将逐期回款直接交给它们的持有者,回多少就交多少,那就说明底层资产本身违约比例过高,且平台资金耗尽,就算想咬牙垫付也有心无力了,一般来说,下一步就是平台自身"清盘"乃至面临查办。

案例和拓展 6-2

"体面借钱"和"社交金融"的尝试

有一定交情,但又不是太铁的交情的"熟人",他们之间的借贷活动是一个经典的社交难题,无论是发起借钱、被借钱、讲利息、催还钱,都有可能丢面子、伤感情乃至被人说闲话。在我国P2P网贷迅猛发展的阶段,某个叫做S信(代称)的产品,尝试通过匿名中介和授信来解决这种熟人间借钱场景的问题。S信的基本做法是:

(1) 注册S信时,就要求读取客户手机通讯录,然后自动找出通讯录中同样也注册过S信的人(这些人下面称作S信好友);

(2) 给S信好友逐个"授信",每个好友赋予一个愿意借出的金额上限,被授信的好友会知道自己被某个好友(匿名)授予了授信额度;

(3) 如果某个S信用户X需要借钱时,他将借款需求发到S信上,S信就会自动将借款要求分拆到各个给他授信的S信好友那里,每个好友收到的请求都是匿名的,收到的金额要求以该好友对X的授信为上限;

(4) S信好友自行考虑是否借款、借多少、要多少利率,这些信息都会匿名发送给X,X不会知道是哪个人拒绝了或者借钱给了他;

(5) 如果X同意了借款条件,所有愿意借款的好友按承诺借款量将资金交给S信,S信汇总后转交给X,并从中提取一定服务费,S信后台知道所有资金借出人和借入人的对应关系;

(6) 借款约定时间到期,S信会自动通知X还款,X按照约定数量和利率还款后,S信会将资金交给对应出借人;如果X不还款,S信会在几次提醒无效后,将X的身份告知借款给X的所有人,并且向X通讯录中的所有人群发短信,告知X借钱不还的事情。

根据S信的借贷流程，诚信的借贷是双向匿名的、"体面"的，不存在借钱丢面子、拒绝、要利息或讨债伤感情的问题；如果不诚信，虽然没有硬约束还款，但会面临很大的道德压力。应该说，这个产品的机制设计是比较精彩的。

然而，读者根据自己的日常经验就能发现，熟人间的借贷本身是一个低频活动，可能一个普通人几年才会遇到或发起一次熟人借款，金额也不会太大（金额太大了，就不大会通过网络向广泛的人发起借款了），所以，S信作为一个商业产品，想在人们的自发使用中利用服务费盈利是不大可能的（如果真的能自然盈利，这个产品的功能还很容易被吸纳进微信这样的社交软件，成为某个小插件或小程序）。

为了提高用户的使用频率，S信使用的营销思路是鼓励人们"用自己的社交关系赚钱"，即给更多的好友授信，然后积极借出资金，自行商定利率（可以较高）。然而，就算人们都愿意借出资金，但还是得要有人借入，而正常人是不会拼命向所有人借钱的，广撒网借钱的反而是不靠谱的人，存在一个逆向选择的问题。

S信这种"熟人授信、点对点转交借钱"的产品很快就失败了。后来又出现了一个流程模式和S信相似的产品J贷宝，但它主打的实际是陌生人高利率借贷，并通过平台批量催收，来解决陌生人随意授信后的违约问题。在大量营销资金的投入下，J贷宝一度占据过一定的"社交金融"市场，但很快就演变成了纯粹的高利贷乃至"套路贷"工具，引发了大量批评和现实问题，不久就销声匿迹了。

四、P2P 网贷业务的风险

P2P 网贷业务的风险，既包括 P2P 网贷底层资产无法收回的风险，也包括 P2P 网贷平台无法持续运行、投资人直接遭受损失的风险，前者是后者的基础。因为 P2P 网贷业务本身属于民间金融，很多产品的名义和实质不相符，所以，对 P2P 网贷风险的分类命名也主要是意会式的，和正规金融产品不完全一样，本书都加上引号表示区别。另外，纯粹为欺诈而设立的"P2P 网贷"平台明显属于道德风险，在此不作讨论。

（一）信用风险

本书用信用风险来指代 P2P 网贷底层资产无法偿还以及抵押物无法变现的风险。信用风险是 P2P 网贷业务最基本的风险，虽然 P2P 网贷平台多数有违规运营的情况，但如果底层资产能够稳定偿还，监管当局也不大会主动"捅破"P2P 网贷平台；如果底层资产无法偿还，P2P 网贷平台要么先"穿透底层资产"然后逐步停摆，要么直接走向庞氏骗局。

一般来说，需要通过民间金融方式获得资金的借款人，资信水平本身就比较差，P2P 网贷这个产品本身就有较高的信用风险。但我国P2P网贷发展高潮期时，P2P网贷底层资产的信用风险还有一些额外的成因。

首先，P2P网贷改变了民间金融活动的资金供给。资产端通过和负债端合作，获得了大量非自有资金，只要放贷成功，就能提取"砍头息"而马上获利，所以，P2P网贷平台倾向于滥发贷款扩大规模[①]，让原本不能获得贷款的人也获得了贷款，资产端自身的管理能力却仍然不足。

其次，民间金融借款人可以从多种渠道（包括线上、线下）获得多头授信。因为民间金融信息不纳入征信，所以，每个民间放贷者既无法知道借款人的总授信多少，也不知道到底实际负债多少，他们根据过去的经验，以为管理好了借款人，其实情况早已脱离了掌握。如果借款人出现违约，有些业务员还会引导他去其他P2P网贷平台或民间放贷者那里借新还旧，进一步扩大了负债规模。当这种拆东墙补西墙的规模到达一定程度，而P2P网贷新进资金又减少的时候，借款人就会无力腾挪，长期积累起来的负债在最后的放贷者那里集中违约。

最后，借款人的还款意愿会随着外部环境变化而变化，前期P2P网贷的违约水平，反映的是较高强度非法催收下的脆弱平衡。到P2P网贷发展后期，金融监管关注于打击"套路贷"和非法催收行为，限制"职业放贷人"等民间金融活动，而对借款人违约的追讨却设置了各种条件，P2P网贷相关借款的追讨不会得到法律支持。借款人观察到这种政策变化，还款意愿就会下降，期待着拖一段时间后，放贷给他们的资产端自己无力维持，也就不用还款了，一些借款人会在网上交流抱团违约、应付催收的经验，甚至还有部分借款人从一开始就抱着不还款的想法去申请P2P网贷（俗称"撸口子"）。即便最终能够得到法律支持，要求借款人还款，信用贷款的借款人也往往已经没有可偿还资产（或已转移）了，抵押贷款的抵押物处置又会面临额外的困难（如房产二次抵押等）。

除了信贷无法偿还外，P2P网贷底层资产如果是自融，流向一些流动性较差的投资领域，如三四线城市的商品房、商业地产，或一些小企业股权，也会面临价值下降、难以变现的问题。

（二）流动性风险

P2P网贷平台的流动性风险，主要是指底层资产尚未表现出违约，但新进入或继续投资的资金不足，"投资计划"到期无法自动转让的风险。当"流动性风险"出现时，P2P网贷平台会出现"退出缓慢"的现象，即"投资计划"到期后要排队慢慢退出，或者直接"穿透底层资产"，底层资产回款后，投资者自然回收资金。理论上说，"退出缓慢"本身只会打乱投资者的投资时间安排，并不影响底层资产的到期回收，也不会给投资者带来资金损失。

[①] 还有一个滥发贷款的目的，是把P2P网贷资产规模做大，吸引风投对平台投资。

然而,"流动性风险"只是问题的一个方面,它反映的是 P2P 网贷底层资产违约率的实质上升。如果因为信心等原因,投资者进入较少,而平台底层资产违约率又提高,流动资金有限的 P2P 网贷平台就会面临两难选择:要么停止之前所说的"暗兜底",用流动资金承接那些没有发生违约的底层资产;要么继续"暗兜底",用流动资金给违约底层资产逐期"回款",但停止大批量地承接资产。显然,保持"暗兜底"会让投资者有"资产安全,等等就好"的错觉,所以,P2P 网贷平台会尽量用"流动性风险"来解释它们遇到的经营困难。

根据 P2P 网贷平台的现实发展历程,在"流动性风险"出现前,平台会通过促销、加息的方式,尝试吸引更多新资金进入;在"流动性风险"出现后,投资者即便尚未遇到资产违约,也仍然会对平台失去信心,将收回的资金撤走,导致新信贷无法开展,P2P 网贷平台流动资金彻底耗尽,"暗兜底"失败,"穿透"的底层资产真实的违约率暴露出来,很快平台就会宣布"清盘"或者面临法律制裁了。

(三) 政策风险

P2P 网贷业务的合法性其实一直有问题,但在发展早期,P2P 网贷带着"金融创新"的光环,只有部分涉及自融和庞氏骗局并给投资者造成损失的 P2P 网贷平台受到了法律制裁;2018 年后,随着我国对民间金融监管的全方位加强,P2P 网贷的"政策风险"就暴露了出来,主要反映为资产端运营模式的问题和违约纠纷难以处理的问题[①]。

资产端的问题主要包括贷款性质认定和催收、抵押物处置两方面。贷款性质上,如果资产端在收"砍头息""逾期罚金"等活动中过于肆意,就会构成"套路贷",是刑事打击的直接对象[②];而催收、抵押物处置环节往往会使用一些暴力或软暴力手段,构成黑恶行为,导致催收人员涉嫌犯罪,若只使用完全合法的手段,又很难成功地催收或处置抵押物。资产端违法,有可能会使得 P2P 网贷平台在现金流相对正常时"突然死亡"。

在违约纠纷问题上,部分非自融的 P2P 网贷平台如果底层资产关系比较明晰,预判借款人有一定的偿还能力或抵押品,会尝试通过法律途径追讨借款(底层资产的持有者为 P2P 网贷投资者,平台是投资者的代理人)。这类追讨有两种典型途径,一种是仲裁,一种是法律诉讼。仲裁流程简单,尤其是部分地区的仲裁委开通了互联网仲裁途径,可以批量接受

---

① 这里讨论的"政策风险",是指 P2P 网贷平台运营过程中,因为政策、法律等原因,造成业务模式不可行的风险。而 P2P 网贷平台运营失败"爆雷",给投资者造成损失后,往往会产生非法吸收存款或集资诈骗等刑事责任,这部分是以结果和社会影响判定的,在此不作讨论。

② 根据公安部《关于办理"套路贷"刑事案件若干问题的意见》,"套路贷"是对以非法占有为目的,假借民间借贷之名,诱使或迫使被害人签订"借贷"或变相"借贷""抵押""担保"等相关协议,通过虚增借贷金额、恶意制造违约、肆意认定违约、毁匿还款证据等方式形成虚假债权债务,并借助诉讼、仲裁、公证或者采用暴力、威胁以及其他手段非法占有被害人财物的相关违法犯罪活动的概括性称谓。现实中,P2P 网贷平台的资产端一般不会专门开展"套路贷"业务,但"砍头息"(虚增借贷金额)、"逾期罚金"(恶意制造违约、肆意认定违约)之类的行为,和专门"套路贷"团伙的行为相似,有可能被认定。

全国的仲裁,速度快,成本低,但是,仲裁结果最终需要借款人所在地法院去执行,在2019年后,涉及网络借贷的仲裁一般都会被驳回。法律诉讼一方面时间长、成本高(需要聘请律师,不能批量申请),另一方面,P2P网贷相关的民间借贷的资金借出人关系往往比较模糊或分散、抵押存在瑕疵,实际利率又很高,要么平台被认定无权发起诉讼,要么会认定"职业放贷人"①,从而判决借贷无效,最终不了了之(应归还未偿还本金,但法院并不会帮助追讨);而且资产违约、停止运行的P2P网贷平台往往都涉及刑事责任,这些平台P2P网贷的民事诉讼,法院就更加不受理了②。

案例和拓展 6-3

"先予仲裁"及其否定

个别城市的仲裁委员会曾创造了"先予仲裁"的业务,即当事人在签订、履行网络借贷合同且未发生纠纷时,请求仲裁机构依其现有协议先行作出具有约束力和执行力的法律文书,包括仲裁调解书和根据调解协议制作的仲裁裁决,一旦出现违约的情况,放贷方直接依据此前签订的仲裁裁决书要求法院强制执行。"先予仲裁"能够加速借贷违约时的资金追讨,简化流程,推出后很多P2P网贷的资产端都纷纷使用,在放款前,要求借款人接受"先予仲裁"。

然而,"先予仲裁"在纠纷尚未发生时,就先行给出了有利于借出方的仲裁结果,且不附加执行审核条件;这使得借出方在这场借贷关系中手握"利刃",过于强势,甚至有可能为了获得"违约赔偿"而尽力推动违约和仲裁执行。从法律意义上说,"先予仲裁"也有较大争议。我国最高人民法院在2018年6月公布了《最高人民法院关于仲裁机构"先予仲裁"裁决或者调解书立案、执行等法律适用问题的批复》,指出"根据仲裁法第二条的规定,仲裁机构可以仲裁的是当事人间已经发生的合同纠纷和其他财产权益纠纷。因此,网络借贷合同当事人申请执行仲裁机构在纠纷发生前作出的仲裁裁决或者调解书的,人民法院应当裁定不予受理;已经受理的,裁定驳回执行申请。"这在实质上使得诸多网络借贷的"先予仲裁"协议失效了。不过,虽然"先予仲裁"被否定了,但流程合法的网络仲裁仍然是有效的。

---

① 在2020年8月的《最高人民法院关于审理民间借贷案件适用法律若干问题的规定》中提到,"未依法取得放贷资格的出借人,以营利为目的向社会不特定对象提供借款的大量出借",应认定借贷合同无效。显然,民间借贷是不可能依法取得放贷资格的。

② 在2020年8月的《最高人民法院关于审理民间借贷案件适用法律若干问题的规定》中提到,"民间借贷纠纷的基本案件事实必须以刑事案件的审理结果为依据,而该刑事案件尚未审结的,人民法院应当裁定中止诉讼。"

五、P2P 网贷的发展和监管历程[①]

P2P 网贷在中国国内的发展经历了不同的阶段，从 2007 年年初创至今，可以分为萌芽期、野蛮生长期、备案要求期与风暴清退期四个不同的阶段。

(一) 萌芽期(2007—2013 年)

2007 年，国内第一家 P2P 网络信用借贷平台拍拍贷在上海成立。拍拍贷的成立让投资者认识了网络借贷这种新兴的借贷模式，使很多无法在银行获得资金的借款人多了一种选择。在拍拍贷的引领下，P2P 网贷逐渐被公众所接受，平台数量也逐渐增加。

这一时期的 P2P 网贷从业者大都是互联网的从业人员，往往缺乏民间借贷经验和金融风控知识，平台通常借鉴拍拍贷的业务模式，以个人信用借款为主。也就是说，借款人向平台提供个人资料，平台负责认证审核并且根据借款人的条件给予授信额度，借款人在授信额度的范围内在平台发布借款标，投资者选择标的进行投资，自行承担风险。

这一阶段的 P2P 网贷平台数量较少，因为平台基本上只发挥信息中介的作用，参与者也不多，所以并未纳入监管视野。

(二) 野蛮生长期(2013—2016 年 8 月)

2013 年，国内银根紧缩，小微企业和个人从银行借款更为困难，这为 P2P 网贷带来了很多外部需求。余额宝的横空出世，又让很多原来对互联网金融没有概念的网络用户知道了互联网金融，给 P2P 网贷带来了资金供给。2014 年，互联网金融首次登上了《政府工作报告》："促进互联网金融健康发展，完善金融监管协调机制"。由于当时 P2P 网贷行业门槛很低(无需备案，无需高额资本)，从中看到商机的创业者们纷纷涌入这个行业。在此期间，网络借贷平台从 200 多家迅速增加到 600 多家，投资者人数也快速增加。据不完全统计，2013 年有效的投资者就已超过 10 万人，截至 2015 年 9 月，P2P 网贷行业的月度成交量超过 1 000 亿元，同期月度投资者达到 240 万人，月度借款人约 57 万人。图 6-1 中绘出了不同阶段 P2P 网贷平台的成交量，可以看到，在野蛮生长期，平台的成交量规模扩张非常迅速。在此期间，很多 P2P 网贷平台都获得了风险投资，很多平台纷纷标榜自己获得了什么来源的风险投资，如"外资系"、"上市公司系"、"国资系"等，作为营销形象的一部分，到 2016 年，乐信、拍拍贷、信而富等 P2P 网贷平台纷纷在美股上市。

在这一阶段，为吸引投资者购买产品，大部分 P2P 网贷平台采用保障本息的模式。如

[①] 本部分内容，P2P 网贷发展阶段的划分参考了陈钊、邓东生所作的《互联网金融的发展、风险与监管——以 P2P 网络借贷为例》(原刊于《学术月刊》2019 年第 12 期，第 42—50 页)，根据 2019 年后的事实发展，将该文中提到的"备案初期"和"备案后期"改为"备案要求期"和"风暴清退期"。各阶段的事件描述有一部分也来自对该文的引用(主要是第一、第二阶段)，监管内容为本书自行补充。

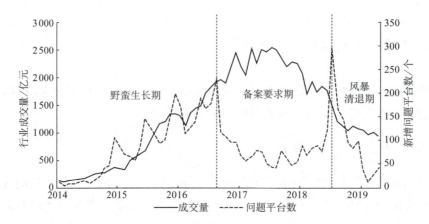

图 6-1　P2P 网贷行业成交量与新增问题平台数（2014—2019 年年初）
资料来源：陈钊、邓东生转引"P2P 网贷之家"网站行业数据。数据来源网站已停止运营，未能自行查找数据重制，下同。

图 6-2 所示，这一阶段的 P2P 网贷产品具有利率高、期限短的明显特点，甚至平均收益率曾高达 20%。这既是因为早期这类产品供给少、需求多，也很可能是平台试图通过高利率吸引投资者从而快速扩张规模。

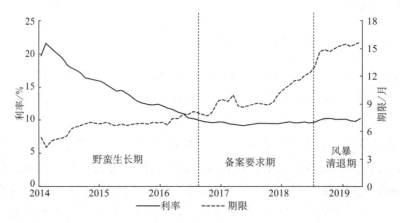

图 6-2　P2P 网贷行业平均利率与平均期限（2014—2019 年年初）
资料来源：陈钊、邓东生转引"P2P 网贷之家"网站行业数据。

高利率筛选了高风险的项目，也使借款人面临的还款压力增加，最终则表现为行业整体的违约率上升，行业风险不断增加。尤其是在 2015 年，P2P 网贷平台频繁爆发跑路问题，当年新增近 1 300 家问题平台，是 2014 年及以前总和的近 3 倍[①]。当然，野蛮生长后期的跑路爆发，也淘汰了一部分纯粹为了自融、诈骗的平台，P2P 网贷平台的质量相对提高，不说

[①] 2015 年，我国股市先暴涨、后暴跌，这一事件也加速了 P2P 网贷平台的倒闭。前期暴涨时，部分 P2P 网贷投资者不再继续投资，将资金转入股市，一些 P2P 网贷平台也以自融方式挪用了投资者的资金进入股市；后期暴跌时，原 P2P 网贷投资者的资金套牢了，无法重新投入 P2P 网贷，平台无法吸引新资金偿还旧产品，而自融平台的资金也套牢了，所以，再有投资者产品到期时，P2P 网贷平台就会资金断裂。

业务规范程度,只说经营目的,还是为后续的"备案"留下了一点希望。

在这个时期,P2P 网贷作为民间金融活动,尚未有全国统一的监管要求,需要地方政府下属的金融办牵头监管;但地方尤其是金融发展相对落后的地区,往往看重 P2P 网贷在互联网金融创新等方面的影响,希望它能带动地区金融的发展,"弯道超车",而对金融风险估计不足。只有少数民间金融较为发达的地区,会因为风险积累较大而主动出台监管政策,如浙江省在 2015 年 2 月就制定了《浙江省促进互联网金融持续健康发展暂行办法》。

但是,国内 P2P 网贷统一监管的思路还是在逐步形成的。到 2015 年 7 月 18 日,中国人民银行联合多部委制定了互联网金融行业的纲领性文件——《关于促进互联网金融健康发展的指导意见》,这一文件涉及互联网金融的各个方面,其中定义 P2P 借贷是指个体和个体之间通过互联网平台实现的直接借贷,属于民间借贷范畴,P2P 机构要明确信息中介的性质,为借贷双方的直接借贷提供信息服务,不得提供增信服务,不得非法集资,P2P 借贷由银监会对口监管。

(三)备案要求期(2016 年 8 月—2018 年 6 月)

2016 年 8 月 24 日,P2P 网贷行业纲领性文件《网络借贷信息中介机构业务活动管理暂行办法》(以下简称《暂行办法》)正式发布,这标志着 P2P 网贷行业真正向规范发展转变,开始进入备案要求期。

所谓备案,是指《暂行办法》规定 P2P 网贷行业的准入将采用备案制,即所有 P2P 网贷平台需要从当地金融部门获得备案,备案登记不构成对网络借贷信息中介机构经营能力、合规程度、资信状况的认可和评价。从形式上说,备案制比传统金融机构的牌照制门槛要低一些,但实质上,备案并不是"说一声就行",它和申请牌照一样,都有一个"达到要求才能有"的过程。P2P 网贷行业从业者普遍把获得备案视作"持牌经营"的开始,甚至将获得备案的可能视作一种营销优势来宣传。

《暂行办法》对 P2P 网贷平台提出了一些肯定性要求和禁止性行为,主要包括:明确了平台的信息中介定位,不再允许平台作为金融信用中介存在;要求平台的资金在银行存管;要求平台披露经营信息;设置单个主体在平台的借款余额上限(个人 10 万元,企业 100 万元);禁止平台自身发放贷款;禁止将融资项目的期限进行拆分;禁止代为投标和资产组合式的债权转让;禁止直接或变相向出借人提供担保或者承诺保本保息。这些要求的立意,是彻底把 P2P 网贷平台做成信息中介,不承担任何信用中介的职能,同时大幅提高 P2P 网贷资产的穿透度,让投资者自行承担风险,把 P2P 网贷真正变成"点对点"的信贷。

图 6-1 中的两条曲线体现了备案要求期的 P2P 网贷平台发展与之前截然不同的特点。一方面,备案要求期 P2P 网贷平台的成交量起先仍在继续上升,特别是在 2017 年,单月成交量均超过 2 000 亿元。大约自 2017 年下半年起,P2P 网贷在迎来成交量顶峰的同时,由于监管政策的明朗与力度加大,特别是第一次备案时间节点临近,平台的规模扩张速度开始有所减缓。另一方面,这一阶段中问题平台的数量明显得到控制,呈现明显下降的趋势。

在这些现象的背后,部分 P2P 网贷平台确实尝试按照要求整改,譬如,修改调整了产品设计和底层资产,寻找银行办理资金存管,聘请会计师事务所和律师事务所对平台进行审计和合规检查、公布平台指标等,合规程度确实有所提高,图 6-2 中呈现的利率下降,反映的是经营思路在走向稳健,期限延长则反映了底层资产的调整和产品期限错配的改善。

然而,对多数平台来说,能整改的都是简单的东西,平台常年积累坏账,本来就得靠兜底和吸引新资金来消化,资产没有办法完全穿透出来,而且纯信息中介、点对点的产品设计过于理想化,就算实现了,投资者也不会买账(自动投标、到期自动转让的"投资计划"已经是大多数投资者能接受的产品复杂度极限了)。很多平台又要投入备案成本,又要维持刚性兑付,经营压力较大,只是期待最后能够备案成功,然后吸引新的风投资金续命。

《暂行办法》给备案预留的时间底线是 2017 年年底,从《暂行办法》发布到 2017 年年底,不符合要求的平台需要整改,整改后仍无法满足要求的平台将面临清退。但到 2017 年年底,没有 P2P 网贷平台达到了备案要求,P2P 网贷风险专项整治工作领导小组办公室又发布了《关于做好 P2P 网络借贷风险专项整治整改验收工作的通知》,将各地辖内 P2P 网贷平台备案的完成时间延长到 2018 年 6 月底前,而这个时间也是后来 P2P 网贷风暴开始的起点。

(四)风暴清退期(2018 年 7 月—2020 年 11 月)

2018 年 6 月,几家以"高返利"(高收益)著称的"理财产品",如"唐小僧""联璧金融"等,出现了难以兑付的情况,涉及金额均达数十亿元;而原计划应在当年 6 月底完成的备案,全国各地均未完成,这些都打击了投资者继续参与 P2P 网贷的信心。

2018 年 7 月起,P2P 网贷行业先是遭遇流动性风险,很多依靠资金流入来维持兑付的 P2P 网贷平台均宣布"清盘",停止付款;流动性风险持续一段时间后,因为 P2P 网贷平台无法获得新资金和提取"砍头息",也就无法为底层资产刚性兑付,信用风险暴露了出来;同时,P2P 网贷催收的日益正规化,也使得原来通过灰色手段维持的脆弱还款平衡难以维持,信用风险受到了政策风险的叠加,越发严重。

如图 6-1 所示,2018 年 7 月后,P2P 网贷平台成交量逐步减少,问题平台数量突然增加,投资者恐慌情绪提升,称这种 P2P 网贷平台大量关闭的情况为"P2P 网贷风暴"。2019 年 3 月,"团贷网"和"红岭创投"这两家待回收金额上百亿元的大平台均宣布"清盘",并且很快都被立案处理。在图 6-1 中未继续表现的 2019 年 4 月后,P2P 网贷平台继续大幅"爆雷",同时,监管部门对 P2P 网贷的态度也经历过几次摇摆,最终确定为全面清退。到 2020 年 11 月,中国银保监会首席律师刘福寿表示,全国实际运营的 P2P 网贷机构,由高峰时期的约 5 000 家逐渐压降,到 11 月中旬已完全归零。所以,本书就以 2020 年 11 月作为 P2P 网贷风暴清退期的结束。

在 P2P 网贷平台清退期间,地方政府、金融监管部门都尝试减轻平台清退的影响,出台了各种《良性退出指引》,设计了一些清退的制度流程,希望能够便于投资者和平台之间达成共识，避免刑事立案处理。但因为多数平台提出的良性退出方案给投资者带来的损失都太大，所以，平台和投资者之间会出现僵持，一段时间后，投资者可能会通过集体投诉等形式表达不满，而平台最后也会面临刑事立案。

> 📄 案例和拓展 6-3
>
> **P2P 网贷平台良性退出的一些常见举措**
>
> P2P 网贷平台清退时，会根据良性退出指引，提出一些退出计划，但这些计划往往并不如何"良性"。常见的退出计划包括：
>
> （1）资产底层穿透。即投资人持有的"投资计划"产品所对应的具体资产（如多个借款人的债权）中，哪个还了，就按比例归还给投资人。在理想状态下，投资人只要等到底层资产还款完毕，就能收回资金，然而，平台清盘就是山穷水尽后的结果，所以，此时的 P2P 网贷底层资产本就已经高度恶化（也有借款人趁机逃废债的因素在），底层穿透不久就会大面积违约。
>
> （2）资产转让或置换。和底层穿透相似，平台将等量或多于投资者手中债权数量的底层债权交给投资者，置换投资者手中的"投资计划"，投资者解除和平台的关系，也不再依靠平台催收，而是自行追讨债权。在这种情况发生时，底层债权已经大量违约了，投资者拿到的往往是分布在全国各地的零散违约债权，难以通过法律手段追讨，即便平台将债权重整后集中分给投资者，一般法院也不认可通过 P2P 网贷形成的个人借贷关系，直接会拒绝受理。
>
> （3）分期兑付。平台会宣称分期偿还投资人手头的债权，通常会分 24—36 个月（2—3 年），前期每月偿还 1%—2%，后期每月偿还金额较多，最后合计达到 100%。这种分期兑付，开始时因为平台手头多少有一点流动资金，底层资产也能回收一些，所以，可以维持承诺的较低金额偿还量，但持续数月后一般就难以为继了。
>
> （4）打折收购。平台会用自有资金，或者引入"第三方投资者"，以三折、四折左右的价格收购投资者手中的债权，投资者自愿参加，收购完成后，投资者解除和平台的关系，这种打折收购在 P2P 网贷风暴初期被多数投资者认为是"收割"，但后来往往很多投资者能收回的资金也不过这么点折扣。
>
> （5）资产转换。将投资者手中的资产按照平台声称的标价转为商品、房产或网络商城的可用余额等。转换的商品往往是价格虚高的红酒、白酒等商品，转换的房产是小城市周边毫无流动性、价格虚高的房产，溢价可达数倍到十倍以上，转换的网络商城余额是一些专门为 P2P 网贷平台设立的"商城"，上面商品的价格是市场售价的数倍。所以，这一方案的本质还是打折收购，甚至流动性比打折收购更差。
>
> （6）全额兑付。这个很简单，就是平台筹集资金，一次性或者在几个月内将投资者

未兑付的债权全额兑付。全额兑付的标准，可能是全部账面资产，也可能是投资者"充值-提现"的资金差，能够实现全额兑付的平台非常少，这类平台的股东往往有着较为充足的资金，平台本身规模也较小，股东不想因为少量损失而惹出更多麻烦。

除了全额兑付方案外，大多数"良性退出"方案都会给投资者带来很大的损失，所谓"良性"，也只是相对于直接跑路而言的。如果投资者接受了P2P网贷平台的"良性退出"方案，数据统计上就呈现为未兑付金额的全额压降，但投资者实际收回的资金却要少很多，在观察统计数据时，应当注意这一点。

在公安部门对P2P网贷平台刑事立案侦察后，部分P2P网贷平台仍然会继续开展催收工作，争取收回部分资金，减轻刑事责任。公安部门在办案的过程中，会尽量考虑资金回收问题，打击骗贷者，通知P2P网贷平台的借款人归还本金等，但效果往往有限。

少数运行较为规范，妥善停止P2P业务的P2P网贷平台，在监管引导下实现了转型。如果有较为雄厚的背景，就会转型成消费金融机构，如陆金所背靠中国平安集团，其P2P网贷业务转型成平安消费金融；如果资产端的金融科技水平较高，可以转型成助贷机构，如拍拍贷，以及由"分期乐"演变而来，原来依靠P2P平台"桔子理财"获得资金的乐信；如果影响力较大、口碑较好，就会转型成综合理财产品"超市"，代销各种基金、资管产品等，如陆金所自身保留商标后就从事这些业务。

虽然P2P网贷平台的运行停止了，但P2P网贷留下的包袱远远没有消失。2022年召开的P2P网络借贷风险专项整治工作电视电话会议披露，截至2021年年末，P2P存量业务尚未清零的停业P2P网贷机构数量由1466家压降至1169家，比年初减少297家；未兑付余额由8207亿元压降至4974亿元，比年初减少3233亿元。未兑付余额虽然有所减少，但速度并不快，剩下未能处理的余额，处理难度将越来越大。

回过头看我国P2P网贷的经历，有点"眼看他起高楼，眼看他宴宾客，眼看他楼塌了"的感觉。在这个过程中，民间资本无视法律、过度逐利、见缝插针，风险投资也一哄而上推波助澜，可以算是失败的最主要原因；而监管方面，前期过度相信网贷的"创新性"，监管反应滞后，后来又过于理想化，面对网贷平台开展的金融业务实质上是信用中介的既成事实，片面地要求其转型为信息中介，却对底层资产质量和资本金要求关注不足；最后，投资者风险意识淡薄，过于追求收益，也得到了惨痛的教训。

六、P2P网贷相关业务

除了P2P网贷这种从网络上吸收资金（负债端），又以民间金融渠道发放资金（资产端）的业务外，我国民间金融还存在一些面向终端消费者，在线上或线下开展资产端业务，没有网络负债端的产品。它的运行模式、收费方式等和P2P网贷资产端有相似之处，但没有明显的政策风险,在P2P网贷消亡后,这些产品继续存在,转向正规化,在此作为相关业务作一些介绍。

(一) 消费金融

分期购物是一种常见的促销手段,很多商家都会开展这样的活动,不过,商家自行组织的传统分期购物的主要目的是增加销量,在分期付款金额上不赚什么钱(利率为0或极低)。如果将消费购物的金额视作本金,根据一定的收益率,按照年金算法,形成分期付款额,并由专门的机构提供资金,就形成了消费金融。

在消费金融活动中,消费者选中某件商品或服务,通过消费金融机构的审核后,取走商品或服务,形成一笔对消费金融机构的负债,并逐期偿还;商品或服务的销售商则直接从消费金融机构处获得整笔资金(商品或服务原价)。消费金融的现金流分布和个人信用贷相似,只是当下的资金直接交给了商家,而不经过消费者之手。

在2010年前,我国没有消费金融公司这个金融机构类别,消费金融业务可以做,但是提供消费金融的公司不能享受金融机构的权利(如进入银行同业市场、以金融机构利率水平发行债券、获取和报送央行征信信息等),也不按金融机构要求接受监管。早期的消费金融都是非持牌机构开展的,如线下的捷信、线上分期乐和趣分期这样的校园分期;2010年后,我国批准设立了一些消费金融公司,目前的主流消费金融产品已全面正规化,由持牌消费金融公司提供,如中银消费金融(中国银行控股)、北银(北京银行控股)、锦程(成都银行控股)等。

我国初期的消费金融以线下为主,它的出现比电商普及还要早一些。消费金融提供者和商家合作(一般是手机卖场、电动自行车销售点等金额适中且有一定空间的地方),安排驻店人员现场办理消费分期业务。在2015年后,线下消费金融发展迅速,支持范围越来越广泛,金额也有所上升。目前,典型的线下消费金融领域包括汽车(由专门的汽车金融公司提供)、装修、医美、教育培训、健身等。

消费金融的线上业务是随着电商发展和互联网金融概念的兴起而出现的。最典型的线上消费金融,就是校园分期,如分期乐和趣分期。它们大致从2014年起开始了高速发展,其业务模式是在大学校园(以及一些学生住校的中专职校)招聘学生作为兼职地面推广员,地面推广员逐个拜访学生宿舍,建议学生分期购买商品。希望分期购买的学生,在线下让地面推广员验证身份(包括本人身份和学生资格,多数情况下还包括家长联系方式),验证完后在网上注册为校园分期用户,在第三方商城(淘宝、京东等)选择商品,消费金融机构向第三方商城支付货款,商品直接快递给学生,然后学生每月分期还款给消费金融机构。

校园分期的商品包括手机、数码相机、运动鞋、化妆品等,价格在数百到数千元之间,都是比较适应学生消费心理的东西,很多学生希望购买这些商品,但是难以承受一次性支付全价,又不想为购买商品先行储蓄。通过分期,学生可以每月从家庭给的生活费中抠出来数几十元到数百元支付月付,并提前拿到商品,先消费起来再说,这也激发了学生的冲动消费和炫耀消费。

通常来说,校园分期每月所需支付的金额,都在学生合理的生活费范围之内,学生咬咬牙就能省出来,归还还是不难的;如果学生违约,校园分期商在催促学生的同时,还会使用"杀手锏",和学生家长联系,要求学生家长代为还款。虽然学生通过省生活费来还款有点累,但总共数千元的商品价格,在2014年左右的时间点上,已经是多数大学生的家长能够付得出的金额,这些家长对消费金融了解不多,听到自己的孩子欠钱了,往往都会抱着息事宁人的态度配合还款①,这种对象、金额区间的选择,是校园分期风控策略的一部分。

校园分期的主要收入来自贷款利息,早期校园分期的典型年化利率都在30%以上(当时线下分期利率也是这个水平)。此外,校园分期合作的第三方商家可能也会让渡一些利益给它们,尤其是提供风险投资或业务深度合作的机会,例如,分期乐就获得了京东的战略投资,趣分期则获得了蚂蚁金服的战略投资。校园分期的资金来源多样,例如,分期乐就设立了自营的P2P网贷平台"桔子理财",从网络上吸收投资者的资金;趣分期则放弃了自营P2P网贷平台,一部分资金委托其他P2P网贷平台获取,一部分用自有资金或批量获取的外部资金支持。

从需求发掘、推广流程设计、风险控制的角度来说,校园分期产品都是成功的,事实上只用了一两年时间,分期乐和趣分期就分别占据了非常大的市场,增速很快,除了这两大先行者外,还出现了大量竞争者。但是,校园分期产品利率较高,影响了部分学生的生活和价值观,引发了大量现实问题和社会批评。2017年9月,教育部明确"取缔校园贷款业务,任何网络贷款机构都不允许向在校大学生发放贷款",从此,校园分期业务尤其是网络校园分期业务基本消失了。原来的分期乐转向了一般消费分期和小额信用贷款业务,趣分期则改名趣店,依托支付宝提供的入口和芝麻信用分,发放小额信用贷款,一度发展飞速,但和支付宝的合作到期后转型并不成功。

案例和拓展 6-4

房租贷和长租公寓运营

医美、教育培训、健身等品类的消费金融产品,往往一次性申请贷款,购买"服务包",贷款本金直接交给商家,而客户逐期获得商家服务(如每周去美容、上课、健身),并分期偿还消费金融机构的贷款。但如果商家无法继续提供服务(在新冠疫情期间很常见),客户却仍然需要偿还贷款,容易产生纠纷。这种"金融"和"服务"分开的消费金融模式,和前几年流行的长租公寓的租金贷有相似之处。

---

① 一般催收时还会酌情使用一些"借款将纳入征信""会告知学校,影响学生按时毕业"之类的话术。

在人口向大城市集中且大城市房价日益上涨的背景下,租房的需求越来越多。长租公寓是一种运营方和房东一次性谈长期租赁,然后灵活地转租给短期租客的业务。从直觉上看,长租公寓运营方的收益应该来自长期租金(相当于批发)和短期租金(相当于零售)的差价,但在长租公寓迅速发展的期间,运营方为了迅速占领市场,往往会以一个高于市场价的价格和房东谈判,先行锁定较多房源,然后再以市场价甚至略低于市场价的价格短租给租客,并搭配一些金融操作。

举一例说明金融操作:租客选中一套房子,市场租金为每月1 000元,他和长租公寓运营方签订一个1年期租赁合同,每月付款980元,而长租公寓运营方和房东签订的合约,则是每月付给房东1 020元。租客需要向银行申请一笔租金贷,假设年利率为5%,以980元为每月等额本息还款现金流,计算出贷款本金为11 448元,这笔钱就直接交给长租公寓运营方,运营方一次性拿到一笔大额资金后,就可以用于进一步雇佣人员、扩展业务。此后,房租支付责任由长租公寓运营方承担,每月支付1 020元给房东;租金贷偿还责任由租客承担,每月支付980元给银行。也就是说,租客每月付的"租金"实际上是还贷的资金。

这样的经营模式看起来好像房东、租客、运营方都获得了好处,但改变了"房租"的性质,混淆了租房过程中的利益关系。运营方这样操作是亏损的,所有的期待都来自利用贷款本金获取更多现金流的能力:一个是持续扩大市场,得到更多的新租客,获得更多贷款本金现金流,这只是现金流的暂时增加,未来还会有更大的付房租压力;另一个尽可能走向市场垄断,被更大的资本看好,得到风险投资的资金,这种方向最后至多只会有一两个胜利者。

2020年,受疫情影响,多个长租公寓运营方扩展乏力,资金链断裂,无法继续向房东支付房租,房东要求租客搬离,然而,租客却还在正常支付"租金",对无房可住还背上一笔未偿还的贷款本金感到难以理解,大量发起"维权"(往往针对贷款流程不合规)。以某长租公寓运营方为例,它本身是由腾讯做风险投资的,租金贷的合作银行是微众银行,运营方难以持续后,微众银行最终免去了所有未偿还的贷款,声称将向公寓运营方追讨,实际上是不了了之。

(二)小额非银行网络贷款

小额非银行网络贷款的典型产品,是支付宝借呗、京东金条、360借条、洋钱罐等,其业务模式和第五章所述的互联网金融平台申请、使用金融科技授信的银行贷款相仿,甚至品牌也相似,只是资金提供者改为非银行机构,如网络小额贷款公司和消费金融公司。

在P2P网贷清退、大量民间金融小额借贷资产端停止运营后,虽然小额非银行网络贷款的营销力度有所减弱,但仍然保持合法运营,其利率高于网银渠道申请的贷款利率,和互联网金融平台申请的银行贷款利率基本持平。只是市场上继续运营的产品已经不多了。

小额非银行网络贷款的资金原本大多来自小额贷款公司。小额贷款公司是我国一类比较特殊的非金融机构,它一方面能够开展放贷业务,另一方面又不算正式金融机构,无法进入同业市场,其资产规模受到资本金3倍的限制。在互联网兴起之前,小额贷款公司的业务局限在本地,无论从资产还是负债的角度,规模都有限。

然而,小额非银行网络贷款产品出现后,各地就纷纷设立了互联网小额贷款公司,为全国范围内的小额非银行网络贷款提供资金。一些大平台自设小额贷款公司,为大平台自营的小额贷款提供资金,然后将小额贷款以资产证券化的形式"出表"。因为社会对大平台有较高的信任,所以,证券化的资产可以顺利销售,回收现金后继续发放新贷款,不断循环,等于是绕开了对小额贷款公司杠杆率的限制,用极少的资本金就撑起了大规模的贷款规模,存在较大的金融风险,同时也是对银行等金融机构的不正当竞争,相当于是一种监管套利。

我国对网络小额贷款公司的运行施加过种种约束①,但从根本上说,让小额贷款公司这样一个非金融机构大规模开展金融业务,就是一种权利和义务的错配,问题最后还是需要依靠名实相符、持牌经营来解决。譬如,支付宝上的借呗原来是靠重庆的两家蚂蚁小贷公司发放资金并做资产证券化的,在2021年6月后,蚂蚁集团新成立了重庆蚂蚁消费金融有限公司,代替了小贷公司,为借呗提供资金支持,并严格遵守10倍左右杠杆率的约束,在规模扩大时扩股增资,并将一部分无力承担的贷款要求转给商业银行,赋以信用贷的名目。市场上其他一些小额非银行网络贷款,往往不依赖单独的自营资金端,而是从多渠道获得资金,问题没有借呗那么突出。

(三) 汽车融资租赁

汽车融资租赁业务其实是从民间金融的购车贷款业务演变来的,针对的是那些资质不足以获得银行或持牌汽车金融公司车贷,但又想购置汽车的消费者。消费者在租车平台(如"毛豆新车""弹个车""大白汽车"等)上选择一辆新车,支付少量首付资金(有时候可以零首付)后开走汽车,然后每月分期付租金,使用一定年份(往往是1年)后,可以选择支付尾款后完全拥有汽车,也可以选择结束用车并退回首付资金。

这类租车平台的车辆在支付尾款前,产权属于租车平台(租车平台往往会成立一家专门的融资租赁公司持有这些车辆),因为汽车是应客户需要购入的,而之后的维护也由客户负责,所以这是一种融资租赁。所谓首付资金,其实是一笔保证金,而每月的租金则相当于

---

① 2017年11月,互联网金融专项整治工作领导小组办公室下发《关于立即暂停批设网络小额贷款公司的通知》,明确要求小额贷款公司监管部门暂停新批设网络(互联网)小额贷款公司;暂停新增小额贷款公司跨省区市开展小额贷款业务。银保监会、中国人民银行于2020年11月曾就《网络小额贷款业务管理暂行办法(征求意见稿)》公开征求意见,又明确了监管体制、网络小贷业务的准入机制、经营网络小贷业务的基本规则,对机构跨区展业、注册资本、风险控制等提出要求。

是根据"车价－首付"的金额、一定的利率和假定的期限,计算出来的等额本息还款额;尾款相当于是"车价－首付－已还本金",支付尾款后,车辆将过户给客户。

之所以要采用融资租赁而非贷款,是因为这些平台的目标客户资信较差,如果做一个时间稍长的分期贷款,有可能中途无法还款,在当前的法律环境下,处置违约车辆流程较为冗长,而融资租赁时,车辆产权属于租车平台,一旦租金停付,就能毫无争议地收回汽车;而租车一段时间(往往1年)后就要求租客作出是否一次性买断的选择,无论是买断(这是租车平台期待的结果)还是停止租用(租车平台在车龄较低的时候,可以较为方便地卖出二手车),都能回笼资金。

汽车融资租赁平台的利润来源有两个方面:一方面是融资利率收入,根据尾款、租金等可以倒推出,融资租赁的内含利率较高,不容易受到金融利率的限制;另一方面是车价,客户面临的融资租赁本金往往是基于车辆指导价的,或稍有折扣,但平台上架的汽车多数是折扣较大的品牌和车型,而且通过汽车贸易等途径还能有更大的折价,这一折扣的性质和"砍头息"有点相似。

车辆融资租赁业务刚产生的时候很受欢迎,"首付三千开新车"吸引了很多向往买车的客户;但后来发展速度慢了下来,一方面是因为租车的内含利率太高了,而汽车价格本身降价也较快,在一年内看,租车也不比买车少付多少钱;另一方面,租车毕竟不是买车,租期内没有产权,后期买断要重新过户,如果不愿意买断,在退首付时还会遇到一些阻碍,但业务员往往会倾向于淡化"租"和"买"的性质差异,客户心理上难以接受,所以,这类业务经常遭遇投诉[①],社会声誉一般。到2024年下半年时,比较知名的租车平台都已基本停止运行。

> **案例和拓展 6-5**
>
> **P2P 网贷的信息业务**
>
> 在我国 P2P 网贷高速发展的那几年,出现了一些依托 P2P 网贷和民间金融活动获利,但自身不参与资金往来的信息业务,在此作简单介绍,读者可以体会一下,在市场经济且缺少监管的情况下,逐利活动是如何自然产生和演化的。
>
> 信息业务分为面向资产端和面向负债端两类。面向资产端的信息业务,主要是自诩"大数据公司"的黑色数据产业,它们通过网络爬虫、非法购买等方式,获得普通居民的大量隐私信息,然后出售给资产端。资产端首先根据隐私信息筛选目标客户,开展电话营销;在客户申请放贷时,将隐私数据作为"民间征信"来参考;如果贷款客户违约,就会利用各种隐私数据,针对违约客户本人及其社交关系进行骚扰、恐吓等。以某

---

① 不过,这种民间金融的"债务人"在不愿意继续付款时,也就倾向于找点问题投诉,至少在形式上"占个理",所以也不能全信。

家"数据科技公司"为例,它将其开发的前端插件嵌入 P2P 网贷平台 App 中,用户使用 App 借款时,需要在前端插件上输入其通讯运营商、社保、公积金、淘宝京东、学信网、征信中心等网站的账号、密码,并"授权"爬虫程序代替用户进入个人账户,爬取(复制)上述企、事业单位网站上贷款用户本人账户内的通话记录、社保、公积金等各类数据,提供给 P2P 网贷平台用于判断用户的资信情况,并从 P2P 网贷平台获取每笔 0.1 元至 0.3 元不等的费用;尽管该公司在和贷款用户签订的《数据采集服务协议》中声称"不会保存用户账号密码,仅在用户每次单独授权的情况下采集信息",但其仍在服务器上采用技术手段长期保存用户各类账号和密码。

2019 年后,公安部门注意到大量"套路贷"和暴力催收活动都会用到这些黑色数据,所以依法查处了多家企业的违法行为,譬如上述例子中的公司,就在 2019 年 9 月被查处,2021 年被判处侵犯公民个人信息罪。

面向负债端的信息业务,主要是为投资者提供"信息"的网站和公众号。当时 P2P 网贷平台众多,信息不透明甚至虚假,投资者虽然喜欢 P2P 网贷的高利率,但对 P2P 网贷的安全也有点不放心,想寻找一些心理慰藉。因此,提供各种"评测""排行""榜单""点评"乃至"内幕"之类信息的"信息平台"和公众号就应运而生了。它们表面上客观公允,分析专业,头头是道,其实大多数内容都缺乏依据,实质是为各种付了广告费、引流费的平台提供推介、付费榜单排名提升、导流等服务。

P2P 网贷之家是起步最早的"信息平台",多年较为平稳地发展,其数据统计积累确有一定的特色,各种 P2P 网贷平台都以被加入 P2P 网贷之家某个排行榜前多少名为卖点。在获得一定"公信力"后,P2P 网贷之家开始不满足于收取广告费的盈利模式,希望将自己的"公信力"变现,成立了投之家,先是推出类 ETF 基金式 P2P 网贷产品,将相同期限的其他 P2P 网贷平台债权打包成组合在投之家进行销售,后来推出自有 P2P 业务,由合作资产端向投之家平台导入借款资产。2018 年年中,投之家难以兑付投资产品,其实控人被羁押,2019 年被判集资诈骗罪,而 P2P 网贷之家在声称和投之家是独立关系后,继续运营了一段时间,也黯然关闭。

"信息平台"收费推广的业务逻辑,其实是大多数 P2P 网贷平台在短期内不至于都"爆雷",所以,它们只要不推广那些"一眼假"的平台就行。如果某个推荐过的平台后来"爆雷"了,它们会删除以前各种导流推广的痕迹,尽量"撇清"责任,装作什么事情都没发生过,甚至还会教投资者如何"维权"。等到 P2P 网贷全面清退时,人们才发现,这些所谓"信息平台"也并不比普通人高明。

此外,面向负债端的信息业务,还包括网站、App 设计、支付接口维护等软件服务。在 P2P 网贷平台发展的野蛮生长期,有一些公司专门为 P2P 网贷平台提供这些业务,以至于很多 P2P 网贷小平台的样子看起来都差不多。还有少数软件公司的经营者或从业人员,在为 P2P 网贷平台服务的过程中,熟悉了业务流程,自己也创办了 P2P 网贷平台,最后往往结局不佳。

第二节 网络众筹业务

众筹(Crowdfunding)是指通过互联网平台向公众募集资金,以支持特定的项目或创意的行为。众筹采用所有人都可以参与和小额投资的模式,以网络渠道完成支付,鼓励更多人参与其中。

通常情况下,众筹的项目或创意是由个人或小团队提出的,这些个人或小团队缺乏足够的资金来实现自己的想法,所以需要在网上筹集资金,并在项目完成后提供一些实物奖励或数字产品回报,在政策允许的条件下,还可能会提供一些以股权为最终指向的回报。获得实物或数字产品回报的众筹,可以称作实物众筹;提供以股权为最终指向回报的众筹,可以称作股权众筹。本书称需要众筹资金的一方为众筹的发起者,为众筹提供资金的一方为众筹的支持者,这一称呼可以避免区分实物众筹或股权众筹。

从现金流的角度看,众筹就是资金先到发起者手中,一段时间后,众筹支持者获得非现金的回报(可能是实物,也可能辗转成为股权),这种现金流只进不出的分布方式,说是"金融"其实略有牵强。事实上,在互联网金融发展的早期,人们确实对那些涉及股权的众筹寄予厚望,希望它们能够成为低配版的风险投资渠道,并将它和 P2P 借贷相提并论,视作是传统金融活动中股权和债权融资的两类对标品。但在众筹发展多年后,实物众筹也算是走出了一条略有特点的道路,但股权众筹的效果在中外都很一般。本节简单介绍实物众筹和股权众筹的基本模式及其在中国的实现①。

一、实物众筹

(一) Kickstarter 简介

Kickstarter 是美国知名的众筹网站,也是我国众筹网站早期的对标模仿目标。Kickstarter 的创建者原本从事的都是艺术相关工作,他们创建该网站的基本目的是提供一

---

① 也有人将"水滴筹"这样的互联网募捐信息平台称作慈善众筹或公益众筹,但它的现金流来去关系、业务模式其实和一般的捐款没有区别,所以本书不将其视作众筹。

个渠道，让人们为自己的创意募集资金。

Kickstarter 上支持的筹资类别，包括艺术、漫画、工艺品、舞蹈、设计、时尚、电影与视频短片、食品、游戏、新闻、音乐、摄影、出版、科技、戏剧等 15 个门类。希望筹集资金的人，可以在 Kickstarter 平台上发起项目，并说明资金筹集的最后期限和最低资金目标。如果在最后期限到达时，筹集资金达到或超过了最低资金目标，则筹资成功，Kickstarter 将把筹集到的资金交给发起者，并收取募集总额 5% 的佣金，此外，支持者使用的支付通道还要收取每笔约 3%—5% 的费用。

如果在最后期限到达时，筹集资金未能达到最低目标，则筹资失败，Kickstarter 会将全部支持资金归还给支持者，不收取佣金和支付通道费用。Kickstarter 将这一做法称作"All-or-Nothing"原则，这也是目前绝大多数众筹平台所遵循的原则。

为了减少欺诈和纠纷，在 Kickstarter 上筹资的项目，发起人应当提供"制造某样东西并与世界分享"的计划，对于一些稍显复杂的产品，还应当展示产品原型，并禁止误导性的形象展示（如照片般逼真的效果图和模拟演示产品）。Kickstarter 强调，项目的发起者和支持者的关系是共同协作，所有类别的项目都要描述创作过程中所面临的风险与挑战。

在项目完成后，按照支持金额的不同，发起者会给支持者以不同的回报，譬如印刷品、软件产品等，但不能给予现金或股权。Kickstarter 声称对项目和他们生产的作品无所有权，在该网站上推出的项目都将被永久存档和向公众开放，还希望在平台上发起的项目，是人们为了支持项目完成而募集，而不是订购项目的产品。

到 2023 年 3 月下旬，Kickstarter 上共发布了 58.7 万个项目，成功融资的项目共有 23.6 万个，成功融资总量达 65.6 亿美元，融资数量最多的前 5 类项目依次是游戏、设计、科技、电影和视频短片、出版物。Kickstarter 上的项目主打技术、独立创意，其中不乏广受好评的产品，如游戏《神界：原罪 2》《锁链回声》、智能手表 Pebble 等。但总的来说，在商业上成功的产品并不多，很多产品只是乘上了独立游戏开发、智能可穿戴硬件等科技界潮流的东风。

Kickstarter 发源在美国，众筹项目的发起人主要局限在发达国家（地区），支持人也以富裕社会的人为主，相对会有"情怀"一点，不是特别在乎商业上的成功。在 2015 年，Kickstarter 将自己的企业注册类型改为共益企业（Benefit Corporation，B Corp.）[①]，多少也表达了承认做不大，但可以面向特定人群，圈定一块领地，让筹资者和支持者都会感觉自己的梦想在实现的愿景。

（二）我国实物众筹的发展历程和现状

在 Kickstarter 声名鹊起的时候，我国互联网也迅速出现了"对标品"，如 2011 年 7 月创

---

① B Corp. 是由全球非营利机构 B Lab 为营利公司颁发的私人认证。B Lab 机构位于美国、欧洲、南美洲、加拿大、澳大利亚和新西兰。如果想获得机构认证，认证企业需要通过系列在线评估并达到最低分数线。在线评估主要包含对社会及环境的影响力。虽然"共益企业"的名字听起来像是非营利机构，但它其实仍然是营利性的公司。

第六章 新兴网络金融活动的得失教训

立的"点名时间",就是一个模仿 Kickstarter 的众筹网站。"点名时间"上的项目大致包括两个类别:一个是"小清新"、"文艺范"的文化创意产品,譬如自制的视频短片、明信片、歌曲等;另一个是"智能硬件",譬如可穿戴电子设备、带有一些传感器,可以用 App 控制的小家电等。

"点名时间"进入国内众筹市场较早,占据了先机。2013 年,"点名时间"上线了两个百万元级电影众筹项目《十万个冷笑话》与《大鱼海棠》,两部电影都顺利完成了众筹目标,并在众筹期间吸引了大量媒体与用户的关注(尽管《大鱼海棠》到几年后才真正完成)。在被称为"可穿戴设备元年"的 2013 年,坐拥大量智能硬件众筹项目的"点名时间",更被推到了时代的风口上。当时"点名时间"发展的机会,一方面来自国内网民对"花小钱得到定制文创或时髦硬件产品"的新鲜感,另一方面也得益于国内强大的文印、电子产品代工产业,什么样的创意都能用较低的成本生产出来。

然而,"点名时间"的辉煌时间很短,到 2014 年 8 月,"点名时间"就宣布转型成智能硬件新品限时预购平台,实际上放弃了各种文化创意类产品的众筹,向电商靠拢;2015 年 8 月,又重新宣布回归众筹平台,定位在产品原型、试模的早期阶段,2016 年 7 月,被 91 金融(一家当时有一定影响力的互联网金融企业)收购,现在已经消失了。"点名时间"的衰落和它的兴起其实是一样的道理:它利用的只是当时网民对众筹这个活动的新鲜感,把当时"代工"能够实现的东西都实现一遍,赚一笔"快钱"而没有深度挖掘,没有提供足够多的诚意和有价值的创意①。

在"点名时间"第一次转型前后,淘宝、京东等大型电商都进入了众筹领域。主打的也是一些电子产品的众筹制造。在大型电商的资源和曝光度支持下,这些众筹的支持时间较长,也出现过一些后来成功的爆品,譬如京东上众筹成功过小牛电动车、九号平衡车。然而,大平台支持的电子产品为主的众筹也面临一些共性问题:

首先,和"点名时间"上的多数"智能硬件"一样,大型众筹平台上的电子产品创新仍然不足,人们评论所谓的众筹,更像是一些细节、外观稍作修改的成熟产品的"预售"。

其次,就算是比较优秀的产品,在一次众筹成功后,往往也会开设品牌网店或者进入更稳定的渠道销售。譬如,小牛电动车本来就是一个优秀的产品,在京东众筹获得声势后,就以自己的品牌独立经营;又譬如一些比较优秀的"智能硬件"产品会很快成为小米产业链的一部分,得到小米投资并共享品牌调性。

最后,以"众筹"名义销售的商品,还不一定能享受完整的消费者保护。譬如,一家叫"大可乐"的手机品牌曾发起众筹,声称支付一定的金额支持后,每年免费更换新一代手机,

---

① 譬如,某个"点名时间"上的"文创"众筹项目,要印制"一个人的明信片",其实就是发起人已经拍了很多旅游照片,然后发布了一段视频,介绍自己的"梦想",表示想把照片印成明信片卖给支持者,但这些照片其实早就已经存在了,就算"支持"她,也只是支持她印照片的梦想而已,她根本不需要为资金支持提供额外的努力。又譬如,"点名时间"上的一个"智能"水杯产品,所谓的"智能"只是能和手机 App 通信,定期提醒用户喝水,并告知水杯中的水量,而且这其实也已经是"华强北"早就有的外销产品了,并不是从头创立的。

结果只出品了一代,公司就倒闭了。

对这样的产品,消费者观察了一阵后,自然会选择用脚投票,不再考虑众筹。目前,淘宝众筹已改名为造点新货,虽然还在运行,但在淘宝网站和淘宝 App 上都无法一眼看到,需要搜索后才会出现,京东众筹在 2022 年 10 月正式关闭。

有趣的是,在经过十多年的发展后,Kickstarter 式的创意产品又成为中国产品众筹的话题。和十多年前相比,当年"用爱发电"的人群有很多是中学生,现在他们已经走上了工作岗位,具备了一定的购买力,消费观念也较新,愿意为自己的一些垂直细分领域的爱好花一些"没什么用"的钱,如 2023 年年初的"流浪地球 2 周边众筹"等。这类创意、独立众筹不需要上众筹平台,只需要在专门兴趣的网站上出现就可以了,譬如,Bilibili 网站就有很多动漫衍生品众筹①。

二、股权众筹

(一) Wefunder 简介

Wefunder 是一家美国的众筹网站,该网站创立于 2011 年,是互联网股权众筹的典型代表。Wefunder 为创业者和投资者提供了一个在网上对接的平台,创业者可以在平台上发布项目,吸收网络客户的小额投资,网络客户在平台上浏览项目信息,根据自己的判断进行投资,实现"天使投资人"的梦想。该网站得到了美国著名创投孵化器 Y Combinator 的支持,Wefunder 的主要众筹项目是股权类业务。在 Wefunder 上最常见的种子期企业,会发行可转换票据(Convertible Notes)或未来股权简单协议(Simple Agreement for Future Equity,SAFE)。可转换票据和 SAFE 是天使投资人(不只是众筹)常用的投资手段,形式上和债权接近,按实际投资金额记录(可转换票据还可以产生利息),等到被投项目获得需要估值的后续融资(A 轮、B 轮之类)时,会按照一定的比例折算成股票,它们的主要好处是手续较为简单,而且回避了早期项目的准确估值问题,能够让初创企业迅速拿到资金,并不至于出让过多利益。能够到达 A 轮或更后融资的企业,可以在 Wefunder 上直接发行普通股份。此外,企业还可以在 Wefunder 上获得网络投资者提供的贷款或"收益股"(Revenue Share),它们是债务性质的融资,能让企业获得一定数量的流动资金,而投资者也不用面临估值风险。

Wefunder 的合法运行,得益于美国 2012 年 4 月通过的《创业企业融资促进法案》(Jumpstart Our Business Startups Act,简称《JOBS 法案》)。该法案鼓励小企业融资,降低了私人股权投资的门槛,以前,私人股权投资对投资人的财富要求是年收入 20 万美元以上或资产 100 万美元以上。现在取消了对投资人财富的限制,从而 Wefunder 上的散户投资

---

① 如果不在意名义的话,Steam 上的各种独立游戏,其抢先体验(Early Access)也可以视作是一种制作者提供半成品的众筹。

者拿出少量资金,就能成为"天使投资人",以合法的形式获得项目的股权。同时,《JOBS法案》也降低了小企业 IPO 上市的门槛,使得网络投资者的成功退出变得相对简单。

Wefunder 上筹资的企业项目风格和 Kickstarter 上的实物众筹有一点相似,有大量科技类产品和文化创意类产品,此外,还有一些咖啡店、酒吧等,这些因为涉及服务,所以只能进行股权众筹,但其造型仍然是有点"小众"的,面向特定的爱好者,不是那种只需要投入资金就能运行的企业。

虽然 Wefunder 已经是比较成功的网络股权众筹平台了,但其筹资业绩并不亮眼。创立10 多年来,按照平台公布的数据,到 2023 年 3 月底的时候,成功筹资的项目只有 2 500 多个,筹集的资金约为 6 亿美元,而所有成功筹资后的项目,此后得到的后续外部创业投资资金合计只有 50 亿美元。

(二) 我国的股权众筹及其问题

在 Wefunder 出现的同一时期,我国也先后涌现了多家股权众筹平台,如"天使汇""人人投""大家投"等,它们打出的口号多为"让普通人也能享受互联网时代的投资红利""人人都可以是天使投资者"之类。这些众筹平台有的显得"高端"一些,例如,"天使汇"是从一个原来定位为天使投资人汇集平台(模仿美国的 Angelist 网站)的网站逐渐演变而来的,引入了一些和创投相似的"领投""跟投"之类的机制,项目以互联网行业或网红营销品牌为主,包括在线购物、移动交友、移动医疗、求职网站等。有的则比较"草根",如"人人投""大家投"提供一些餐饮、美容、民宿等实体项目的众筹,集资开店,"人人投"平台上出现的项目,还要求实体店在一个城市已经开到第三家以上的分店时才可以在平台上发起众筹。

在中国当时的"股权"众筹平台上,互联网新兴项目大多质量不高,作为高速发展的互联网大国,中国针对互联网的创投资金很多,什么层次都有,被逐层筛选下来最后需要在网络上众筹的,"捡漏"的可能很低。"天使汇"曾宣传"滴滴打车""下厨房""黄太吉"等知名项目曾在平台上众筹,但这些项目都不是在天使汇上以众筹方式获得关键融资的,只是"天使汇"的参与者正好也是这些项目的天使投资人而已。此外,从无到有的制造类项目开展的股权众筹也很少。这些所谓"智能制造""创意产品"的项目,如果做实物众筹,能拿到点确定的具体东西,还可能有人愿意支持,但要发"股权",许诺一些遥远的收益,多数网民还是能看出来有问题的。

相比之下,办起一个具体的"店",拿到一点经营收益,显得更切近一点。中国的网络众筹"开店"分成几种。一种是"情怀"类的,一些网友抱团起来,开一个能"实现梦想"的咖啡店,譬如豆瓣小组里讨论形成的"每个人的咖啡馆",这个项目甚至出现在众筹平台产生之前;一种是"人脉"类的,也是开一个咖啡馆,但希望咖啡馆成为社会资源交流、创业投资人和项目发起人见面匹配的场所,或者说是最初步的孵化器,如"3W 咖啡";最后一种是普通的"现金流"类的,一群人在网上筹集资金,开一个传统的餐饮、美容、民宿之类的店,不追求估值上涨的暴富,只希望按比例分红,当个小老板。

然而,"开店"类的众筹会遇到两个具体的问题。首先,无论"开店"资金的来源如何,现实落地的咖啡店、餐饮店都有很高的失败率,而众筹人相对于传统经营者来说,经营经验更少,却倾向于更高的目标,还存在出资人意见不一的矛盾,更容易失败,如"每个人的咖啡馆"在全国开了多家,几乎都失败了,就连位于中关村"出身不凡"、我国领导人也曾访问过的"3W 咖啡",最后也是惨淡收场。其次,多数众筹人都无暇直接管理店铺,需要将店铺经营权统一委托给一个人(这个人往往也是众筹项目的发起人),而实体小店铺的经营又非常容易隐瞒营业额、虚增成本,从而产生较为严重的"委托-代理"问题,以"亏损"的形式吞没众筹人的资金,引发严重争议①。

我国对股权众筹的监管起步较晚,也较为严格。根据 2006 年的《国务院办公厅关于严厉打击非法发行股票和非法经营证券业务有关问题的通知》,若采用广告、公告、广播、电话、网络、短信等方式向社会公众发行股票,就被视作公开发行股票,发行主体要达到相关的监管要求(实质上相当于 IPO 的要求),显然这是初创企业不可能达到的②。当时的股权众筹,需要通过一些平台代持等协议,间接实现资金汇集和股份记载。

2014 年年底,中国证券业协会发布了《私募股权众筹融资管理办法(试行)(征求意见稿)》,将众筹定义为私募股权融资,部分私募股权投资机构开始开展众筹业务,并尝试和各地的股权交易中心合作。在 2015 年 7 月的中国人民银行等十部委发布的《关于促进互联网金融健康发展的指导意见》中,将股权众筹融资定义为通过互联网形式进行公开小额股权融资的活动,是多层次资本市场的有机组成部分,由证监会负责监管。2015 年 8 月,证监会对网络股权众筹平台进行了专项检查,实质上停止了股权众筹平台的业务。后来,证监会一度将制定网络股权融资管理办法列入工作计划,但始终未出台办法。监管政策的难产,虽然有监管部门犹豫的因素在,但更多还是因为我国的股权众筹产品有如前所述的较为明显的缺陷。

> **案例和拓展 6-6**
>
> **二手车众筹**
>
> 二手车众筹是 2016 年迅速兴起的一类众筹产品。其声称的业务模式是物权众筹③,即网络众筹支持者合资购买某辆二手车,获得该车的物权,然后委托二手车车商出售该车,将售车所得利润与二手车商分成,并按当时出资比例,将分得的利润和购车本金返还给各支持者。

---

① 譬如,新浪微博早期一位名为"五岳散人"的"大 V",就曾在网上众筹,开设了一家主打"安全食材"卖点的饭店。当时众筹很成功,筹集了 500 万元的资金,200 多人支持,但饭店开了一年多就倒闭了。
② 2012 年 10 月,有一家名为"美微传媒"的公关公司曾在淘宝上开设网店,以出售"股份"这一商品来实现股权众筹,数日后就被监管部门叫停约谈,众筹也取消了。这一事件本质上是一个营销活动。
③ 物权众筹的另一个类别是房产众筹,实质就是众筹炒房,但这个业务在 2016 年被各地监管部门叫停了。

譬如说，一辆二手车售价10万元，某支持者出资5 000元，获得5%的众筹份额，并约定车辆出售的收益由支持者和二手车车商等比例分成；1个月后，这辆车以10.5万元售价卖出，利润5 000元，支持者获得5 000×5%×50%＝125元利润，月收益率1%，年化收益率超过12%。显然，如果车辆抢手，单次交易利润较大，周转速度较快，年化收益率就可以到很高的水平。如果车辆滞销，可能会出现售价低于买入价，或出售周期过长，年化收益率过低的情况，往往众筹平台会规定，如果车辆一段时间（如3个月）未售出，则二手车商需要以"购入价＋按时间计算的固定利率"自行买下车辆（称作回购），让众筹支持者收回资金。

表面上看，二手车众筹是支持者集资买卖汽车，但实质并非如此，二手车商才是业务的主导和关键。首先，众筹平台上的二手车车源是二手车车商找来的；其次，购入二手车、销售二手车的行为都是由二手车商完成的；再次，众筹资金需要先交给二手车商，以后回收资金，要么依靠车商销售，要么依靠车商回购；最后，虽然众筹平台声称众筹支持者集资买车，拥有二手车"物权"，但受汽车过户政策的限制，二手车在销售期间，产权实际还是属于二手车商的，众筹支持者只能依靠平台和二手车商的补充协议（譬如，如果二手车商无力回购汽车，则汽车需要转让给众筹平台等），间接地保护自己的权利。

从资金流来去的实质上看，所谓二手车众筹，就是二手车车商在收购二手车资金不足的时候，在众筹平台上以有下限的浮动利率向众筹支持者借款，并伴随一些较弱的车辆"抵押"条件。在这个过程中，发起者的目的是为了自己已有的业务筹资，支持者的目的是为了获得较高的收益率，双方的动机更接近于P2P网贷而非众筹，所以，它的从业者、支持者都和P2P网贷高度重合，营销手段也类似。

虽然形式上二手车众筹有车商承担回购义务，并且有"车辆产权"作为最终抵押物，但实际操作中，还是有很多风险。首先，很多二手车众筹平台本身就是车商自己建立的，到底有没有车、车还在不在之类，都是网站上的一句话，支持者很难实际验证，容易演变成二手车商编造车辆的自融行为，甚至平台创建者根本就不是车商，完全从网上找几个照片就能编造假标的；其次，就算二手车众筹平台是独立于车商的第三方，且真的有汽车购销发生，但二手车市场本身是一个"水很深"的地方，要求较高的专业性，存在信息不对称，车辆到底值多少钱，车商远比支持者了解，如果车商抬高收车报价、隐瞒减少卖车价格，就能在利润分成中多占，"购车、售车"的利润计算方式会被淡化，象征性地给一些浮动收益；再次，独立的二手车众筹平台往往需要当地业务人员和车商联系、监督车商，但这种监督有可能会出现串通，最后车已经悄悄卖了，车款被挪用，钱车两空，而支持者很难真的通过补充协议从车商那里拿回资金；最后，众筹平台的产品往往和网贷一样，具备刚性兑付的特征，年化利率还较高，如果车商资金链断裂，不能按时结算资金或回购，又没了车，而平台还想捂盖子，就会和大量P2P网贷平台一样,走上借新还旧、窟窿越来越大的庞氏骗局道路。

  2016年,我国的网络众筹(投资角度)已经出现了发展乏力,P2P网贷却在蓬勃发展,同时,网贷监管中企业贷限额要求的出现,使得原本一些二手车商以自己主体申请的民间企业贷难以继续获得。此时,一部分二手车商自己设立了众筹平台,一部分希望新进入网贷行业的从业者,想以物权众筹的概念吸引眼球,辅以带有一定悬念的收益模式,抢占新赛道,还有一部分原来经营P2P网贷平台失败的经营者,也跟风向二手车众筹转型。因为这些业务自称是物权众筹而非网贷,所以,地方金融监管部门也就没有主动将它们纳入监管,它们的发展更为粗放,最高峰时,全国的二手车众筹平台达到100多家。到2018年网贷风暴前后,大量的二手车众筹平台也难以幸免,出现了资金链断裂、兑付困难、平台爆雷的问题,目前已经彻底消失。

图书在版编目(CIP)数据

网络金融/刘沁清主编. -- 3版. --上海：复旦大学出版社,2024.9. --(通用财经系列). -- ISBN 978-7-309-17617-9

Ⅰ.F830.49

中国国家版本馆 CIP 数据核字第 2024JY6060 号

网络金融(第三版)
刘沁清　主编
责任编辑/郭　峰

复旦大学出版社有限公司出版发行
上海市国权路 579 号　邮编：200433
网址：fupnet@fudanpress.com　http://www.fudanpress.com
门市零售：86-21-65102580　　团体订购：86-21-65104505
出版部电话：86-21-65642845
上海盛通时代印刷有限公司

开本 787 毫米×1092 毫米　1/16　印张 13　字数 277 千字
2024 年 9 月第 3 版第 1 次印刷

ISBN 978-7-309-17617-9/F·3066
定价：59.00 元

如有印装质量问题,请向复旦大学出版社有限公司出版部调换。
版权所有　侵权必究